# フォッサマグナ

平沢より南側を見る
来日して３カ月ほど、明治8（1875）年 11 月、ナウマンははじめての旅行に出発。中山道を経て至った平沢（最寄りは小海線野辺山駅）でナウマンが見たのは、生涯忘れることのない光景だった。「島弧を完全に横断して走る溝［破線の断層で挟まれた部分］のような土地であって、そのど真ん中から多数の火山、なかでも日本最大の火山（富士山）を生み出している」（山下昇訳、『フォッサマグナ』）。
西側の屹立する山々（天子山地）、その東に拡がる平坦な平野、南に横たわる雲の海からはぽっかりと富士山が姿を見せている。これをどう考えればいいのか。ナウマンはこの奇妙な地形をフォッサマグナと名付け、以後 10年にわたり本州を調査し地質構造の解明に邁進した。（写真・吉田鎮男）

北側から諏訪湖を望む
写真の奥、諏訪湖の南側に富士山を望む。（写真・平田大二）

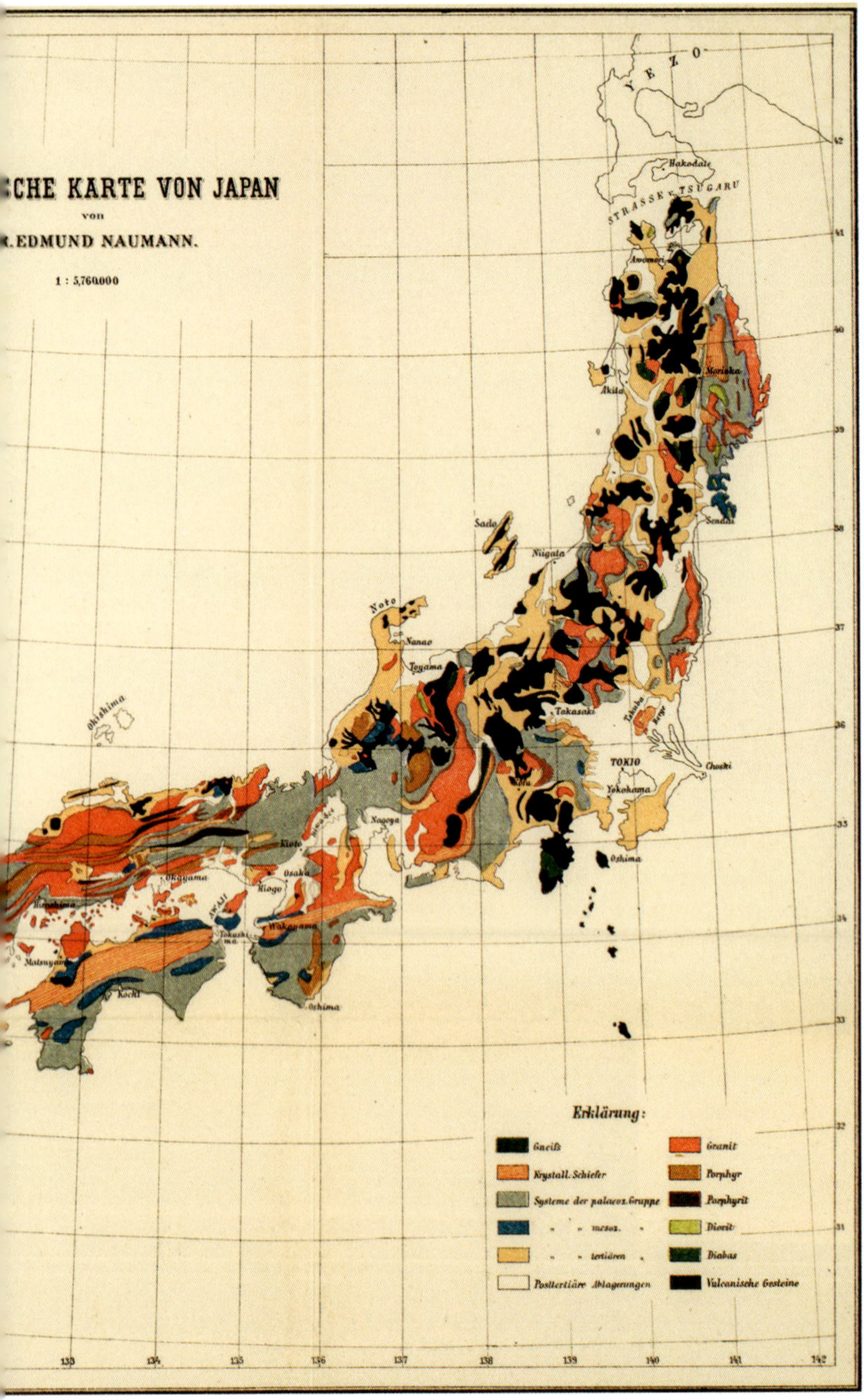

CHE KARTE VON JAPAN
von
R. EDMUND NAUMANN.
1 : 5,760,000
YEZO
Hakodate
STRASSE v. TSUGARU
Awomori
Morioka
Akita
Sendai
Sado
Niigata
Noto
Nanao
Toyama
Takasaki
TOKIO
Yokohama
Choshi
Oshima
Okishima
Nagoya
Kioto
Osaka
Hiogo
Okayama
Hiroshima
AWAJI
Tokushima
Wakayama
Matsuyama
Kochi
Oshima
Erklärung:
Gneiß
Granit
Krystall. Schiefer
Porphyr
Systeme der palaeoz. Gruppe
Porphyrit
" " mesoz. "
Diorit
" " tertiären "
Diabas
Posttertiäre Ablagerungen
Vulcanische Gesteine

# ナウマンの描いた地質図・地質構造図

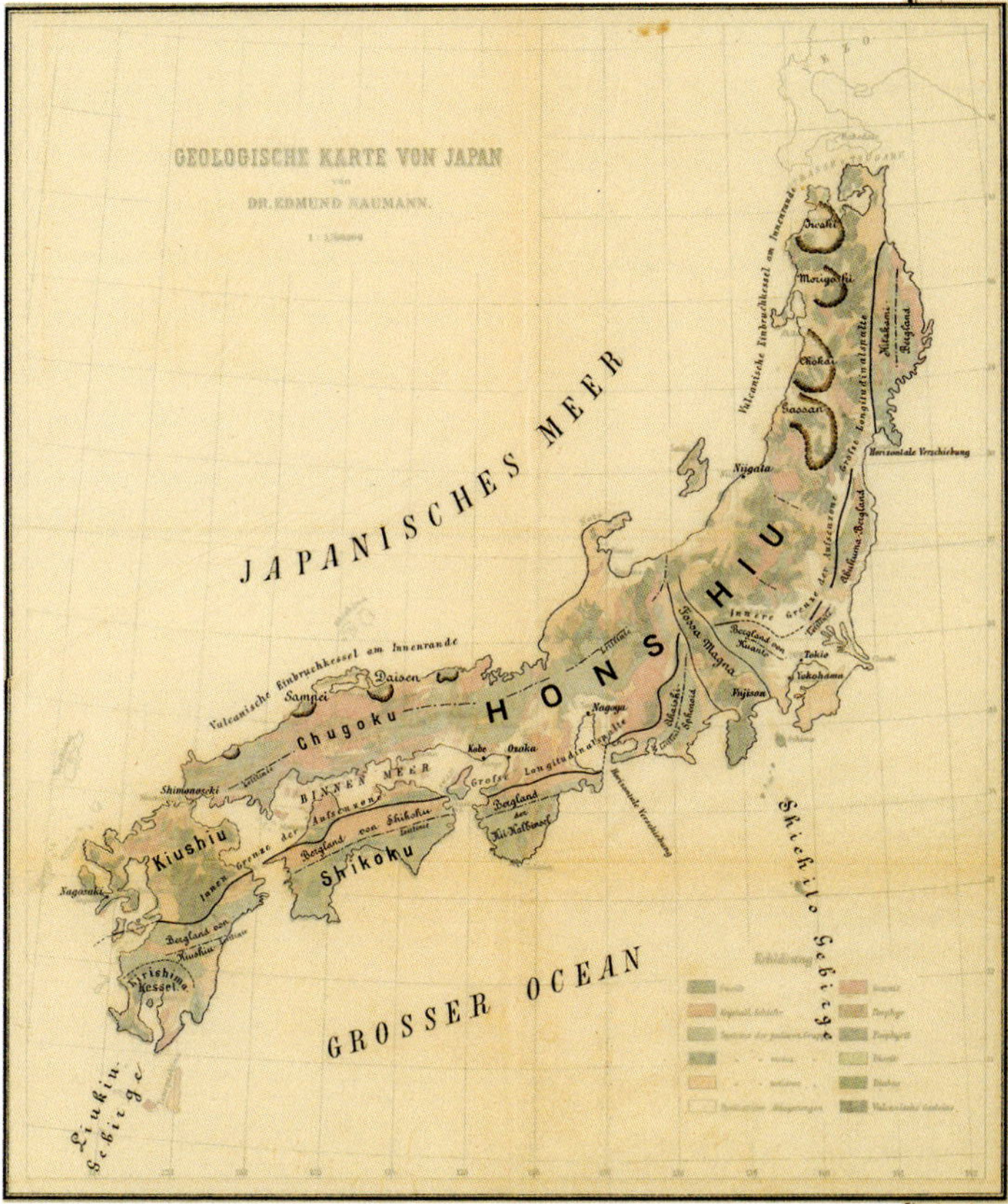


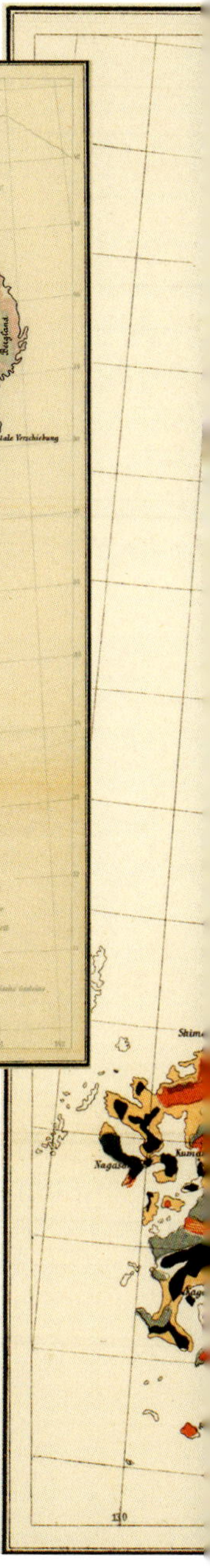

2点はともに「日本群島、その地理学的-地質学的概要」(巻末文献一覧31)に掲載された。右は地質図、左はハトロン紙に印刷された構造図を地質図に重ねた地質構造図。1885年ベルリンで開催された万国地質学会議で発表した図と考えられる。滞在10年、北海道を除き日本全土をくまなく調査してその成果をまとめたもので、ナウマンの日本での最大の功績である。現代の日本の地質図と比べても遜色ない。

多彩な色分けに見て取れるように、調査は綿密であった。ナウマンは日本の地質を見極め、列島を東西に縦断する中央構造線が関東の近くまでつづいており、その途中を分断するフォッサマグナ(西端は糸魚川静岡構造線)があることを見抜いた。

日本の地質学界は、これをベースにした予察図をまとめた100万分の1「大日本帝国地質図」(1899年、地質調査所刊)をもとに日本の地質研究を進めてきた。

# ナウマンにまつわる品々

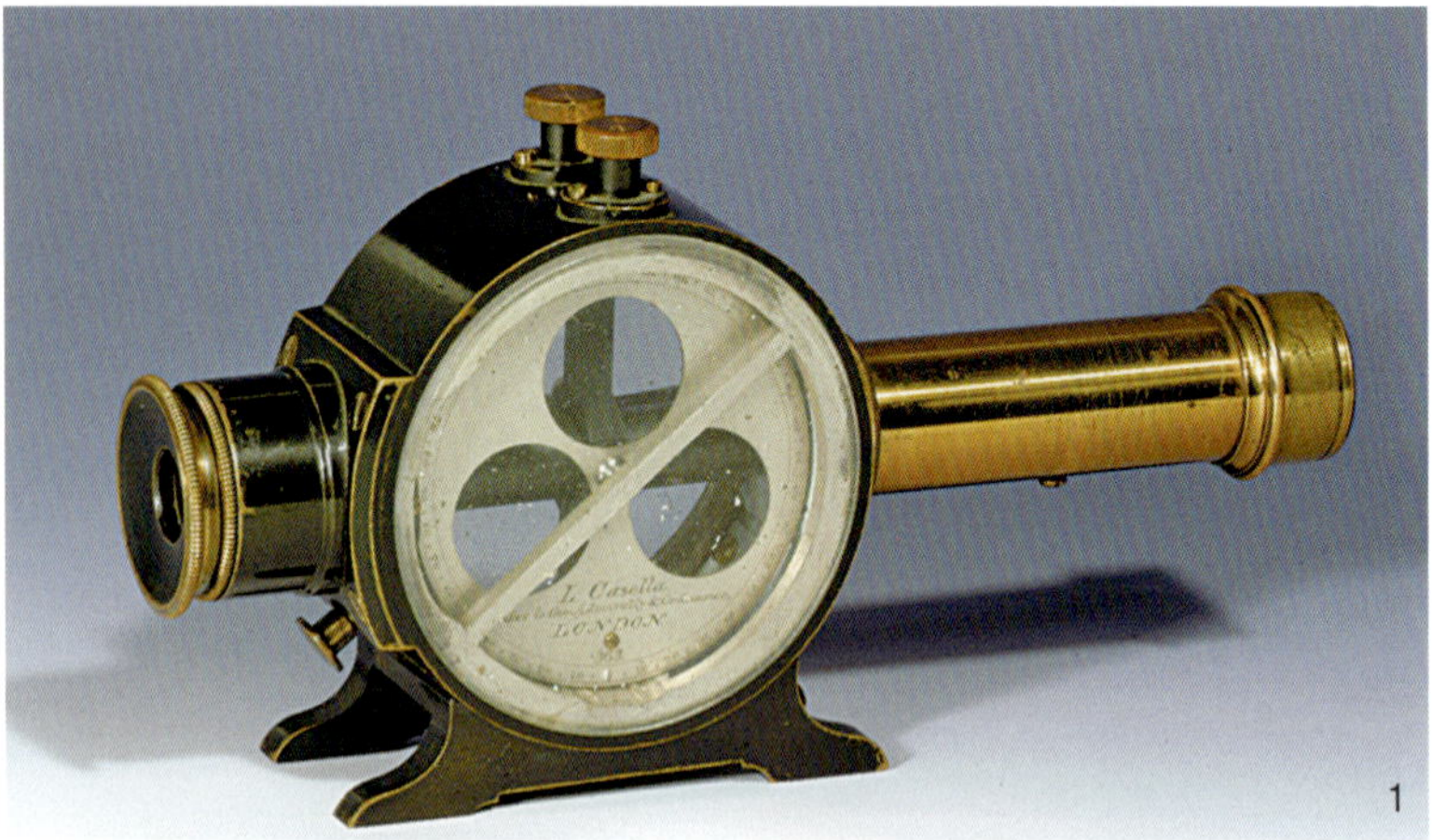

1

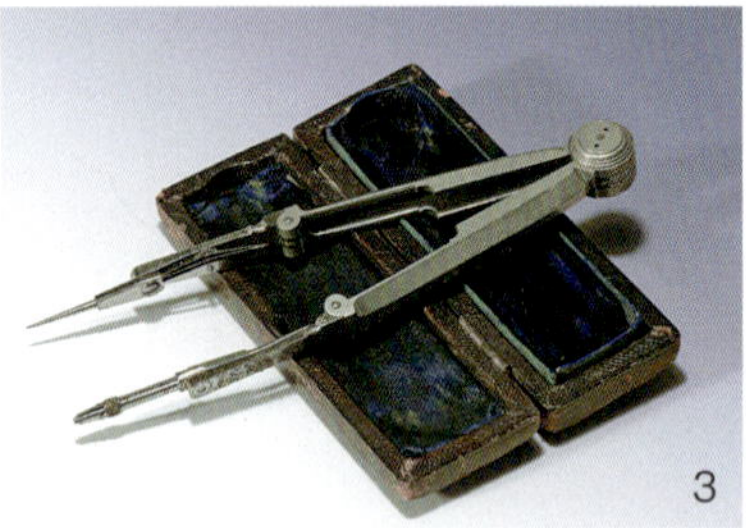
3

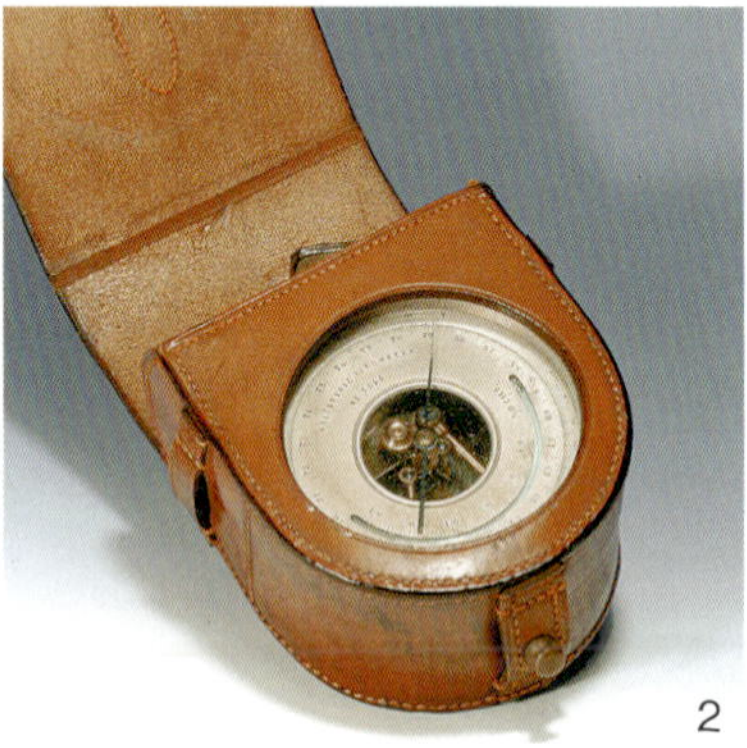
2

測量具
1:測量儀　伏角を測る。
2:アネロイド気圧高度計　気圧を測って高さを計測する。アネロイドとは液体(水銀)を使わないという意味。肩から下げて使用する。
3:デバイダ兼用コンパス　先端に鉛筆の芯・針がセットできるようになっている。

ゾフィの洗礼コップ
ナウマン家に伝えられてきた最初の妻、ゾフィの遺品。

(このページすべてフォッサマグナミュージアム蔵)

ASAHI SENSHO

朝日選書 990

# 地質学者ナウマン伝

## フォッサマグナに挑んだお雇い外国人

矢島道子

朝日新聞出版

目　次

図版作成　鳥元真生
装丁・口絵　熊谷博人

凡例

・資料原典は読みやすさを考慮して新字体、平仮名で記し適宜濁点、句読点を補った。

・引用文で（　）は原文にあるもの、［　］は引用者の補足。

# 地質学者ナウマン伝

## フォッサマグナに挑んだお雇い外国人

矢島道子

# はじめに

拝啓　エドムント・ナウマン様

突然、お便りを差しあげてずいぶんと驚かれたことと存じます。私はあなたのことがこの十数年ずっと気になって、あなたの日本での足跡を追いつづけてきました。日本の中央を南北に走るフォッサマグナという地質構造を来日三カ月で発見したあなたの仕事は、今、日本でほとんど忘れられ、ナウマンゾウ化石の名前の由来としてわずかに知られているだけです。今日、日本列島を縦断している大断層である糸魚川《いといがわ》静岡構造線は、あなたのいうフォッサマグナの西縁と一致します。地球観測衛星がとらえた画像からは糸魚川と静岡の間に引かれる線構造が見てとれますが、あなたはそれを地上で見つけたのです。

あなたは、お雇《やと》い外国人として明治八（一八七五）年八月に来日し、船から見た美しい富士山に大いに感動しました。その一一月に最初の地質調査旅行に出かけ、長野県の野辺山《のべやま》にかかる朝日のなか、両側の山を切り開くようにして見えた美しい富士山の姿に息を呑《の》みました。なぜこんな地形が出現しているのだろうか。この光景を日本列島の大きな裂け目（フォッサマグナ）と考え、その成因は富士山に関係するだろうと、明治一八年に離日してからも、生涯探究しつづけました。富士山に登り、富士山をめぐる地磁気《ちじき》の異常を探り、そして、富士山について入手できた情報のすべてを後代に伝えました。あなたは日本に関する論文を三〇ほども書き、富士山を愛し、富士山を舞台にした『竹取物語』のオペラ台本まで書きました。

あなたは生涯をかけて、フォッサマグナの成因を研究しましたが、あなたが亡くなってからも、後代の私たちに至るまで、まだ素晴らしい解答にはたどり着いていません。将来も、フォッサマグナの解明は、日本列島の地質構造について新しい解釈を導くことでしょう。

あなたの残した仕事はそれだけではありません。初代東京大学地質学教授として日本に地質学をもたらし、弟子を育て、地質調査所を創設し、日本中を地質調査してまわり、まったく未調査だった日本列島の地質図を完成して一八八五（明治一八）年にベルリンの万国地質学会議で発表しました。この地質図は当時も大喝采《かっさい》を浴びましたし、現在の地質図と比べても、基本的になんら遜色のないものです。どうやって、在日一〇年でこのような地質図が描けたのでしょう。明治一〇年に噴火した伊豆大島にいち早く駆けつけ、はじめて科学的な報告をしました。明治一五年の白根火山の噴火では火口近くまで命がけで突進して調査しました。モースとほぼ同時に大森貝塚を発見したりもしました。

一方、こんな業績にもかかわらず、私も学んだ東京大学理学部地質学教室にはあなたの肖像画も銅像も残されていないばかりか、ナウマンの名を口にすることも憚られるような空気がありました。国内調査旅行で東京を離れて不在が続き、妻の不倫とその相手との決闘騒ぎも起きています。そしてお雇い外国人のうち、あなたほど悪くいわれている例を、私はほかに知りません。あなたへの悪口は「学生をいじめた」「英語ができなかった」「地質学のレベルが低かった」「滞日の延期がなかなか許されなかった」「叙勲の階位が低かった」「それを恨んで、帰独後、日本の悪口を講演して、森鷗外に論争をいどまれた」「ドイツでよい就職口に恵まれなかった」「ドイツで忘れ去られた」などたくさんあります。私はこの本で、一つずつ、事実を明らかにしていくつもりです。

特に、ドイツ帰国後、若き留学生森鷗外との論争があなたを「悪役」にする結果になりました。森鷗外の死後に出版された『独逸日記』に、「演者はナウマンなり。この人久しく日本に在りて、旭日賞を佩《お》びて郷に帰りしが、何故にか頗《すこぶ》る不平の色あり。（中略）日本の地勢風俗政治技芸を説く」と書かれたことが、あなたの評判を決定づける重要な資料となったことは否定しようがありません。森鷗外が日本帰国後に文豪として知名度を高めていくのと対照的に、あなたは悪役として記憶されることとなりました。その一方で、ドイツではあなたの評判が貶《おとし》められることはほとんどありませんでした。あなたにまつわる悪評を解析して、本当のことを後代に伝えていかなければならないと思っています。

あなたは、ドイツに帰国して一六年後の一九〇一年五月、ゼンケンベルク博物学協会（フランクフルト）の年次記念講演のなかで次のように述懐しています。

もし世界を旅して回り、未知の国々を縦横にまた斜めに横切るときには、観察を二度と繰り返すことはできないし、新発見にも見た瞬間に別れを告げねばならないという意識が、研究や職務や自然に対する喜びをしばしば曇《くも》らせるものです。さらに旅を先へ進めば進むほど知識はとびとびとなり、完全であることがむずかしくなります。まさに世界はあまりに広く、人生はあまりに短いのです。しかし、すべての困難が克服されることはないにせよ、また若者の大胆きわまる夢は実現されないにせよ、一篇の研究にはなにほどかの価値があり、その研究の上に他の研究がさらに構築されるのです。(1)

あなたはどんな運命の糸に導かれて日本でこんな目覚ましい仕事を残したのでしょう。なにを考えてほとんど超人的な列島調査を成し遂げたのでしょう。そしてあなたはそれで幸せだったのでしょうか。日本行きは後半生になにをもたらしたのでしょう。日本だけでなく母国ドイツでもほとんど知られていないあなたの足跡を追いつづけた結果をこれからお見せします。私の力足らずはどうかお許しください。これを読んで天国であなたが微笑んでいただければ、これまでの文献解読や調査旅行の苦労も報われるというものです。一世紀の時を超えて、私を含めた日本人があなたのことでまた騒いでいるのを見て、あなたはどんなお気持ちか、あれこれ想像しています。どうかこれからも日本の地質の解明を見守ってくださるようお願いします。

尊敬を込めて　　矢島道子

# 第一章　「日本へ行ってみるかい」

一八五四－七五

## 一八五四年、マイスターの家に生まれる

ナウマンの生まれ故郷、マイセンは、ドイツ東部ザクセン州都ドレスデンから北西へいまなら電車で三〇分ほどの美しい小さな町である（図1-1）。ドレスデンからエルベ川沿いに蒸気船で一時間半から二時間ほどかけて、ゆったりとした観光をしながらマイセンにたどり着くこともできる。当時のザクセン王国から特許を受けたザクセン・エルベ汽船会社が蒸気船を運航させたのはナウマンが生まれる少し前の一八三六年のことだった。マイセンは焼きものの町として名高く、佐賀県有田町と姉妹都市だ。マイセン磁器を求めて当地を訪れた方も多いだろう。町の中央の城（図1-2）のなかには、磁器製造の歴史が展示されている。ただし、日本の陶土は二五〇万年ほど前の第四紀のものだが、マイセンの陶土はずっと時代が古く、数億年前の古生代の火成岩（マグマからできた岩石）が風化して、一億年ほど前の白亜紀《はくあき》に堆積したものである（地質時代名については巻末の地質

上左：図1–2　マイセンのアルブレヒト城。川べりに船着場がある。
上右：図1–3　マイセンの聖母教会（2019年現在、新装された）
下：図1–1　マイセンの町並み
（2016年、いずれも筆者撮影）

年代表を参照）。磁器の質に違いはないが。
マイセンの南には、鉱山の町フライベルクがある。地質学者ウェルナーA. G. Werner（一七四九～一八一七）が教えていたフライベルク鉱山学校は、一七六五年に創設され、ヨーロッパで最も由緒があり、ノヴァリースもフンボルトも門をたたき、ゲーテは私淑している。ウェルナーは、玄武《げんぶ》岩《がん》は海底に堆積してできたという水成説を主張していた。鉱山学校は現在フライベルク工科大学となっていて、町には鉱山学校時代から収集されてきた素晴らしい鉱物標本の展示館もある。

エドムント・ナウマン[1] Edmund Naumann は、一八五四年九月一一日にナウマン家の長男として生まれた。ナウマン家はその時、彼が将来、遠い日本で地質学教授になることなど誰も予想しない家庭環境だった。一八五四年といえば、日本では江戸末期、「日米和親条約」が交わされた年で、以後、西洋人が長崎以外の日本の地を踏むようになった。その二〇年後、ナウマンはお雇い外国人として来日する。

ナウマンの誕生から日本渡航までの資料は少ない。その一つ、マイセンの聖母教会（図1―3）に残る洗礼証明書[2]によれば、一〇月二一日に行われた洗礼式の立会人は、石版印刷屋、建築家、パン屋、母方の綱《つな》製作職人の四人である。住所はマイセンとしか書かれておらず、残念ながら詳しい所番地は不明だ。

また本人だけでなくナウマン家についてわかるのは、現存する家系図[3]にあることですべてだ。家系図はミュンヘンに住む孫のディッター・ナウマン氏から提供された。それによればエドムントの父トラウゴット・ハインリッヒ・ナウマン Traugott Heinrich Naumann は親方《マイスター》資格をもつ建築家で、母ヴィルヘルミーネ・エルネスティーネ Wilhelmine Ernestine は旧姓をボック Bock といい、どちらの家も代々職人や官吏《かんり》の家系で何世代もさかのぼることができる。ルター派の父母は、一八五二年五月一〇日に聖母教会で結婚式をあげた。エドムントの上には長姉マルガレーテ、下にはエリーザベト、マルタ、クララ、ゲルトルート、マリーと、六人すべて姉妹だ。

マイセン市内には今でもナウマン姓の家がいくつかある。筆者は手紙や電子メールでエドムント・ナウマンと関係があるか尋ねてみたが、どのナウマン家も無縁であった。マイセンだけでなくザクセン地方にはナウマン姓が多い。

ドイツで地質学者ナウマンといえば、カール・フリードリッヒ・ナウマン Carl Friedrich Naumann（一七九七〜一八七三）をさすことが多い。作曲家ヨハン・ゴットリープ・ナウマン Johann Gottlieb Naumann（一七四一〜一八〇一）の息子としてドレスデンに生まれ、フライベルク鉱山学校に学び、のちに同校やライプツィヒ大学で教授をつとめた。一八六八年にはロンドン地質学会のウォラストン・メダルを受賞しているほどの碩学である。鉱物学についての著書が多く、地質学者というより鉱物学者といったほうがよいだろう。月にはナウマンという名のクレーター（一八七八年に提唱され、一九三五年に承認された）があるし、ナウマン鉱という銀の鉱物もあるが、すべてこの鉱物学者ナウマンに由来する。ちなみに東京大学理学部地球惑星科学図書室の保存書庫には、こちらのナウマンの著書がたくさん並んでいた。過去に多く読まれたのだろう。だが、本書の主人公、エドムント・ナウマンとは無関係である。

## 職人養成学校に通う

ナウマンが後年記したいくつかの履歴書[4]では、学歴はチョッへ研修学校から始まっている。チョッへ A. Zschoche（生没年不詳）が一八五〇年に創立した私立の中学校で、ドレスデンのグリューネ通り一四番地にあった[5]。カリキュラムは英語、数学、自然科学などの基礎教育を中心としている。ナウマンは、マイセンから片道二時間かけて船で通ったのかもしれないし、ドレスデンに寄宿したのかもしれない。

ドレスデンは、モーツァルトやワーグナーゆかりの地、国立歌劇場（現在はザクセン州立）やツヴィンガー宮殿や聖母教会がエルベ川を見下ろす位置に立つ、観光客の多い街である（図1―4）。

一八七〇年四月、ナウマンはドレスデン高等工業学校 Polytechnikum に通いはじめる。ここは職人養成の実業高校で、卒業しても大学受験資格《アビトゥーア》は得られない。ドイツの多くの研究者がたどる、ギムナジウム（中等教育）から大学へという流れではない。

ドレスデン高等工業学校は、現在、ドレスデン工科大学となって、ドレスデン駅から一五分ほど南に歩いた郊外にある。筆者はドイツの友人から、ナウマンの通ったドレスデン高等工業学校は現在とは違う場所にあったはずだと聞いていた。ドレスデンの街は第二次世界大戦の末期に連合軍の大空襲で被害を受けたこともあって、高等工業学校の所在地は忘れ去られていた。筆者が二〇一〇年に訪れたとき、ドレスデン工科大学記念室ではドレスデン高等工業学校を代表するシューベルト教授 Johann Andreas Schubert（一八〇八～七〇）の生涯を紹介する展示を行っていた。その展示

0
500m
シューベルト教授宅
エルベ川
チョッヘ研修学校
歌劇場
ツヴィンガー宮殿
聖母教会
ドレスデン旧市街地
旧ドレスデン高等工業学校
ヒルゲンドルフ宅
ドレスデン中央駅
ポーランド
ベルリン
ドレスデン
チェコ
ドイツ

**図 1-4**　ドレスデン地図

からナウマンが通った一八七二年ごろには、ドレスデン高等工業学校は宮殿に近いアントン広場にあったことがわかった。のちに判明したのだが、このシューベルト教授こそ、ナウマンの子孫が語りたがらない、ナウマンの最初の妻ゾフィーの父である。

ナウマンは学位修得時にミュンヘン大学に提出した履歴書[6]のなかで、ドレスデン高等工業学校で、フォールト、フールマン、シュリミルヒ、シュミット、およびガイニッツの五人に数学と自然科学の指導を受けたと記している。ナウマンはなぜ地質学をめざそうとしたのか、五人の教師を調べてみた。ガイニッツだけが地質学者である。ガイニッツ Hanns B. Geinitz（一八一四～一九〇〇）はザクセン州の地質研究で有名で、一八七八年にロンドン地質学会のマーチソン・メダル（ウォラストン・メダルより後発で、さほど有名ではないが）を受賞している。フォールト Karl O. A. Fort（一八一七～八一）は幾何学の教授、フールマン Georg A. Fuhrmann（一八四〇～一九〇七）は数学の教授、シュリミルヒはややスペルが違うが、数学者シュレミルヒ Oscar Schlömilch（一八二三～一九〇一）のことだろう。シュミットは不明である。ナウマンは列記していないが、同校には測地学の教授として比較的有名なナーゲル Christian A. Nagel（一八二一～一九〇三）がいた[7]。しかし、以上の指導者を列挙しても、ナウマンが地質学を志した理由はあまり見えてこない。

履歴書には出てこないが、平成九～一〇（一九九七～九八）年にフォッサマグナミュージアムほかで開催された「フランツ・ヒルゲンドルフ展」のカタログによれば、ナウマンはポリヤー通りに住んでいた私講師[8]フランツ・ヒルゲンドルフ Franz M. Hilgendorf（一八三九～一九〇四）から生物学を習っている[9]。後述するが、ヒルゲンドルフはダーウィンの進化論にもふれていた。おそらく彼

**左:図1–5**　チッテル教授（文献157、Mitteilungen der Bayerischen Staatssammlung für Paläontologie und historische Geologie, vol. 29より）
**右:図1–6**　ギュンベル教授

から進化論も習ったであろう。なお、ヒルゲンドルフは明治六（一八七三）年から明治九年まで東京医学校（東京大学医学部の前進）の博物学教師として日本に赴任し、モースより前に、ダーウィンの進化論の授業を日本で行った。ナウマンは日本へ発つヒルゲンドルフの送別会に餞別《せんべつ》を出しているが、奇縁にも日本で再会する。

## 突如、研究者の道へ

　ドイツの学校は一年二学期制で、一年生から三年生まで連続して学期を数える。一八七二年、ナウマンは三年生の第五学期を終えたあと、突然進路を変え、三〇〇キロ以上離れたミュンヘンの高等工業高校 Technischen Hochschule に転入した。そして同校で最終学期を過ごしただけで卒業した。評価点のⅢは三段階評価の最低で日本でいえば「可」にあたる。

一八七三年春、一八歳のナウマンはミュンヘン大学（正式名はルートヴィッヒ・マクシミリアン大学）[10] 哲学部Ⅱ部に入学した。大学入学資格であるアビトゥーアを受けた形跡はない。哲学部Ⅱ部とはいまでいう理学部にあたる。ナウマンはどんな教育を受けたのだろうか。幸いにもミュンヘン大学の図書館は過去の講義題目一覧表をインターネット上で公表している。[11] 一八七三年の四月一五日から始まった夏学期の地質学に関連する講義題目を拾ってみる。コーベル Franz R. von Kobell（一八〇三～八二）が火曜から金曜日まで一〇時から一一時に鉱物学の講義を担当し、土曜日の一〇時から一二時は鉱物学実験を行っている。シャフホイトル Karl E. von Schafhäutl（一八〇三～九〇）がゲオグノジー（地質学の一九世紀の呼び方）と鉱山学の講義を担当、チッテル Karl A. von Zittel（一八三九～一九〇四、**図1-5**）が古生物学を担当、ギュンベル Wilhelm von Gümbel（一八二三～九八、**図1-6**）が鉱山学を講義している。チッテルは一一月三日から始まった冬学期には月曜日から木曜日まで毎日三時から四時に講義している。それぞれ講義には実習がつく形になっている。これだけ勉強すれば、地質学科を履修するのと同等といえるだろう。

ナウマンは一八七五年春に卒業する。在籍わずか二年。学位論文は、「シュタルンベルク湖の杭《こう》上住居址《じょうじゅうきょし》の動物群について」[12] で、七〇〇〇年前のヒトが獣から身を守るため湖上に作った住居址から出土する生物遺骸《いがい》を古生物学的角度から研究している（**図1-7**）。地質学者ナウマンの誕生だ。

古生物学教授チッテルは、当時の新潮流だったダーウィンの進化論を認めて、自分の古生物学に

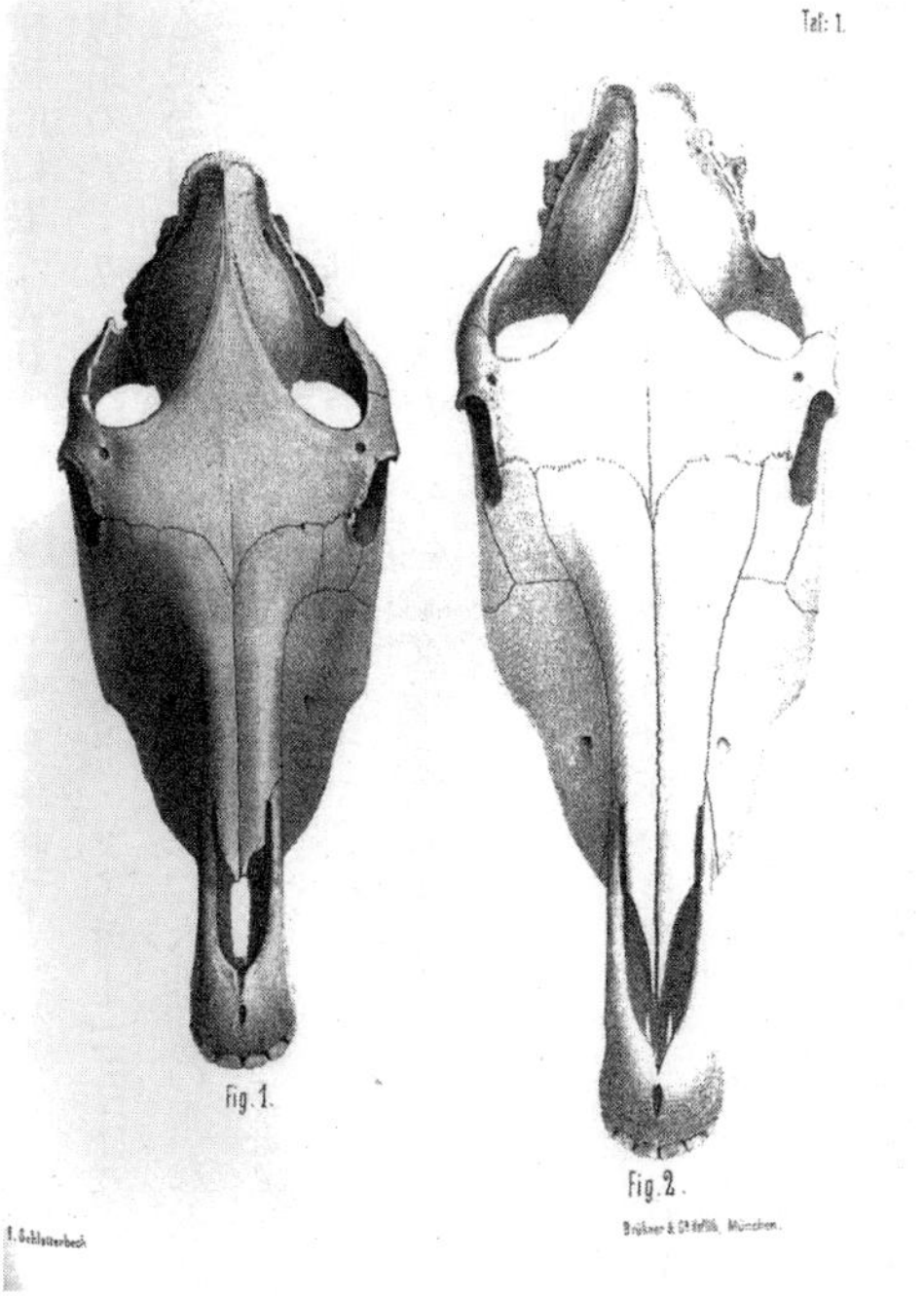


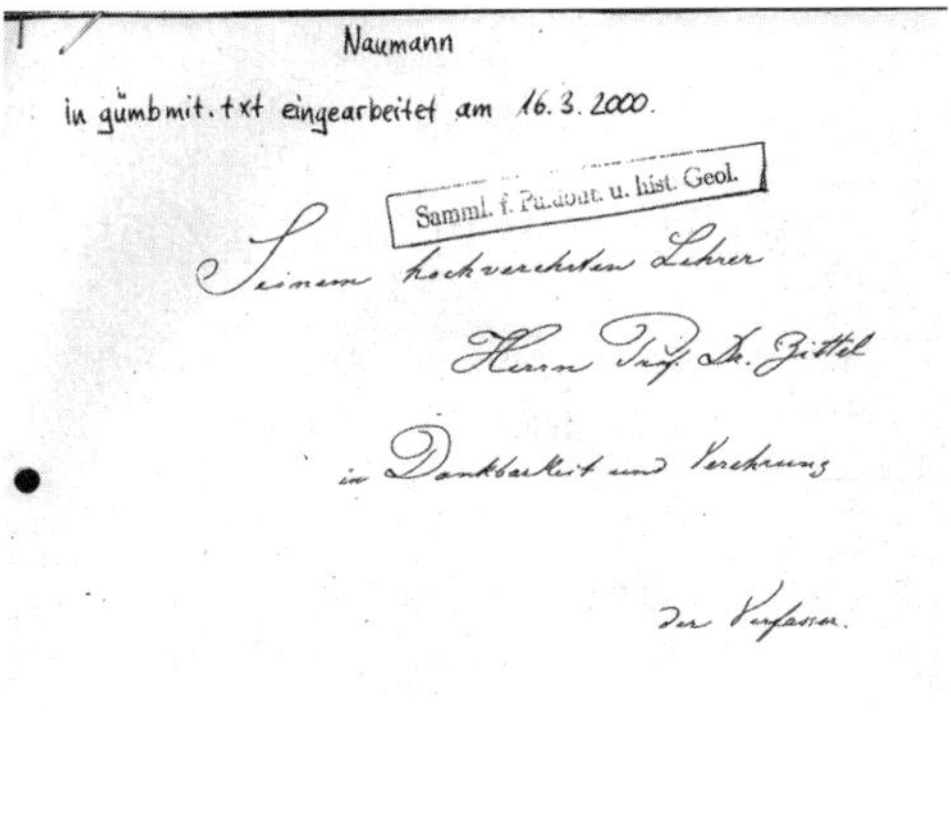


上：図1-7　ナウマンの学位論文（Die Fauna der Pfahlbauten im Starnberger See. Archiv für Anthropologie, vol. 8, no. 1）より、動物化石の図。
下：図1-8　学位論文の抜刷の表紙には「尊敬するチッテル先生へ」と本人の署名がある（ミュンヘン大学古生物学博物館蔵）

積極的に取り入れていた。チッテル生誕一五〇年にあたる一九八九年、ミュンヘン大学古生物学博物館のアーカイブ職員のヘルムート・マイヤー Helmut Mayr 博士が発表した「チッテル」と題する記念論文[13]には、チッテルが指導した五〇人ほどの主な教え子リストが付されているが、ナウマンの名はない。地質学者でナウマン研究の第一人者でもあった山下昇（一九二二〜九六）信州大学名誉教授はそれについて照会[14]し、マイヤー博士がアーカイブを再調査したところ、埋もれていたナウマン資料が出てきた。学位論文に「尊敬するチッテル先生へ」と本人の署名（図1−8）のあることもわかり、ナウマンがチッテルに学んだばかりか、チッテルが最初に博士号を与えた一人だったことも判明した。

現代ドイツのアーカイブ職員の視野からナウマンがもれていたことは、本国でナウマンがいかに忘れられているかを示している。ナウマン家の子孫たちでさえ、祖父が日本で働いていたのは知っていたが、その名が化石ゾウを通じ、日本では子供にも知られていると聞いて驚くばかりだった。

### 卒業後まもなく日本行き

ミュンヘン大学で博士号を得て卒業したナウマンは、一八七五年三月、王立バイエルン高等鉱山局に就職した。だが、入所して二カ月を経たころ、鉱山局の顧問官で、ミュンヘン大学教授を兼任するギュンベルから日本行きを打診された。後年の一九〇一年五月、四六歳のナウマンは、次のように当時を回顧している。

わずか一週間前に私は、私の生涯で決定的とも言える、ある出来事の二六回目の記念日を祝いました。二六年前の当時、私はちょうどフィヒテル山地（バイエルン州北部の中・低山地）の輝緑岩《きりょくがん》の(15)化学組成の研究に従事していました。そのとき私の尊敬する上司である高等鉱山局顧問官のギュンベル教授――その人の下で私はバイエルン地質調査所の助手として働いていたのですが――が私のところへ来て、日本へ行って教授に就任することを希望するかどうかを訊《たず》ねました。私はこんなに嬉しい驚きを感じたことはありませんでした。私はもちろんあれこれ考えることもなく、もはや輝緑岩の組成の秘密に煩《わずら》わされることもなくなりました。そして二ケ月後には、私は地中海を渡り、紅海を抜け、インド洋を渡り、そして太平洋の南シナ海および東シナ海を航海していました。地球の各帯、国々や諸民族の区域をこのように短期間で通り過ぎたのち、五年間の日本での安定した生活が続きました。(16)

一八七二（明治五）年から一八七三年にかけて欧州を視察していた岩倉遣欧《いわくらけんおう》使節団は、一八七三年五月五日、ミュンヘンの「ホテル、デウイル、ナヤーレスタン」（おそらくHotel Vier Yahreszeitenのことだろう）(17)に宿泊しており、その後、ウィーン万国博覧会に出かけた。たった二泊だが、着物、ちょんまげの日本人たちがミュンヘンの街にいたのを、ナウマンは直接見たか、話に聞くかしたに違いない。

じつは、ギュンベルはこの岩倉使節団到着前から、すでに日本の化石と地質の概況を研究しており、一八七四年に論文を書いている。(18)ギュンベルの手元には日本の化石や岩石の標本があり、ギュンベルの助手だったナウマンはギュンベルの論文も標本も見ることができた。つまり、日本に来る前に日本の地質を予習していたのだ。それはこういうわけだ。

一八七三年五月一日から一〇月三一日まで、ウィーンで万国博覧会が開催された。日本政府ははじめて万国博覧会に公式参加し、日本館が建設された。日本館では名古屋城の金鯱《きんしゃち》や鎌倉大仏模型などの展示物に混じって、岐阜県赤坂産の大理石の置物も展示されていた。ギュンベルはその灰白色斑状の大理石中に珍しい紡錘虫《ぼうすいちゅう》の化石を見つけ、翌年の論文で新種フズリナ・ヤポニカを提唱した。この日本種はロシアの種と比べて、より短い太樽型で、螺旋《らせん》の数が多く、内部の区画（房室《ぼうしつ》）の間隔がより広い点が異なるため新種としたのだ。この化石から、ロシアに栄えアルプスでも発見されている紡錘虫の仲間が、アジアを横断して日本にまでも分布していたことがわかるとした。[19] これは日本の化石についての世界初の地質学界での記載である。

この日本館には日本庭園が造られ、飛び石が配置されていた。この飛び石もギュンベルは薄片にして顕微鏡で観察し、白榴石《はくりゅうせき》と霞石《かすみいし》の細粒を含む玄武岩、[20] 花崗岩《かこうがん》や閃緑岩《せんりょくがん》、さらに石墨《せきぼく》や電気石《でんきせき》（トルマリン）を含む岩石や千枚状粘板岩などの始原岩系（先カンブリア紀の岩石）の岩石を認めた。さらに石炭層の岩石や水銀鉱の標本、オウム貝を含む古第三紀層、また褐炭《かったん》をともなう新第三紀層、そして、たった一個のアンモナイトから白亜紀層の存在も確かめられたという。日本庭園の飛び石には日本の地層を構成する代表的な岩石がほぼ全部含まれていたのである。

ナウマンは滞日一〇年ののちに故国で主著『日本群島の構造と起源について』（一八八五）を著し、日本の地層を古いほうから順に見ると、始原岩系、結晶片岩、紡錘虫を含む古生代の地層、白亜紀アンモナイトなどを含む中生代の地層、新生代の地層、そして火成岩類からなると記した。そのうちのいくつかについてはナウマンの師、ギュンベルがすでに日本館の展示品や庭の飛び石から予見していた。[21]

ギュンベルの日本地質の論文は地質学の専門雑誌ではなく、『アウスラント(外国)』[22]という外国事情を紹介する雑誌に掲載されたので、ドイツ在留の日本人も読んだ可能性が高い。この論文を読んで、日本政府は地質学者の招請をギュンベルに依頼したのかもしれない。

## 幕末・明治初期の日本の鉱山状況

当時、日本の鉱山の産出は最悪の状態にあった。明治期日本科学史編纂委員会の俵国一は「前代にみられた金銀銅鉱業の衰退が封建的な社会体制の解体によつて一段とその傾向を強め、極度に荒廃した諸鉱山をつぎの明治の維新期に引き継がせるにいたつた」とし、「その反面欧米諸国との交渉という新しい事態に当面して鉄・石炭鉱業が発展の傾向を辿るにいたつた」[23]という。

日本の近代鉱業はお雇い外国人によって始められた。お雇い外国人は幕末期にすでに来日していた。薩摩藩が金鉱山を発展させようとして慶応三(一八六七)年にフランス人であるコワニエJean Francisque Coignet(一八三五~一九〇二)を雇い入れようとしたのは、この動きの一つだった。[24]

列強の開港の要求は、外国船に水と石炭を供給させる要求でもあった。石炭の鉱山を探すためには地質調査が必須となる。文久二(一八六二)年に、パンペリーRaphael Pumpelly(一八三七~一九二三)とブレークWilliam P. Blake(一八二六~一九一〇)がアメリカから日本に来たのは、もちろん鉱山開発をめざす幕府の要請によるが、具体的には北海道の石炭と水の調査のためだった。

日本での鉱山の改良、地質学の導入は、ほとんどお雇い外国人に頼るという方向に向かったが、自助努力もあった。明治三（一八七〇）年、政府は語学を専修する大学南校（後の開成学校、第三章注(1)を参照）に入学させる貢進生制度を設け、全国から優秀な人材を集めた。地質学に限れば、のちに東京大学理学部地質学科教授になる和田維四郎《つなしろう》（一八五六〜一九二〇、小浜藩《おばま》）も小藤文次郎《ことう》（一八五六〜一九三五、津和野藩）も、貢進生だった。貢進生は明治八年に大学南校を卒業し、最も優秀な学生は政府の命で留学した。松井直吉（一八五七〜一九一一、大垣藩）はアメリカ・コロンビア大学鉱山学科へ留学するが、最終的に化学者となる。長谷川芳之助（一八五六〜一九一二、唐津藩）と南部球吾《きゅうご》（一八五五〜一九二八、福井藩）も同大学同学科に留学し、それぞれ三菱会社鉱山部および八幡《やわた》製鉄所の創建者あるいは三菱炭坑の創建者となる。関谷清景《きよかげ》（衣斐鉉太郎《えびげんたろう》、一八五五〜九六、大垣藩）はイギリス、ロンドン大学に明治九年に留学し、機械学を修め帰国してから地震学教授となった。安東清人《あんどうきよと》（一八五四〜八六、熊本藩）はドイツ、フライベルク鉱山学校に留学したが明治一〇（一八七七）年に病気で帰国し、文部省に短期間出仕したものの明治一九年に没した。

## 一八七五年、日本へ

一八七五（明治八）年六月一二日、ナウマンはベルリンで青木周蔵（一八四四〜一九一四、図1―9）全権公使と会い、契約書に署名した。「日本人にしては、かなり大男」で「頗る蛮風《ばんぷう》のある」人だと、この七年後に青木周蔵に会った森鷗外は書いている。[25] 七月一日、ナウマンは友人や恩師や

図1-9　青木周蔵

家族、そしておそらく、のちに大問題を引き起こす、愛する婚約者ゾフィーに別れを告げ、故郷をあとにした。「喜んでお受けします」とギュンベルに答えてわずか二カ月後、ドレスデンを出た汽車は南仏マルセイユ港に向かった。

明治一六年、一般地方教員の給与が「月俸二十円を超ゆる者は甚だまれに、多くは五、六円乃至《ないし》十円とす、最も薄給なるものは一円内外のものあり[26]」というときに、ナウマンは月三〇〇円だった。明治七年の太政大臣三条実美《さねとみ》の月給は八〇〇円、右大臣岩倉具視《ともみ》は六〇〇円である（当時のレートは一円＝一ドル）。この驚くばかりの待遇は法令「外国人教師雇入《やといいれ》について心得の箇条」に従っている。また、日本の博物学研究に大きな足跡を残した上野益三は「「お雇い」教師たちの多くは、自らの使命を深く自覚し、日本の旧来の科学を、近代的な西欧科学の基礎の上に移しかえ、日本が立ち向っている一大改革に、協力しようとする熱意を示した[27]」と述べている。

明治八年に、政府や地方の官雇外国人数は最大に達した。延総数は五二七人、そのうち教師は一四四人。国籍別では全時期を通じ、最も多いイギリスに続いて、ドイツ、アメリカ、フランスの順である[28]。

# 第二章　フォッサマグナとの出会い

一八七五－七六

## 富士山の出迎え

ナウマンがマルセイユから乗船した蒸気船メンツァレー号は、スエズ運河を通り、インド洋を越え、香港に寄港ののち、横浜に着いたのは一八七五（明治八）年八月一七日、故郷を出発して四八日目のことであった。(1) 弱冠二〇歳にならんとするナウマンを最初に迎えたのは美しい富士山だった。ナウマンは、帰独後の一八九〇年に、「日本の絵」と題するエッセイで日本の思い出を書くが、最初に記しているのは船上から富士山を見た瞬間の喜びだった。以後、ナウマンの日本滞在中の行動にはずっと富士山が絡んでくる。

メンツァレー号の甲板は、朝早く、きれいに磨かれる。新鮮な朝の息吹が船室の小窓から入り込んでくる。開いた窓から、目を見張るような、巨大な雪をかぶった円錐形の山が見えてくる。

山を包んでいる深い霧の層がそれを支えている。すぐに太陽の光が大地の灰色の外套を追い払う。そして雪をかぶった円錐形は、まずわたしたちに挨拶し、「富士」は、数えきれない谷で溝の刻まれた山として現れる。裾野は海岸に続いている。[2]

メンツァレー号は横浜に着き、ナウマンは汽車で新橋に向かった。そこからは、人力車で加賀屋敷に運ばれた。[3]湯島や上野に近い本郷の加賀藩上屋敷跡地は、加賀屋敷とよばれ、最も眺めのよい丘（現在の東京大学病院の近く）にお雇いドイツ人専用の木造洋館が点在していた。[4]ナウマンに提供された館の近くに、ドレスデンで生物学を習ったヒルゲンドルフと前年暮れに赴任した生真面目そうな外科医ヴィルヘルム・シュルツェ Wilhelm E. A. Schultze（一八四〇〜一九二四）が住んでいた[5]（加賀屋敷の地図は五二ページ参照）。

### 先に来日していた恩師ヒルゲンドルフ

ヒルゲンドルフ（図2-1）は、ベルリン大学とチュービンゲン大学で生物学を学び、貝化石の進化を説明する論文「シュタインハイムの淡水成石灰」で学位を得た。[6]これがダーウィンの目にとまり、『種の起原』第六版（一八七二）に引用されている。当時ドイツでは、ダーウィンの進化論が大学の教授たちに嫌われていたので、ヒルゲンドルフは就職口を国内の大学にすぐには見つけられなかった。ドイツのハンブルクの動物園長や水族館長、図書館長を経て、一八七一から七二年にはドレスデン高等工業学校で、私講師として生物学を教えた。ナウマンはヒルゲンドルフから「優」

**図2-1**　ヒルゲンドルフ

の成績をもらっている。

　ナウマンよりも二年前に来日したヒルゲンドルフの生活は史料が残っているので比較対照にちょうどよい。少し詳述すると、ヒルゲンドルフは東京医学校教師として明治六（一八七三）年に来日、授業に明け暮れる毎日であったが、近所の池や沼で標本を採集したり、早朝には、当時日本橋にあった魚河岸を訪れて、セリ前の魚や甲殻類を観察したりもした。唯一の休みの日曜日には、日帰りで江ノ島まで足を伸ばし、江ノ島で買った土産《みやげ》にまぎれこんでいた殻口に奇妙な切れ込みのある貝のオキナエビス（*Pleurotomaria beyrichii*）を発見、生きた化石として一八七七年、ベルリン自然科学友の会誌に報告することもあった。

　明治七年七月、ヒルゲンドルフははじめて函館に渡り、地元在住のイギリス人トーマス・ブラキストン Thomas W. Blakiston（一八三二〜九一）の屋敷に身を寄せていた函館ドイツ代理領事ルートヴィッヒ・ハーバー Ludwig Haber（一八四三〜七四）を訪ねた。ブラキストンは地元民から信頼厚く、帆船をもつ商人だったが、同時に論文「日本鳥類目録」[7]を書くほど博物学に通じていた。現在の生物学では北海道の生物と本州の生物が大きく異なることが知られており、津軽海峡に引かれるこの境界線を彼の研究にちなんでブラキストン線とよぶ。

　八月一一日、ハーバーとヒルゲンドルフが散歩に出かけたところ、ハーバーが田崎秀親という若い旧秋田藩士に惨殺されるという事件が起きた。明治に入って数年、攘夷派《じょういは》も一掃され、もうそんな野蛮なことは起きないと思われていただけに衝撃は大きく、天皇は遺憾《いかん》の意を表明した。ドイツ全権公使ブラントが「動機は個人的」と穏便な解決を選んだおかげで、政府は胸をなでおろし、犯人を斬首して決着した。

ヒルゲンドルフは在日ドイツ人が研究を発表する場も設けている。ブラント公使と同じ船で来日しており、ブラント公使を会長に明治六年に「ドイツ東亜博物学民族学協会」（Deutschen Gesellschaft für Natur-und Völkerkunde Ostasiens 略称ＯＡＧ《オーアーゲー》）を創立していた。ＯＡＧは、一八七二（明治五）年に創立された英語系の日本アジア協会（The Asiatic Society of Japan）に対抗して、在日ドイツ語系知識人のプラットホームとして作られた。この協会は現在も「ドイツ東洋文化研究協会」として存続している。

ナウマン来日の四カ月前、イギリスの海洋調査船チャレンジャー号が横浜に寄航し、同乗のドイツ人研究者ヴィレメース＝ズーム Rudolf von Willemoes-Suhm（一八四七〜七五）がＯＡＧを訪れた。ヒルゲンドルフはただちに講演会を実現させた[8]。マリアナ海域で測鉛線によって八一八四メートルの「チャレンジャー海淵」を発見したという[9]。じつは前年、千島沖でアメリカのタスカロラ号が八五一四メートル（タスカロラ海淵）を観測していた。海の深さは平均四〇〇〇メートル程度と見られていたときで、日本の近くにそんな深い海があったとは、と世界の人びとは驚いた。

## 鉱山学校の廃止と金石取調所の設立

ナウマンはのちに「私は、東京の鉱山学校（東京開成学校鉱山学科）の地質学教授の地位につくことを承諾するという契約を日本政府と結んだ。ところが、日本に到着（八月一七日）してみると、その学校は廃止（七月一五日）になっていた。そこで、改めて東京大学において地質学・鉱物学ならびに鉱山学の教授を担当するという契約に署名した[10]」と書いているが、事実はこうだ。

明治八年当時、東京大学はまだ創立されておらず、その前身の東京開成学校が神田錦町にあった。圧倒的に英語の履修者が多く、仏語や独語は少なかった。明治政府は英語クラスに統一して学校編成することを目論み、仏語クラスは物理学専修希望者が多かったので諸芸学校として、独語クラスは鉱物専修希望者が多かったので鉱山学校として、それぞれ独立させる計画を明治六年五月に立てた。ナウマンは鉱山学校の教師として契約したのであった。ところが明治八年七月一五日に鉱山学校も諸芸学校も希望する学生が少なかったので廃止となり、全部英語クラスの東京開成学校として一本化することになった。ナウマンはそのとき日本への船上にいた。

ナウマンが来日する前、東京開成学校の独語教師としてはカール・シェンク Karl Schenk（一八三八〜一九〇五）、エルヴィン・クニッピング Erwin Knipping（一八四四〜一九二二）、ヘルマン・リットル Hermann Ritter（一八二七〜七四）[11]らがいた。シェンクは鉱物学が得意でもあり、独語クラスにいた和田維四郎（図2–2）はシェンクについて鉱物学を履修した。クニッピングは鉱山学も教え、リットルも鉱山学・鉱物学を教えた。鉱山学校廃止によりシェンクは失職しアメリカに転じた。クニッピングは外国語学校（建物は東京開成学校の隣）で一年間ドイツ語を教え、その後長く気象台に勤務した。リットルは東京開成学校で教えつづけたが、明治七年病死し、のちに、アメリカから北海道に来日していたヘンリー・マンローHenry S. Munroe（日本ではモンローとも。一八五〇〜一九三三）に代わった。マンローは日本をいっときの職場と割り切り、赴任するなり、故国に持ち帰るつもりのある鉱物や化石標本の購入に一万七〇〇〇ドルを要求したという[12]。

ナウマンの勤めるべき鉱山学校は存在しない。日本に着いてすぐ自分の就職先がなくなったと聞いて衝撃を受けただろう。しかし、日本政府はナウマンのために新しい勤め口を用意していた。金石取調所である。金石とは古くからある日本語で鉱物のことだ。正式なナウマンの雇用についての届は、明治八年一二月一八日に文部大輔《たいふ》田中不二麿《ふじまろ》から太政大臣三条実美宛てに出ている。

文部省は明治八年に約束どおり金石取調所を開設し、所長にナウマン、助手に和田維四郎を任命した[13]。場所は文部省内ではなく、赤坂（現在のホテルオークラのあたり）の内務省博物課の一室である。

図2-2　和田維四郎

政府は国土に関する行政を開始するため、地形図の整備、土地利用の調査、気象、火山、地震調査などを少しずつ進めていた。明治五年、全国一斉の地籍調査を行い、明治七年、内務省地理寮で地誌・地図調査を始め、明治八年、内務省地理寮内に気象台ができ、火山や地震の調査・測量も始めた。金石取調所は文部省の機関だったが、国土調査が仕事の一部でもあった。
　政府は全国各地から、磁土《じど》（磁器用の土）、凍石《とうせき》（俗にいう石鹼石）、雲母《うんも》岩、大理石などの岩石標本、金、銀、硫化銀、硫化銅、斑銅鉱《はんどうこう》、黄銅鉱などの金属、鉱石、そして硝石《しょうせき》、瑪瑙《めのう》、長石などの鉱物標本を集め金石取調所に所蔵させた。和田は、明治九年に『各府県金石試験記』として報告書を文部省に提出している。[14] そこに掲げられたリストの大半は各県の無煙炭、石炭、褐炭そして石油、要するに殖産興業のためのデータである。

　金石取調所には、のちにナウマンと学生とのもめごとの一因となった、希少なトパーズもあった。通称黄玉《おうぎょく》、俗に猫精《びょうせい》ともいわれ、和田は黄宝石とよんだ。政府はウィーンの万国博にならって内国勧業博覧会を明治一〇年に東京・上野公園で開催したが、トパーズも展示した。[15] 今日、最高の宝石は硬度でも金銭価値でもダイヤモンドだが、ナウマンの故国ドイツ、プロイセンでは、トパーズが最高の宝石だった。ドレスデンの南にはトパーズを大量に産出するシュネッケンシュタイン山があった。そこで得られた巨大なトパーズ結晶はドレスデン王宮の秘宝となった。

　日本全国の岩石や鉱物が金石取調所にある。和田のおかげで即座に、地図上で産出地を確認できる。ナウマンにとって幸運だったのは、授業や調査などなんの義務もなく岩石や鉱物を研究でき、また正確な産地を知りえたことだ。日本の地質図はない。しかし、ナウマンはギュンベルの論文を読んで、日本の地質について予習していたから、始原代の岩石、結晶片岩、古生代の岩石、アンモナイトなどを金石取調所で探しまわったことだろう。産出場所を記したラベルを見て、ナウマンの日本地質調査の夢は広がっていったに違いない。

フォッサマグナへの最初の旅

当時、外国人が国内を旅することはそう簡単ではなかった。明治になっても外国人殺傷事件がときどき起きており、外務省も、外国人の国内旅行については全面禁止の発想しかなかった。[16]

だが維新から五年もたつと、ようやく役人にも国際感覚が生まれ、すべての外国人に内地通行免状が交付されることになった。旅行を望む外国人は、管轄官庁に届け出て旅行免状を受け取り、帰着したら返す。政府が定めた旅行細則[17]では、コックを同伴せよ、トラブルを防ぐため必ず通訳を同行しろ、いなければ政府が提供してもよいといろいろと気をつかっている。

九月一一日、ナウマンは二一歳の誕生日を迎えた。旅行免状を待つ一〇月一六日、彼はOAGの横浜例会にはじめて出席した。ヒルゲンドルフから一六六番目の会員に推挙され、ドイツ人同胞に存在を知られはじめていた。

待ち望んだ旅行免状が下り、一一月四日、はじめての旅行に出発した。朝夕が冷えこむころだったろう。この年六月に浅間山が噴火し降灰していたことに関心があり、浅間山登山が目的だったが、じつはこれが第一回目のフォッサマグナ旅行となった。同じ明治八年夏、ドイツ（プロイセン）政府の要請で一八七四年から二年間、日本の工芸の調査に来日していたヨハネス・ユストゥス・ライン Johannes Justus Rein（一八五三～一九一八）が中山道を通って東京から京都へ旅し、追分から浅間山に登っている。[18] ナウマンとラインの直接の接触は知られていないが、調査対象は近接している。[19]

フォッサマグナについて、ナウマンはていねいに論文を書いている。ナウマンの記述を追ってみよう。この旅には少なくとも通訳（おそらく和田維四郎）と従者（おそらく西山惣吉。惣吉については第四章で詳述）の二人が同行した。[20] 旅のはじめは新鮮だ。

当時の私は全くの新参者であったことを認めざるを得ない。しかし、当時の印象は大変強烈であったので、深く記憶に残っていて、今でも生き生きと細かいところまで目に浮かぶのである。われわれは早朝五時二〇分に一台の貧弱な馬車で出発し、清々しい朝露の中、首都を後に中山道をたどった。馬車はその当時、人力車と、大きな国道で激しい競争に入ったばかりであった。太陽の光は、森や林や田畑や、そして家々や生け垣を照らしていた。また黄金の光は、古びて朽ちかけた小屋にもふり注ぎ、貧しいものも、みすぼらしいものも同時に美しく見せていた。土地の人も、馬方も、旅人も、出会う人はみんな明るい顔で、親しげに挨拶を交わすのであった。[21]

貧弱な馬車というのは明治五年に開業した中山道郵便馬車会社の郵便馬車だ。ライン一行も同じ郵便馬車を利用している。[22] 浦和を抜け、色とりどりの旗や提灯など、街道沿いの軒々に残った前日の天長節（明治天皇誕生日）の飾りつけを見ながら、午後一時には熊谷に着き、夕方の七時ごろには高崎に到着した。そして面白くない待遇を受けた。

素晴らしい一日を過ごした後のこととて――かなり気落ちのする体験であった。泊まりたいと思う旅館はどこも、部屋が空いていない、と称するのであった。宿の主人の不機嫌な顔付きは、外国人と関わりあいたくないという気持ちを示していた[23]。

一行は、地区の事務主任責任者である戸長を役場におよび、戸長の奔走で、とある屋敷の裏手の離れを確保できたが、その間一行は空腹に耐えねばならなかった。翌々日、碓氷峠《うすいとうげ》を登って追分に出る。追分に数日滞在し、村のすぐ北にそびえる浅間山に登山した。ラインと同じ道をたどったと思われる。

## フォッサマグナ発見

ラインたちは浅間山登山の後、和田峠を経て、諏訪湖《すわこ》へ向かい、その後、中山道をたどったのだが、ナウマンたちは、佐久を経て千曲川《ちくまがわ》の谷をさかのぼり、一一月一二日夕刻、広大な野辺山高原に到着した。

およそ一三〇〇メートルの高い峠（獅子岩の峠、約一四五〇メートル）に着いた時ちょうど、低くたれこめた黒雲の間から満月が姿を現し、あたり一面に銀の光を注いだ。右手には雲の上に、雪を満たした谷を抱く八ケ岳山地の峰々が、月の光に照らされて、濃い雲に支えられるように、素晴らしくそびえていた。（中略）足もとでは際限なく雲が流れていた。高い山の上では嵐が来てゴーゴーと吹き荒れていた[24]。

一行は、平沢（現長野県南佐久郡南牧村、最寄りは小海《こうみ》線野辺山駅）に達した。平沢は寒村で、みすぼらしい家に宿泊した。筆者は二〇一五年に現地を調査したが、この宿泊先は、現在、空き家になっている嶋屋という旅館だったろう。あらかじめ先行させた従者と合流して、なんとか布団に潜りこんだが、夜半過ぎまで嵐の強風で建物が揺れる、雨戸が外れる、襖《ふすま》や調度品が鳴るで「一晩中休ませてくれなかった(25)」。

嵐が通り過ぎた一一月一三日。起き出したナウマンが見たのは、生涯忘れることのない光景だった。

朝になって驚いたことに、あたりの景色は、前日歩きまわったときと全く一変していた。それはまるで別世界に置かれたような感じであった。私は幅広い低地に面する縁に立っていた。対岸側には、三〇〇〇メートルあるいはそれ以上の巨大な山々が重畳《ちょうじょう》してそびえ立っていた。その急な斜面は鋭くはっきりした直線をなして低地へ落ち込んでいた。その山麓に沿って、一筋の流れが北西から南東へと走っているに違いないことは、疑いないところであった。左の方には、われわれが越えてきた山地から低地へ向かって、枝尾根と横尾根が突き出ていた。南南東の彼方には、巨大な富士山が空高くそびえていた。

その時、私は、自分が著しく奇妙な地形を眼前にしていることを十分に認識していた。とはいうものの、それが、島弧《とうこ》を完全に横断して走る溝のような土地であって、そのど真ん中から多数の火山、なかでも日本最大の火山（富士山）を生み出している（こと、中略）、火山という寄生物を抱えた長大な横断低地が、造山過程をとおして生じたということ、そういうことについては、なお思い浮かべることもできなかった。(26)

西を向いたナウマンの眼前に日本列島弧に沿わずに、列島を東西に分断し、直交している断崖絶壁がある。このまっすぐな絶壁はなんだろう？　西側の屹立《きつりつ》する山々のふもとは平坦な平野で、川が流れている。しかし、この山々の東側に広がる一帯は、単なる陥没跡なのか？　南に横たわる雲海からはぽっかりと富士山が姿を見せている。これをどう考えればいいのか。

ナウマンは以後、列島中央部の地質を繰り返し調査する。彼が自分の足で日本を歩いた大半はこの問題の解明に注がれたといってよく、自身が調査できないときは弟子たちに命じて未踏査地域を調べた。のちに自身がフォッサマグナと名づけたことと、フォッサマグナが日本列島の起源と構造に関すると議論したことが、彼の最も重要な業績である。

# 第三章　お雇い外国人による地質調査競争

一八七六―七七

## ナウマン、東京開成学校の教授となる

ナウマンは、明治九（一八七六）年三月一一日、予定どおり、東京開成学校[1]の金石学地質学採鉱学教授に任命された。同時に和田維四郎も正式の助手になった。東京開成学校は神田錦町にあり、その跡に現在は学士会館が立っている。東京開成学校（図3-1）は、駿河台のニコライ堂などと並び、東京でも指折りの洋風建造物だった。前任者マンローは父親の危篤《きとく》を知り、あと数日の満期を待たず帰米していた。

ナウマンの受け持った学生は、ナウマンとほとんど年齢の差がない小藤文次郎を含めてわずか六名だ。学生たちはナウマンをノーマンとよび、「能曼」「能謾」「能万」「那翁満」などの字をあてた。官庁などの文字表現では、エド（ト）ムント（ド）・ナウマンが多く使われた。

ナウマンは、学校側が驚くほど奮闘して増給となった。明治九年五月二四日付で文部大輔田中不

二﨟代理文部大亟《だいじょう》の九鬼隆一《くきりゅういち》から太政大臣三条実美宛に、「ナウマン氏増給之儀御届」が報告されている。

東京開成学校に於《おいて》独逸人ドクトル、エトムンド《ママ》、ナウマン氏儀曽《かつ》て同国より招傭以来専ら金石類分折《ママ》［析の誤り］等為致置候処、学力優長、授業練熟候者に付更に金石学地質学及採鉱学授業並《ならびに》金石列品室等負担為致申候。就ては従前之月給金三百円にては他之教授に比すれば何分給料寡少に付、右月給三百円之外、五拾円増給致候。
尤《もっとも》月給之儀は該校補助金之内より弁給可致候。此段御届申候也(2)

**図3-1**　東京開成学校　鳥瞰図（『東京帝国大学五十年史』上より）

学校側は、彼を鉱物の専門家として雇ったが、鉱物にとどまらず地質学全般、古生物学、化学、採鉱冶金など応用学に至るまで万能選手であることがわかった。しかもナウマンは鉱物標本室収蔵品も自費で整えた。前任者のマンローが大枚の経費を要求したのと大違いで、学校側はナウマンの月給三〇〇円は他の教師の働きと較べて安いとしている。ちなみにヒルゲンドルフは三年目に四〇〇円になった。まだヒルゲンドルフの給料には届かないが、就任わずか二カ月で給与アップとなった。

イギリス人地震学者ミルンの来日

ナウマンが東京開成学校教授になる直前、明治九年三月八日、イギリス人ジョン・ミルン（図3–2）が大陸を横断して横浜にたどり着いた。ミルンは工部大学校で教える三年間の契約を到着日付で工部省と交わした。いきなり三年契約とは「外国人雇入方心得」に照らしても最高待遇である。ジョン・ミルンJohn Milne（一八五〇～一九一三）はリバプールに生まれ、キングスカレッジを卒業後、王立鉱山学校に学んで、すでにカナダ東海岸のニューファンドランド島やモーゼが神から十戒を授かったとされるシナイ山などの探検を経験していた。シナイ山を確定しようとした聖書学者ビーク博士の研究を助け、王立地理学会で論争をよんだ冒険家だ。日本赴任にあたり、彼はなんと、ユーラシア大陸横断というコースを選んだ。(3)

図3–2　ジョン・ミルン

横浜に着いたその夜、ミルンは生まれてはじめて地震の洗礼を受けた。「まるでこの地震という現象に歓迎されたような、そして、地震に真剣な注意を向けるよう誘われたような感じではあった」(4)。ナウマンは明治一一年に「日本における地震と火山噴火について」(5)という長大な論文を発表しているが、この地震についての記載はないし、ナウマンの著作のなかのどこにもこのささやかな地震についてふれた箇所はない。

ナウマンをめぐるドイツ人の友人は多いが、英語を話す友人は少ない。ミルンは日本で親しい友人となり、その後、ドイツに帰国してからもずっとつきあいの続いた珍しいイギリス人だ。ミルンはこれからときどき登場する。

## アメリカ人地質学者ライマンによる北海道の地質調査

北海道の地質図をはじめて作成したライマンについて述べておきたい。マサチューセッツ生まれの地質学者ベンジャミン・ライマンBenjamin S. Lyman（一八三五〜一九二〇）は、ナウマンより前に来日し、主に北海道の地質調査に従事していた。ライマンは、ハーバード大学を卒業したが、地質学者の叔父の影響か、パリの鉱山学校やドイツのフライベルク鉱山学校で学び、インドで石油探索を経験したのち、中国や日本にも立ち寄っていた。本格的な来日は明治六年一月、三七歳でのことで、歓迎の宴には北海道開拓使長官黒田清隆と、明治四年より来日していたアメリカ農務局長ホーレス・ケプロンHorace Capron（一八〇四〜八五）、化学者兼地質学者のトマス・アンチセルThomas Antisell（一八一七〜九三）、そして、明治五年一一月に来日していた二二歳の青年地質学者マンローの三人のアメリカ人が並んだ(6)。

北海道の地質調査が主にアメリカ人によって行われたのは、北海道がロシアやプロイセンの極東進出の欲望のもとにあったことが、大いに関係していると筆者は考えている。ロシアは、江戸の鎖国体制下に何度も探検隊や軍を送っていた。プロイセンも、一八六〇年から六二年にかけてオイレンブルク伯爵を団長とする使節団を日本、中国（清）、タイに派遣した。この使節団の報告は、ドイツ語圏の人びとが東アジアのイメージを形成する原点となった。そして、ガルトネル開墾（条約）事件も重要な契機となったと筆者は考える。

ガルトネル開墾（条約）事件とは、まるで北海道がプロイセンに占領され、植民地になってしまうようだと騒がれた事件である。慶応三（一八六七）年に箱館奉行がプロイセンの貿易商ガルトネル兄弟に函館近郊の開墾を許したことに始まる。その後、榎本武揚《たけあき》（一八三六〜一九〇八）が率いる蝦夷《えぞ》島政府も、榎本が敗残したあとの函館府もこれを許した。明治二（一八六九）年七月八日に明治新政府によって開拓使が設置されると、さすがに、開拓使はガルトネル開墾を問題視した。

この土地を足掛かりに蝦夷地が植民地化されるおそれもあるとして、外務省は開拓使へガルトネルとの契約を破棄するよう伝え、やっと、明治三年一一月に大枚を払って契約を解消した。取り戻した土地は開拓使により開墾が進められたが、その本格的な活用は明治六年以降だった。

ライマンは明治六年の来日直後から、開拓使仮学校の生徒に地質学の教育を始めた（図3−3）。ライマンとケプロンとマンローは生徒を連れて、雪が融けだす四月から一一月まで、半年にわたる北海道の第一次地質調査を開始した。アンチセルは開拓使仮学校の教師のまま東京に残った。日本人は地質学の講義を受けた山内徳三郎、坂市太郎《ばんいちたろう》、西山正吾らを含む八人ほどの学生と、大勢の荷役を含めて「総勢凡そ四十名の一行」だった（西山正吾「北島炭業の創始——ライマン氏の功績」より）。ケプロンは最初の数日間、同行したのみだったが、ライマン一行は北海道の南半分すなわち石狩・後志《しりべし》・胆振《いぶり》地方を踏査し石炭・石油・硫黄《いおう》・砂金などを調べた。マンローは最初のうち、ライマンと共同調査を進めることができると考えていたが、ライマンの「自分の意見に固執する性格」と「性急な行動」を不快に思うようになった。二人の反目が進んだので、さすがにライマンは調査隊を二つに分けて半分をマンローの指揮下に置かざるをえなかった。マンローはこれを「彼のもっとも親切な行為」と書いた。(7)

明治七年の第二回調査も、日本人を指導するのはライマンとマンローで、もちろん二つのグループに分けられていた。人跡未踏の原生林や熊笹を刈りながら原野を旅するのは大変だったろう。ライマンは下痢に悩まされ、体重が約五〇キログラムに落ちて「一三才頃でさえ一二五ポンド［約五七キログラム］を下らなかったし、インドでもこんなに少なくなかった」(8)と嘆いた。

図3-3　ライマンと弟子たち（桑田権平『来曼先生小伝』桑田権平、1937年より）

ライマンとマンローとの仲は終始険悪だった。ライマンは、博士号をもつマンローを共同指導者とせず、学生と同列に扱った。激怒したマンローはその横暴を本国の雑誌に暴露しようとまで思いつめたが、翌明治八年二月には北海道を出て、東京開成学校の地質学・冶金学教師となった。

ライマンはマンローと対立する以上に、開拓使とも衝突した。そして、黒田および開拓使との溝はますます深まり、明治八年五月にケプロンが離日したあとは、ライマンの意に反して、幌内《ほろない》鉄道測量に従事させられた。(9)

明治八年、北海道開拓使との契約満期による解雇を迎えたライマンに、黒田は高価な記念品（金銀銅製のつがいの鳥の置物と茶器一式）[10]を贈った。ライマンは二度までつき返したという。ライマンの態度を腹に据えかねた黒田は、内務卿大久保利通に「我意を張り不遜の所業不少に付、必向来《こうらい》不都合を生じ可申」と報告した。[11]これがのちに述べるような、以後のライマンの運命を決めたかもしれないのだが、日本人弟子たちからはおおいに慕われていた。

## ライマンによる日本初の本格的地質図

明治九年二月二四日、ライマンは工学頭《こうがくのかみ》大鳥圭介の立会いのもと、内務省勧業寮と契約した。月給九六六円である。ナウマンのほぼ三倍、年俸一万四〇〇〇円は大変な高額だ。

ライマンが進めていた北海道の地質調査の結果をまとめた「日本蝦夷地質要略之図」（図3−4）が完成したのは五月だ。「日本蝦夷地質要略之図」には、調査者の氏名が英語と日本語で並んでいる。辺士来曼（ペンジー・ライマン）は「地質学長」、不仲だった顕士門老（ケンジー・モンロー）は日本人弟子一三人と同列の「地質補助」だ。

北海道だけだが、これが日本最初の本格的な地質図となる。しかしこの地質図の評価は必ずしも高くないが、ライマンの業績としては、幌内炭田の発見に始まり、彼の弟子の島田純一・山際永吾による幾春別《いくしゅんべつ》炭田、坂市太郎による夕張炭田の発見など、石狩地域の炭田の基礎を築いて、日本の経済成長に貢献したことが多く語られている。

のちに地質調査所員で東北帝国大学教授となる佐川榮次郎（一八七三〜一九四二）は、一九一一（明治四四）年にフィラデルフィアのライマンを訪れて歓談した思い出を記している。

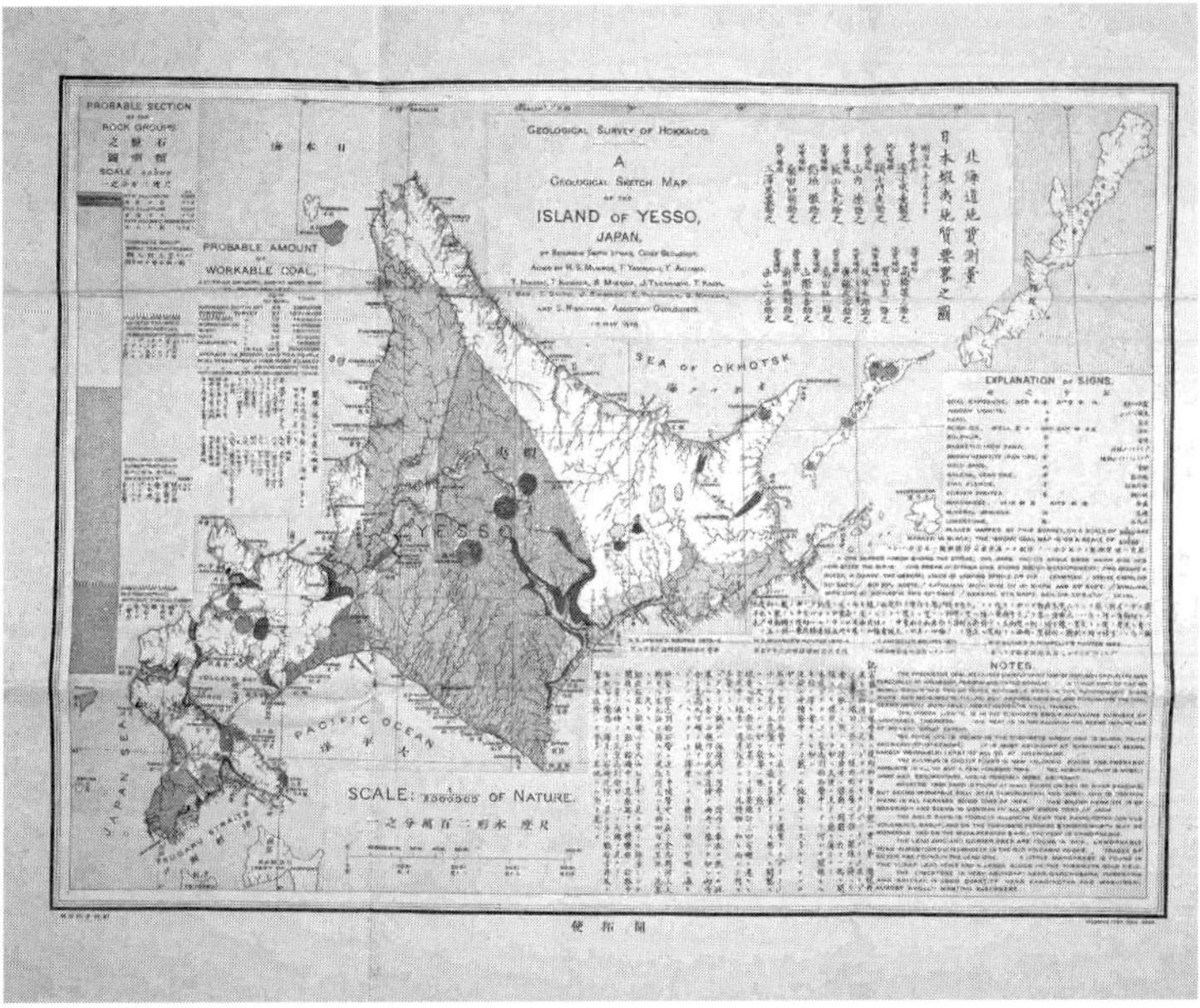


図3-4　ライマン「日本蝦夷地質要略之図」（北海道大学附属図書館蔵）

日本にては氏を地質学者と呼んで居るが、学者として考へては氏の仕事は理解されぬであらう。氏の仕事の性質よりいへば、Mining geologist と言ふが良からう。地質鉱山士長辺司来曼とは氏が好んで用ひた名である。(12)

ライマンも自身を、地質鉱山士と認めていた。彼は、地下にある炭層や含石油層の「等層厚線図 isopach map」（巻末用語解説参照）を発案し、炭層や含石油層の分布や埋蔵量を計算できるようにした。日本の石油会社関連の地質学者たちは、ライマンの等層厚線図の発案を高く評価している。(13)明治中期以降の油田開発では、ライマンの描いた断面図、柱状図のほかに、ライマンの弟子たちの描いた等層厚線図が大変参考になったからだ。

第一章で述べたようにライマン以前も、北海道をアメリカ人ブレークやパンペリー、本州をフランス人コワニエや、イギリス人ゴッドフリー J. G. H. Godfrey（一八四一?～没年不明）が調査している。しかし、ナウマンが書いているように、その完成度は低い。

ロンドン地質学会の季刊誌に掲載された、日本鉱業局の元の首席技師、ゴッドフリー氏の「日本の地質概略図」(14)と題する小さい図（図3-5）は、一八七八年まで、日本の地質について何も分かっていないのと同じであったことを証明している。(15)

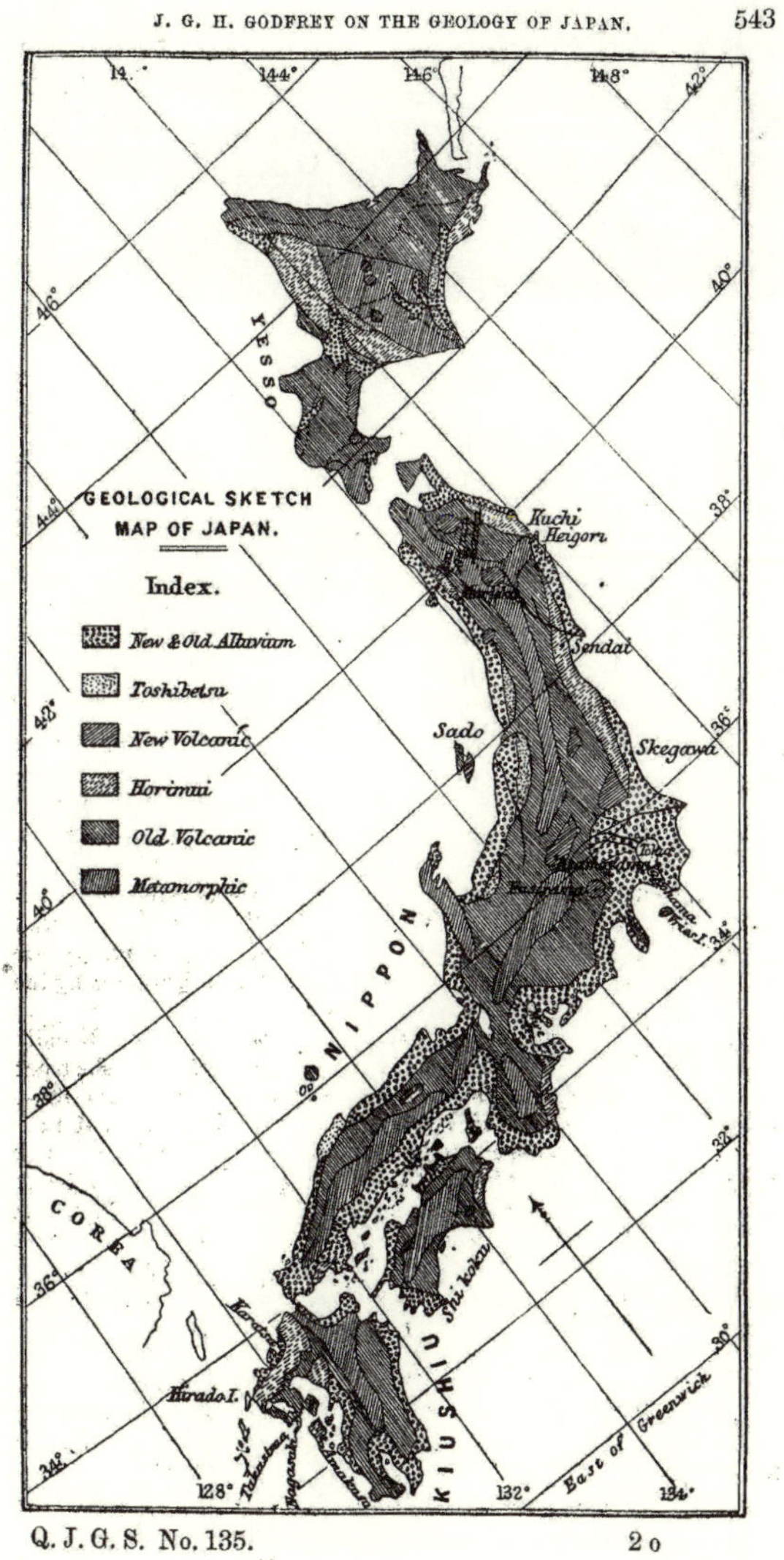


図3–5　ゴッドフリー「日本の地質概略図」(Quarterly Journal of the Geological Society, vol. 34より)

図3-6　ベルツ（左）とネットー（右）

全国の地質調査をやるとしたら、北海道の地質図を完成していたライマンは、ゴールへの最短位置にいるように見えた。ナウマンが全国地質調査一番乗りとはならなかった可能性もあった。北海道調査のライマンはそのころ注目の人だったらしく、彼の手稿解読を進める副見《ふくみ》恭子《やすこ》によれば、「[明治九年]六月五日に、ライマンが越後石油調査に旅立つ前、道中ご無事にの訪問を[自宅で]受けるが、訪問者のなかにナウマン、ゴッドフレイ（リー）の名が見られる」[16]としている。

## ドイツ人侍医ベルツ来日

一八七六（明治九）年六月、ナウマンの暮らす加賀屋敷に新しい住人が加わった。エルヴィン・フォン・ベルツ Erwin von Bälz（一八四九〜一九一三、図3-6）である。彼は明治日本の日々を記録した『ベルツの日記』でその名を知られる。滞在三〇年に及んで皇室侍医になり、日本人の妻を娶った、お雇い外国人だ。南ドイツに生まれ、チュービンゲン大学に入学したベルツは、一八七二年にライプツィヒ大学で学士号を取得した。一八七五年、その地で日本人医学留学生相良元貞を診療したことが運命を変えた。相良はベルツの親切に感激し、政府に彼の雇用を勧めたのが来日のきっかけだった。

ベルツは加賀屋敷を訪れた様子を故国の家族に伝えている。

今日、きめられた家へ引越しましたが、さしあたり前任者ヒルゲンドルフ博士の客分としてこの家へ迎えられたのです。（中略）わたしの親しい同僚は、そんなわけで全部ドイツ人です。わたしはこれらの人々と大変仲よくやっておりますが、ことにシュルツェ博士とは親しくなりました。また感じのよい、いろいろな同郷人とも知合になりました――例えば教師のマイエット氏（中略）、それからネットー氏とナウマン氏（二人とも快活で、気取らず、しかも大いに才能のある人物です）。これら少数のドイツ居留民の指導権を握っているのはバイル氏で、外面的にも内面的にもまれに見る上品な人物ですが、ユダヤ人であるため、氏をけなす連中も少くはありません。[17]

加賀屋敷（図3－7）のドイツ人には、ナウマン来日時にすでにヒルゲンドルフとシュルツェがいた。医学校の語学教師ポール・マイエット Paul C. H. Mayet（一八四六～一九二〇）と新婚の妻クラは明治九年一月一二日に来日して上野に住んでいた。フライベルク鉱山学校卒業のクルト・ネットー Kurt A. Netto（一八四七～一九〇九）は明治六年に来日し、秋田の小坂《こさか》鉱山で採掘技師として実績をあげていた。東京大学創立と同時に、採掘および冶金学科の教授になったが、その前から東京に来ていたらしい。ユダヤ系のバイル Martin Michael Bair（一八四一～一九〇四）はベアとも表記される。明治三年に来日して東京名誉ドイツ領事を務め、兵器商社として主に政府機関を取引先

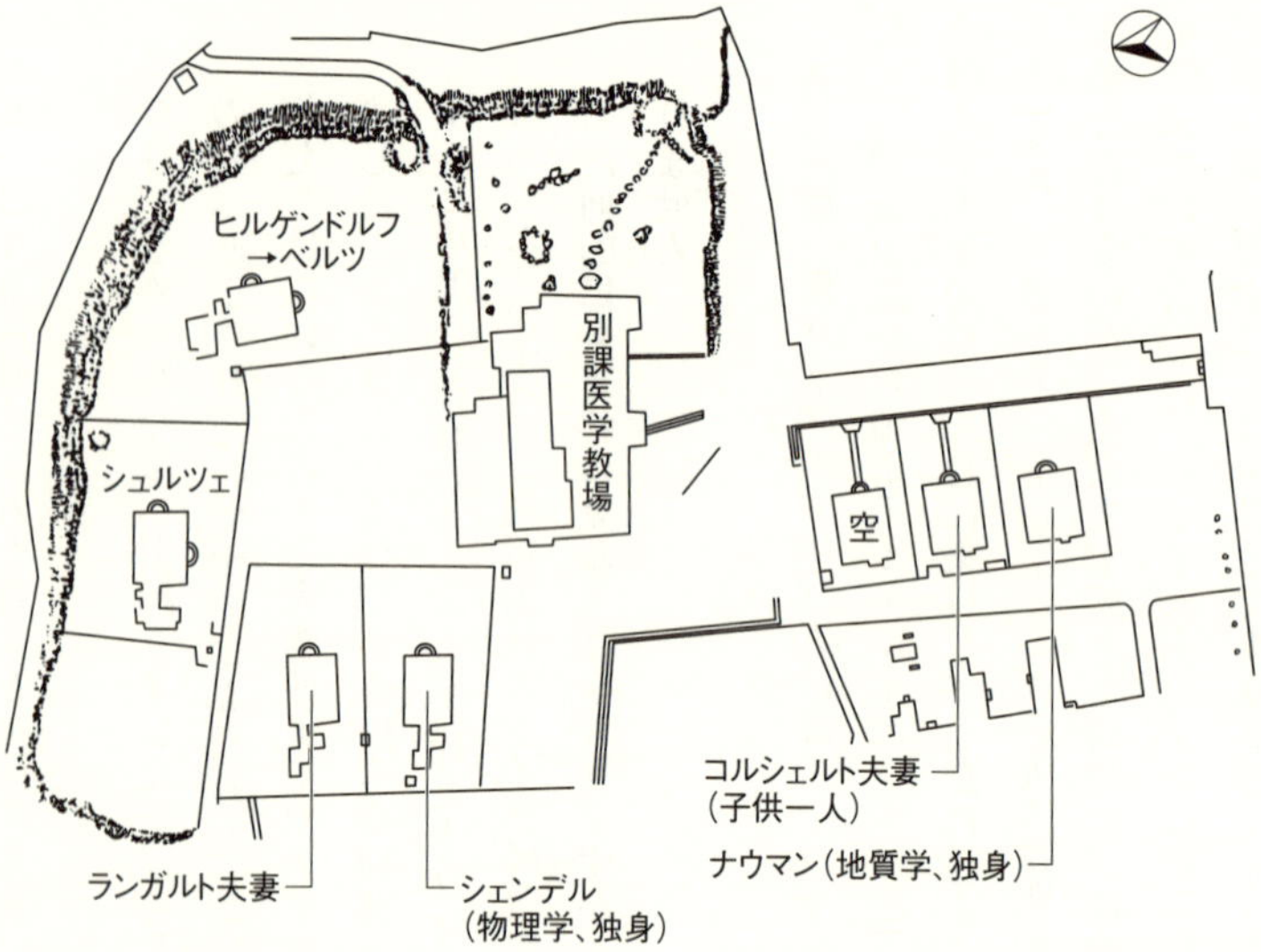


**図 3-7** 加賀屋敷の住人たち（ヘゼキール『明治初期御雇医師夫妻の生活』玄同社、1987 年より、一部改変）

としていたベア商会（のちに高田商会に替わる）を創設した人物で、ナウマンやネットーとも無縁ではない。

一カ月後、ヒルゲンドルフが満期解雇となり、日本を去る日がきた。家はそのままベルツに引き継がれ、一〇月二四日、ヒルゲンドルフを乗せた船は横浜沖に去った。

### 第二次フォッサマグナの旅

ナウマンのフォッサマグナへの二度目の旅は、また中山道から始まった。明治九年七月、長野県追分から平沢に向かったが、高野で右折し、八郡《やこおり》から蓼科《たてしな》山を突っ切って、滝の湯を通り、諏訪湖で、フォッサマグナを再度確認した。随行した学生は四人で、従者や案内人、馬方三人で計一〇人態勢だった。

さらに少し行くと、開けた見晴らしのよいところに出た。足下には、高い山々に囲まれた低地すなわちフォッサマグナの一部が広がっていた。かなり遠くではあるが、われわれの真ん前にあって、この地域のいちばん低いところを諏訪の湖が占めていた。（中略）諏訪湖の手前には、花こう岩からなる柵のような山があって、その周りより二〇〇メートルほど高い。この花こう岩の柵と、これに相対するフォッサの縁との間に川があって、それは一種の山の門ともいうべきところを通り抜けて湖に注いでいる。ここに早くも片麻《へんま》岩《がん》の一岩塊があって、結晶片岩の登場を物語っている。(18)

先に紹介したが、ラインも明治八年、同じところを歩いている。ラインは、

諏訪湖からは山地の中の凹地（宮川沿いの低地）を通して南東方向に富士山が眺められる。この凹地には、中山道から甲府すなわち甲斐の首府へ通じる道（甲州街道）が通っており、(19)

と記している。筆者も諏訪湖の北側からこの窪地を見たことがある。屹立した壁がずっと南の方向に延びている（口絵参照）。

ナウマン一行は大町でフォッサマグナを出、さらに松本盆地に出て飛驒山系（北アルプス）へ向かった。フォッサマグナの西側部分の地質の調査である。一行は一週間ほどで、鉢ノ木峠に達した。「高さ一万フィート（約三〇〇〇メートル）近くの多数の峰をもつ日本最大で最も荒々しい山塊(20)」が、乗鞍《のりくら》や御嶽山《おんたけさん》まで結べば一五〇キロメートルほど南へ延びることになり、向こう側の富山、岐阜を黒部峡谷で隔て、屹立している。一行は黒部峡谷を渡り、霊峰立山《たてやま》の山頂をめざした。そこを越えて越中富山への道すがら、フォッサマグナ域以西の火山を観察した。

この山脈のすべての巨人たちの中でも最高に興味深いのは立山である。この山は、南部における兄弟ともいうべき乗鞍や御岳などとは形が全く違っていて、かつ異なった岩石からなっている。（中略）西側には広大な斜面（弥陀ケ原《みだがはら》）が広がり、その一角に日本最大で最も興味深い硫

気孔が存在する。日本人は、これを、冥土を意味するところの地獄と呼んでいるが、全くのところ、世界中のどこにも、これ以上に魔界を思わせるようなところはない。何百もの孔から蒸気がシューシューという音をたてて噴き出し、大量の硫気が噴出している。[21]

スポーツとしての登山という概念のなかった明治初期まで、日本人にとって山頂は多くが信仰と畏怖の対象だった。修験者はもちろん、庶民もひたすら聖地参拝として山に登った。ナウマンは日本独自の登山習俗に魅せられた。

一行は黒部を越え、常願寺川沿《じょうがんじがわ》いに日本海へ向かい、富山県滑川《なめりかわ》に出た。同行の学生の知人の家に世話になり、数日の休みを過ごしたのち、海から新潟をめざした。雇った船頭は日中の山から吹きおろす風を避けるためとして、出発を夜にした。暗闇の浜辺でナウマンは奇怪な光景を目撃する。いま重要無形民俗文化財となっている富山県滑川の「ねぶた流し」を見たのだ。毎年七月三一日に行われる、燃え盛るたいまつを海に流す奇習である。そして舟旅は「生涯に行った旅の中で最も惨め」[22]だった。身体を伸ばして眠ることができず、日中は風に恵まれず、やむなく陸に上った。親切な僧侶に寝所を借り、眠りかけると、いい風が出たと舟に戻される。結局は四日も費やして上越か柏崎の浜に上陸したようで、陸行で新潟にたどり着く。「しかし幸いにも」思わぬ幸運にありついたらしい。

私はドイツ人の大使に間違えられた。というのは、日本語の単語の老師と領事とが似ている結果であって、そのうちの一つは大使を意味し、もう一つは教授を意味するのである。大使であれば、午前二時であっても、鰯やハムやステーキや、その他何なりと手に入れることを期待できるのであるが、教授ではそうはいかないのが普通である。(23)

ナウマンは新潟を少なくとも三度訪れている。東北日本は新潟を基点にするのが便利で、日本海沿いに北方へ向かって鳥海山《ちょうかいさん》をめざすか、東へ阿賀野川《あがのがわ》をさかのぼり、猪苗代湖《いなわしろこ》と会津磐梯山《ばんだいさん》へ向かうか、あるいは中通り（福島県中部）へ足を選ぶかの三方向に向かうことができる。明治九年のこの旅では東の福島へ向かった。

大磐梯のスケッチ

この年に磐梯山に登ったことが帰独後の論文「日本の火山、白根と磐梯の蒸気噴火」（一八九三）に書かれている。八月一五日正午に頂上に立っていたという。ナウマンは来日初年に浅間山を調査したように、火山研究にも力を入れていた。穏やかな磐梯山では三方向から入念にスケッチした（図3－8）。明治二一年に小磐梯《こばんだい》が大爆発して五〇〇名近くの犠牲者を出した。このときナウマンはドイツに帰国していたが、噴火を見たかのように一八九三年に論文を書いている。

水晶のように澄みきった猪苗代湖のほとりに、高さ一八四〇メートルの岩ゴツゴツの円錐、すなわち磐梯火山がそびえている。その山頂が突然口を開き、北方と東方に膨大な泥土と岩石を

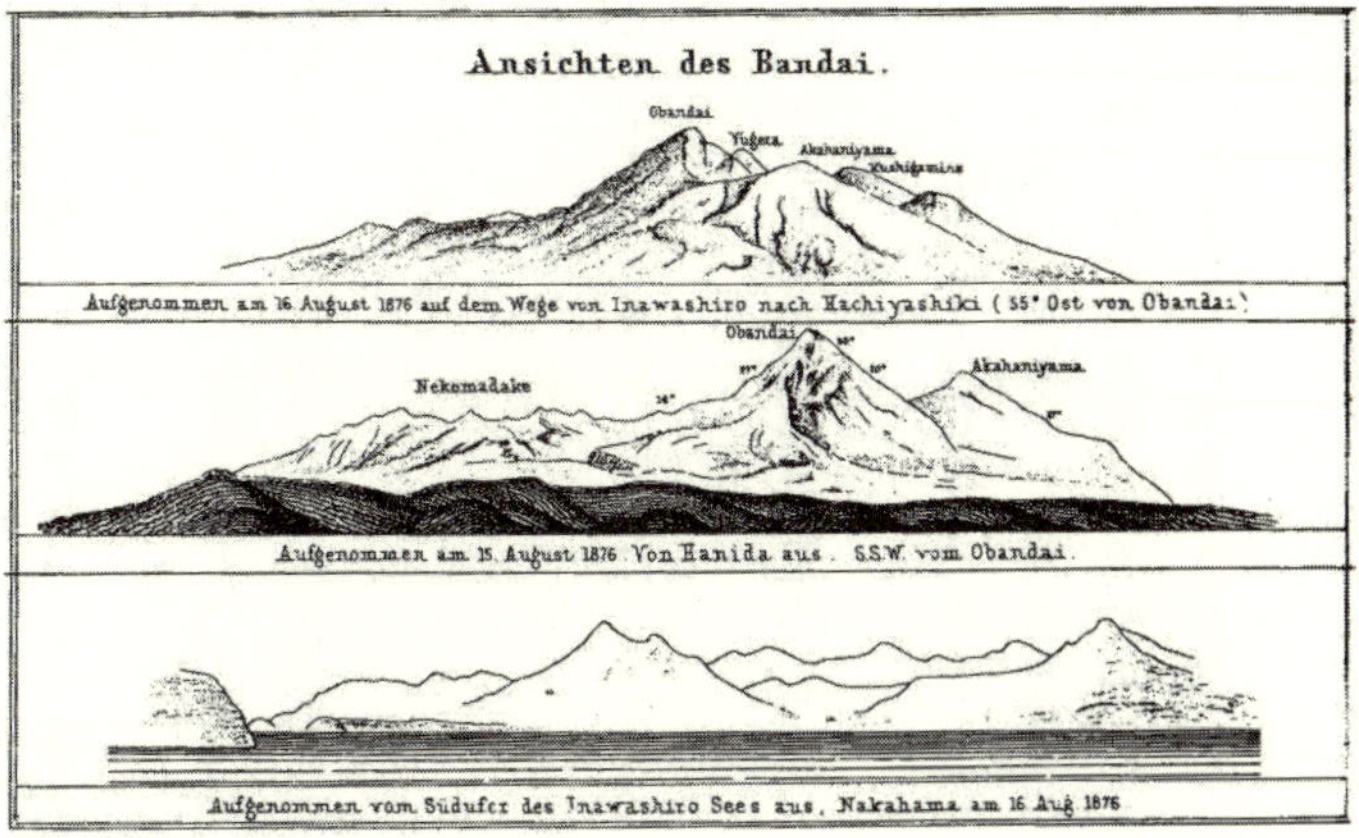


**図3–8**　磐梯山のスケッチ（Petermann's Mitteilungen aus Justus Perthes Geographischer Anstalt, Ergänzungsheft, vol.18より）

まき散らしたのは、一八八八（明治二一）年七月一五日の朝八時のことであった。少なくとも四六一名の人が、この恐ろしい異変で命を失った。この山はまた、面積七〇〇〇ヘクタールの土地に、ドロドロの土石塊《ママ》を押し広げたのであった。（中略）小磐梯は、私の手元の地図によると、鍋の北西の縁にあってこの火山［磐梯山］の北部における二番目に高い峰である。それが山体の全部を空中へ吹き飛ばされた。[24]

明治二一年の噴火は、九世紀、桓武天皇の治世以来という。ナウマンは日本にいる関谷清景、菊池安《きくちやすし》、そして和田維四郎の論文から詳細を知った。そして自分は噴火する以前の磐梯山をもっとも詳しく観察した者として発言する資格があると、爆発前の自身のスケッチを論文に添付した。さらに同行学生の関谷と菊池が小磐梯を大磐梯と同じ高さと仮定して、吹き飛んだ岩石量を計算したのに対し、小磐梯は少なくとも一〇〇メートルは低いとして修正をうながしている。爆発前の地形を三方向から詳細に描いたスケッチの説得力はいうまでもない。

話を明治九年に戻す。ナウマン一行は、磐梯から日光や足尾山地に寄って、東京に帰着したと思われる。四〇日間の旅で関東甲信越、東北南部にかけての地質情報の形がようやく整い始めた。

## さらに実地調査を

九月新学期、ナウマンは東京開成学校の教室に戻った。もっと戸外で実際の地層や岩石を見たいし、学生にも見せたい。ナウマン初の実地授業は一一月早々に実現した。

> 東京開成学校教授独逸人ナウマン地質調査並岩石見本採蒐として旅行に付免状を付与す
>
> 文部省届
>
> 東京開成学校教授独乙人ドクトル、ナウマン氏儀、本月三日並日曜日等の休業日を込め其他授業繰合《くりあわせ》、地質調査及該学校授業用の為め岩石見本採集として、熊谷県下武州新坐《にいざ》入間《いるま》の両郡を経て秩父郡武用［甲の誤り］山等へ旅行いたし度旨《たきむね》申出候に付外務省へ照会、旅行免状付与いたし本月二日発程同五日帰校致し候条此段御届候也。十一月九日[25]

あくまでも授業の一環としないと、わずか三日をひねり出すのも苦労だったのだろう。この秩父行きについて、ナウマンが書いたものは見つかっていないが、のちにナウマンは秩父の地質に強く興味をもつようになる。

ナウマンは「中報」（外国人教師の教育実践記録）も書かねばならない。それは和田維四郎の訳で「地質学教授ナウマン氏曰」として、公表されている。

余の教授する所の生徒は、工学及化学中級予科第一級同第二級甲なり。就中《なかんずく》二級甲生徒は勉励にして才力品行共に賞与するに足ると雖《いえど》も、奈何《いかん》せん金石学に従事する時間の甚だ短かきと、学業の甚だ多端なるとに因《よ》り、該学を修むる極めて充分ならざることを、是れ最も遺憾とする所なり。予科第一級生徒は其学業大《おおい》に進歩し、已《すで》に地質学の大意を学べり。而て化学工学下級生徒の進歩は上に述《の》ぶる各級生の如く充分ならず。加之《しかのみならず》該下級生徒には今専ら地質学総目の概略を知らしむるに勉めり。故に沿革地質学の講義を授くる能《あた》はず。因て唯《ただ》地文及変原地質学、石質学の概略を教授するのみ。化学工学中級生徒は採鉱学の講義を受け、其学業大に進歩し、採鉱学の総目を終ふ。(26)

最近は使われていない科目名が並んでいる。沿革地質学は現代の用語では地史学（Historical Geology）のこと、地文は地文学のことで、地誌学のようなものだ。変原地質学（Physical Geology）は動原地質学とも訳され、いまは一般地質学と称している。石質学は岩石学のことだ。

大学の授業を終えると、加賀屋敷のあちこちで会合があった。一一月二九日の夕暮れ、ナウマンの家に加賀屋敷のドイツ人住人が集まった。オスカー・コルシェルトOscar Korschelt（一八五三〜一九四〇）が妻と来日し、ナウマン邸の左隣に住むことになったので歓迎の宴であった。医学部で化学と数学を教え、醸造や塩業の分野でよく知られた人物となる。みながいい心持ちでおひらきとなり、表に出たとたん、大火事を認めたベルツは翌三〇日の日記に書いている。

昨夜半近く、われわれがナウマンの家から帰るとき、南東の方向に大火事があるのに気づいた。遺憾ながらこれは東京で冬のあいだ、ひんぱんに起こるでき事である。だから自分も今では、八週間前に初めて見た大火で神田区内の家屋八百戸が焼失した時ほど、驚かなくなった。（中略）それからすぐ、現場へ行ってみた。幾多の箇所では、まだ炎があがっていた。(27)

日本橋から築地まで一万戸以上が燃えた。二日もしないうちに焼け跡に一〇〇〇戸以上の小屋が建てられ、被災者が泣き叫びもせず、静かに後片付けをする様子にベルツは驚嘆している。

## 伊豆大島大噴火を観察する

明治九年の暮れ、横浜に入港したイギリスとフランスの船が、伊豆大島のそばを通過したとき夜空に光が輝いたのを目撃したというニュースをナウマンは耳にした。火口がふたたび開いたというのである。三原山は明治三年にも噴火していたので、ナウマンたちの注意を引いていたのだ。ナウマンは「火山島大島とその最新の噴火」と題する論文を書く。ナウマンが日本ではじめて書いた論文で、『ドイツ地質学会誌』に投稿された。それには噴火のはじまりからが生き生きと記録されている。

噴火が起こっていることはもはや疑いないものとなった。そこで、私は、数人の友人とともに、一月一九日から二二日までの期間に調査を行ったのであるが、幸運にも、至近距離から爆発を観察することができた。帰ってくると、新しい知らせが届いていて、それは、爆発が著しく強くなったという報告であったので、友人のコルシェルト氏ならびに日本人助手の中野［外志《とし》男《お》］氏［工部省工学校の教授補］とともに、二月九日、もう一度かの島へ出かけた。(28)

この文章には「数人の友人」としか書かれていないが、ナウマンはミルンや和田のほか、スミスやアトキンソン（後述）と行動を起こしていた。ナウマンはミルンと行動をともにしていることが多い。論文の付図中におそらく自分を含めて外国人を描き込んでいる（図3-9）。

一月一九日の夕方、第一回目の探査のために雇った横須賀兵器廠の小さい蒸気船横須賀丸はミヤケ［伊豆半島川奈崎の誤り］に入港した。（中略）早朝に大島に到着することに決めていた。航路の半ばほどのところで、まだ真っ暗なとき、筆舌につくしがたい美しい光景が見えた。（中略）早朝六時三〇分、波浮《はぶ》に到着するとともに、われわれは登山を開始した。（中略）道は二子山にさしかかる。そして、この山の北側の深い谷に到達する。次いで、この谷を流れ下った溶岩流をよじ登る。（中略）上部には、炭化した樹幹がいくつか含まれている。（中略）谷の奥に立ちはだかる、堤防のような、大きな裸の尾根の上に到達したとき、（中略）ここで早くも、噴火の弱い音が、はるか遠くの砲声のように響くのが、ときどき聞こえた。（中略）われわれは下って、環状壁と中央円錐丘との間に広がる、ほぼ平坦なところを進んだ。(29)

急傾斜で内側に落ち込む壁に囲まれた巨大な「シハラ［当時のことば、火原＝カルデラのこと］」の底には、噴火円錐丘が見え、そこから巨大な火柱が絶え間なく立ちのぼっているのを見た。噴火円錐丘はのちにナウマン丘（図3－10）とよばれたが、一九〇〇年の噴火で消失した。

この光景を眼前にしながら軽い朝食をとった後、仲間のうちの二人と一緒に、流れるように激しい雨の中、巨大な火口を一廻りすることにした。そして、最後に、火口縁のなかで一番低いところにやってきた。（中略）二秒おきに激しい爆発が起こり、そのたびに火のシャワーが空中高く放出されていた（約三〇〇フィートの高さに）。（中略）四～六秒の間をおいて、はるかに強烈な爆発が起こり、そのたびに火山弾が一〇〇〇フィート以上もの高さに吹き上げられた。放出されたものは、大部分が再び火口の中へ戻るのであるが、より高く放出されたものは、円錐丘の外壁に落下し、その斜面上を、白い煙をひきながら、大変な速度で火球のように転がり落ちる。また火口底では、流動する溶岩が膨らんでは泡となるのも見えた。（中略）ときどきは、急峻な火口壁の表層部が、支えを失って滑り落ち、新しく露出した部分が明るく輝く。（中略）

**上：図3-9**　伊豆大島スケッチ
**下：図3-10**　1877年に出現したナウマン丘
（いずれもZeitschrift der Deutschen Geologischen Gesellschaft, vol. 29, no. 2より）

仲間と合流することにした。けれども、そのうちに雨はますます激しくなり、さらに雹《ひょう》さえ加わり、冷たい嵐が山頂を襲ってきた(30)。

火山の勢いは激しく、観察を断念するほかなくなった。深い霧が出て二〇歩先が見えなくなる。仲間との合流をあきらめて川奈崎港へ戻ることにした。来るときは船で六時間だったが、帰りは乗船してから暴雨風に遭遇して二日もかかった。ちなみに彼らがチャーターした横須賀丸は、幕府が建設した横須賀造船所で、明治政府になって完成した日本初の蒸気船とされる。その造船所の工事中に出てきたゾウ化石を、ナウマンがのちに研究することになる。

船がようやく港に戻ると、島はふたたび噴火した。今度はミルンの参加はなく、ナウマンは二月九日にふたたび出発した。

噴火は、一月二〇日より後に最大に達したに違いない。なぜかというと、二度目に登ったとき、三原のまわりに、最初のときにはなかった新鮮な火山弾が散在しているのを発見したからである。最初のときには、われわれは、新鮮な放出物をただ一つだけ、それも壁の上部で見出しただけであった。この放出物は、流動性に富んだ状態で、著しい高さからものすごい力でたたきつけられたかのように、押しつぶされて広がった形で、灰の上に横たわっていた(31)。

論文「火山島大島とその最新の噴火」は二八ページの大論文だ。噴火の記録に加えて、江戸湾の地層に見られる火山性物質、伊豆七島の概要、大島の位置と形状、大島の港波浮の名がオランダ語Havenあるいは英語Harbourからきたこと、島全体に江戸湾同様、隆起の証拠があること、そして南北朝時代から記載され始めていた『鎌倉大日記』に見られる歴史的記録などを紹介している。

ナウマンは、大島噴火の前の三カ月、東京では有感地震が一件もなかったという気象学者クニッピングの証言をあげる。もちろん一月一一日からはたくさんの地震が起きている。伊豆大島からははるかに遠い那須山の活動にもふれて、注意を喚起し、左のように論文を結ぶ。

歴史時代における地質学的事件、ならびに国土の地質学的性質についての基本的知識があってこそ、はじめて、価値ある一般的判断が得られるのである。だから私は、日本の他の活火山に対する大島の位置について、軽々しく説明を加えることを控えておく。(32)

ナウマンの論文は、和田によって「大島火山記(33)」として、内容は少し異なっているが、和訳された。またミルンも「大島火山記(34)」を発表した。

このような一連の調査行は、旅行免状など申請していられないから、ナウマンらは独断で船を借り、すべて事後承諾とさせた。学校と文部省は何事もなかったように報告している。

文部省上申

今回伊豆国大島噴火山破裂致候趣の処、右は地質学上最緊要の件に付東京開成学校教授独乙人

ドクトル、エドムンド、ナウマン氏並英国人ロベルト、ヘンリー、スミス氏、同国人ロベルト、ウイルレム、アトキンソン氏の三名、生徒授業等繰替往返、凡《およそ》三日間自費を以《もって》右研究の為該地へ出発致度旨申出候に付、外務省へ照会、旅行免状付与致、本月十九日発程同廿二日に帰校致候条此段上申候也　二月五日(35)

同僚の工学教師スミスRobert Henry Smith（一八五一〜一九一六）と化学教師アトキンソンRobert W. Atkinson（一八五〇〜一九二九）の名が見える。ミルンは工部大学校だからこの書類には名前がない。文部省はまた二回目の調査について、ナウマンたちを代弁するかのようにこう書いている。

噴火勢《いきおい》益盛《ますますさかん》にして硫黄等を流出し候趣に付、尚又同氏儀自費を以該島へ罷越《まかりこし》再検の上生徒へ実験の景況を演説致度旨申出候処、幸《さいわい》本月七日にて同校定期試業も相済《あいすみ》、同十五日迄は授業も無之《これなき》儀に付、外務省へ照会、旅行免状付与致、本月九日発程同十八日帰校致候。此段上申候也(36)　二月廿四日

ちょうど定期試験も済み授業もないので、と協力的だ。実際には九日も休んでいるから差し障ったはずで、またこの後、ナウマンが、

自費を以同町に渡航し、火坑より噴出せる焼石等の見本を採集し、該学え《ママ》石見本数種且其禀報書を寄贈致候。更石等は地質学研究上稗〔裨の誤り〕益不尠《すくなからざる》ものに付謝儀として金百円贈与致候処右金額は該学補助金の内より弁消致候条此段上申候也

明治十年七月十六日　文部大輔田中不二麿代理　文部少輔神田孝平

右大臣岩倉具視殿(37)

と文部省に奏上し、一九日には岩倉具視や参議たちの了承を得ている。「自費」は東京大学で穴埋めしてくれたわけだ。

明治一〇年三月、「日本における地震と火山噴火について」

明治一〇年三月一〇日、横浜で開かれたOAG（ドイツ東亜博物学民族学協会）の例会で、ナウマンは書記になり、大島のヤギの古い角を持参して、大島へのヤギとヒツジの導入について話し、また、中禅寺湖の火山岩についても話をしている。

明治一一年、来日四年目にして、五四ページの大論文「日本における地震と火山噴火について」をOAG誌に発表した。ナウマンの主著『日本群島の構造と起源について』と同じページ数だ。ナウマンはどれだけ力を入れたのだろう。論文の意気込みと自信は、冒頭の『ファウスト（第二部）』からの引用にうかがえる。

もしこのおれが揺すったり振ったりしなかったら、
どうして世界が今みたいに美しくなれただろうか。（高橋義孝訳(38)）

日本に来てすぐ、明治八年一一月に浅間山の噴火を見に出かけ、また、明治一〇年に伊豆大島の噴火を見て、火山と地震で論文を書こうと思ったに違いない。火山のほうは、『日本書紀』をはじめ三〇編にのぼる、有史以来の噴火記録を日本全国にわたってまとめようとしている。明治一〇年の東京大学理学部には「和漢文学」という授業科目が置かれた。古典文献を読ませて、ドイツ語に翻訳させたのではなかろうかと思う。地震のほうも、有史以来の記録をまとめ、震度の強度階を一級から九級まで工夫考案し、地震の頻度、地震と月齢の関係、流星の周期や、太陽黒点の周期、大気の潮汐、海洋の潮汐との関係を議論している。日本の震度階は明治一三年、関谷清景が考えたものが最初といわれているが、ナウマンの強度階はそのずっと前だ。しかしナウマンの火山の研究や地震の研究はあまり評価されていない。もしかすると、あまりにもいろいろな現象との関係を考えすぎたせいかもしれない。

この論文は火山と地震に関する論文なのだが、最後にナウマンは総括として、日本列島の地形の全体の傾向を説明する。ナウマンの日本列島論の始まりである。それはこの論文のハイライトで、次のように五点にまとめられる。のちに日本列島を把握した彼の見方がよくわかり、驚くべき卓見もある。

一　日本列島は火山力だけで成り立ったような島国ではなく、新しい時代にできたのではない。
二　日本は、リヒトホーフェン Ferdinand Freiherr von Richthofen がいうシナ系の地形に属し、北東―南西方向にカーブするユーラシア大陸沿岸と同質である。
三　日本列島は樺太をふくめ弧状で、三つの「拡幅部」をもつ。北海道と、列島の屈曲部の関東平野を含む中部日本、そして九州である。
四　東北地方はほぼ子午線に沿って海岸線がまっすぐだが、西南部（関東以南）は湾や半島などの突出部が複雑で、一定の規則性をもち、形が似ている。
五　九州の天草に始まり、豊後のセキムラ（佐伯のことか?）、伊予の松山、讃岐中心部、淡路島南部、和歌山加太岬、三河湾渥美半島が厳密に一つの線状にある。この線に沿う形で瀬戸内がある。

一～三は、かつて日本が大陸の一部だったことを強く示唆している。これはナウマンの日本列島への基本認識であるが、このような大胆な指摘を行った地質学者はそれまでいなかった。四は、日本列島中央部で北部と西南部に屈曲し、東西では海岸線地形が大きく異なることを示しており、日本北部と西南部に加わる力の違いを彼は直感している。五は、彼が中央構造線（Median Line）とのちに名づける日本最大の断層そのものへの指摘だ。ナウマンはこの時点でまだ西南日本を調査していないにもかかわらず、すでに日本列島を考えるうえでのポイントを、まだ名もないフォッサマグナとあわせて把握している。

完成した論文はその網羅性においても優れていて、ナウマンは、「最後に、日本の火山現象は、民族の性格に永続的な影響を与えたように見える。（中略）日本民族が一千年以上にもわたって中国の文化に深く依存し、そしてみずから創造することがほとんどなかった」[39]としめくくった。さらにナウマンは注釈で、東京大学予備門主幹・東大法学部・文学部総理補の服部一三《いちぞう》（一八五一～一九二九）の『ジャパン・ウィークリー・メール』誌に掲載された論文より早くナウマン論文は考えられていたこと、『日本アジア協会会報』に掲載されたブラントン Richard Henry Brunton（一八四一～一九〇一）の「日本の建築術」は地震リストが不完全であると批判している。[40]服部はミルンが固辞した日本地震学会の初代会長を務めた人物であるし、ブラントンは日本の「灯台の父」と讃えられた人物である。

地震に関して、ナウマンは、震度や震央という現在使われている用語を示しながらも一編の論文執筆に終わり、日本の地震学はその後ミルンが主導することとなる。ナウマンの関心はより理論的な、日本地質構造の研究に向かう。

# 第四章　東京大学地質学科初代教授

一八七七―七八

### 東京大学での授業

伊豆大島噴火の終息から二カ月後のことだが、明治一〇（一八七七）年四月一二日をもって、明治政府は高等教育の一元化を果たした。漢学の「昌平黌《しょうへいこう》」、蘭医学の「医学所」、そして洋学全般を教える「開成所」を統合する国立大学の創立である。実質的には東京開成学校と東京医学校の合体で、法理文医の四部門が定められた。

ナウマンの勤務していた東京開成学校は、東京大学理学部となり、ナウマンも東京大学教授に就任する。理学部には化学科、数学物理学及星学科、生物学科、工学科、地質学及採鉱学科の五学科が置かれた（明治一三年九月に地質学及採鉱学科は地質学科と採鉱冶金学科とに分かれる）。地質学及採鉱学科の授業科目は、以下のようだった。

第一年　英語、論理学、心理学大意、数学（代数・幾何）、重学《ちようがく》大意、星学大意、化学（無機・実験）、金石学大意、地質学大意、画学。

第二年　金石学、石質学、地質測量、金石識別、検質分析、採鉱学、陸地測量及地誌図、地質巡検、英語、仏語或は独語、動物学、植物学。

第三年　古生物学、地質沿革論、定量分析、仏語或は独語、和漢文学、岩石化石識別実学、地質巡検。

第四年　日本地質学、地質図及表面地質学、岩石顕微鏡査察、和漢文学、そして卒業論文（1）。

耳慣れない科目がある。重学は物理学、星学は天文学、金石学は鉱物学、石質学は岩石学のことで、検質分析は岩石や鉱物の分析実験などを行った。地質巡検は地質を見たり調べたりする見学旅行のことで、現在も地質学界ではこの言葉を使っている。地質沿革論は現在では地史学とよばれ、地球の歴史（生物の歴史を含む）のことである。和漢文学は理学部の授業科目としては奇妙だが、理学部創設の際にほとんどの学科の三年と四年に置かれた。具体的な内容を示す資料はないが、古文書の講読がなされたと思われる。しかし、その履修は随意となり、だんだんと消えてしまった。

東京大学の地質学科では、このカリキュラムの精神が、筆者の学生時代（一九七〇年代）あるいはそれ以降も続いているように見える。第一年では地質学の講義はないが、第二年で地質学科進学が決まると、まず一般地質学、古生物学、岩石学の授業を受ける。第二、三年で二〇日間の地質巡検がある。第三年では地史学、層序学、鉱床学、鉱物学等の授業が午前中にあり、午後は実験とな

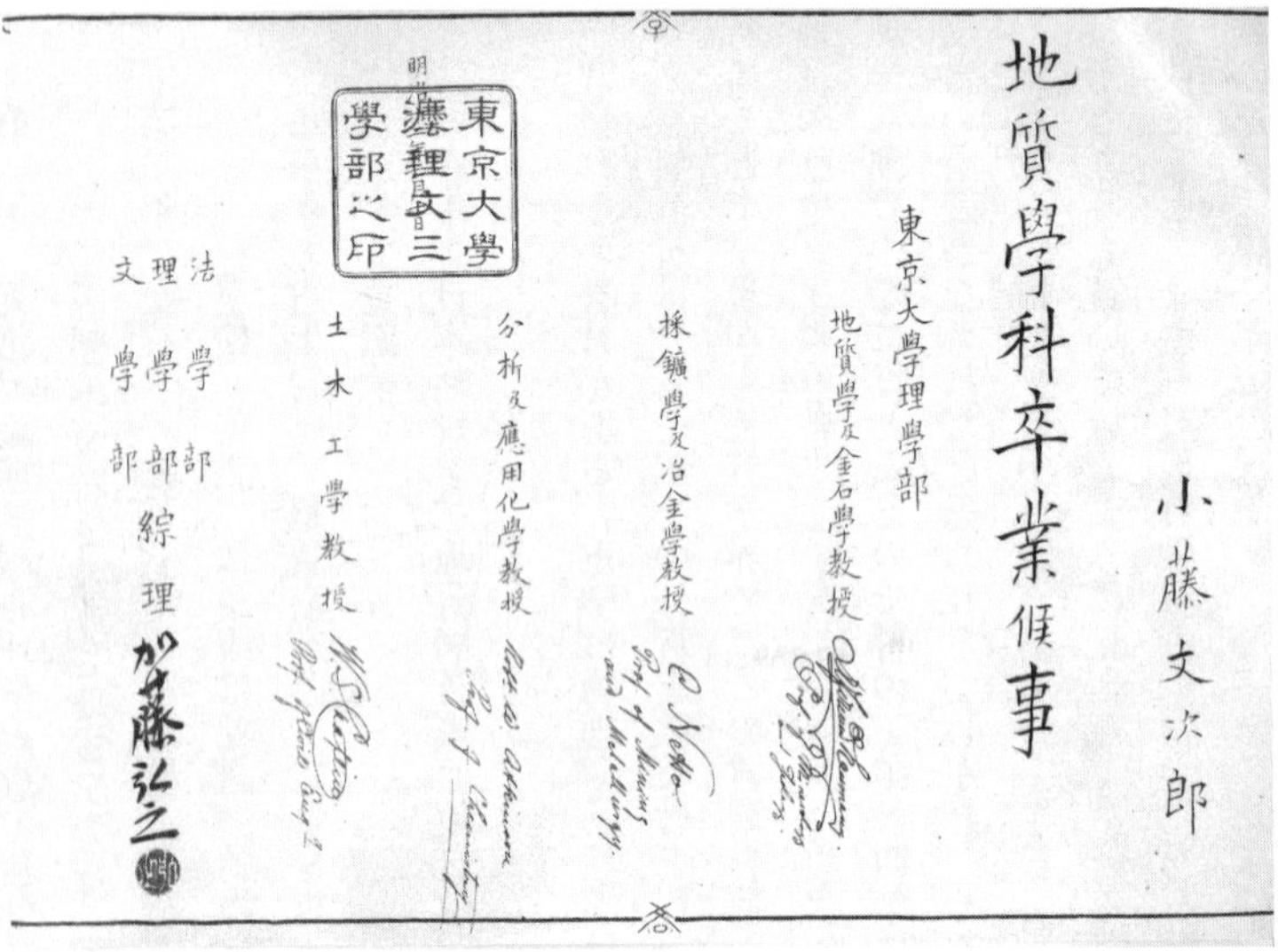


**図 4–1**　小藤文次郎の卒業証書。右の地質学及金石学教授としてナウマンのサインがある（東京大学総合研究博物館蔵）

る。実験は顕微鏡観察が半分を占める。卒業論文はすぐには書けないので、第三年に進級論文という形で予行演習するが、卒業論文は厳然と存在していた。第三年の終わりに専門の講座に振り分けられ、より専門科目が増える。ちなみに筆者は古生物学を選んだので、古生物学や地史学が増えるが、植物学や動物学の履修も大いに勧められた。

　このカリキュラム作成にどれくらいナウマンが関与したか、なんの資料もない。カリキュラムといえば第一章でもふれたように、ナウマンがミュンヘン大学で受けた教育の概要科目がわかっているだけだ。

　日本でこのカリキュラムを実際にどのように教えたのか。開成学校に最初に入った小藤文次郎たちは第一・二年を既修

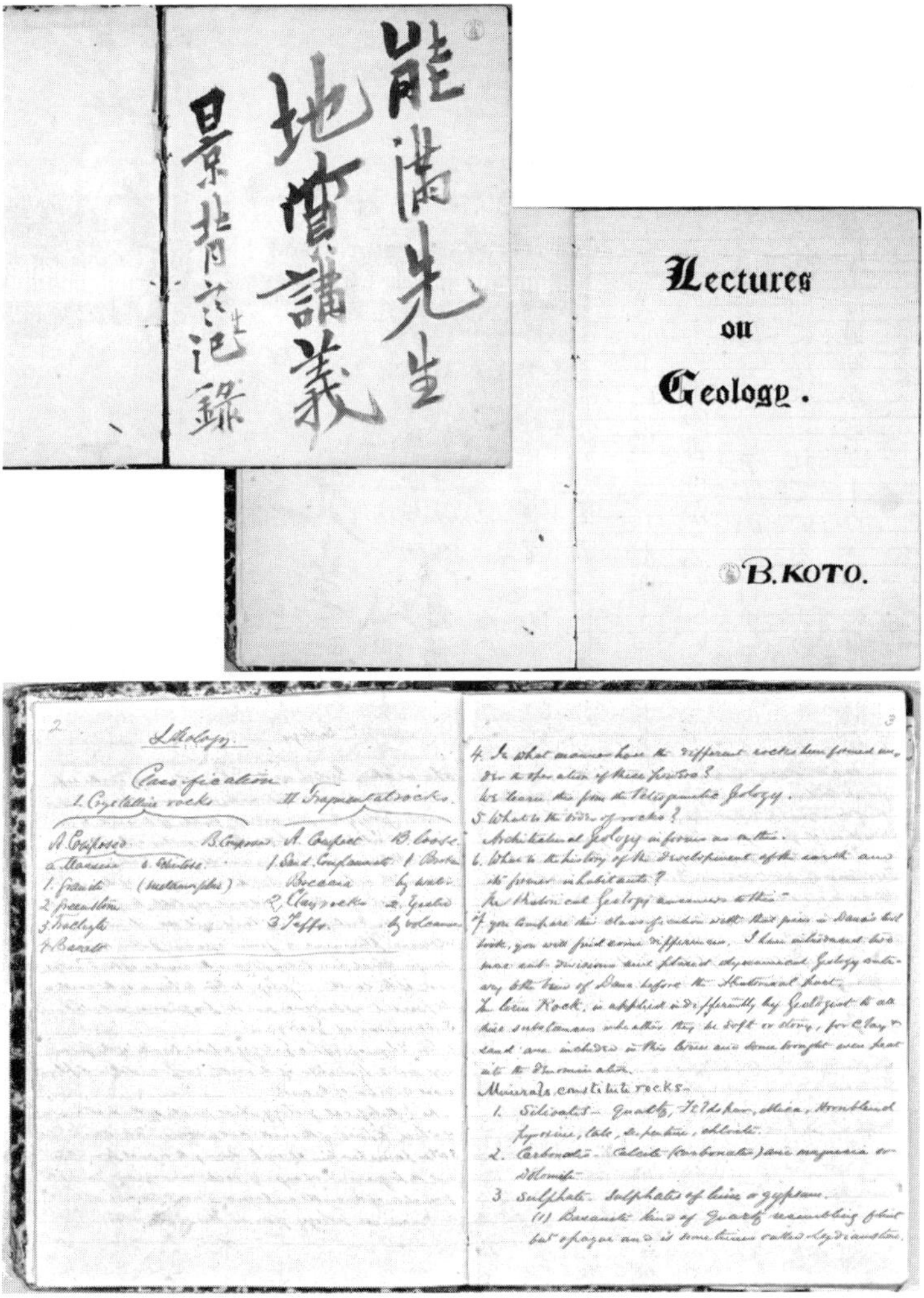


図4-2　小藤文次郎の受講ノート（東京大学総合研究博物館蔵）

**図4-3**　東京大学法理文三学部正門（『東京帝国大学五十年史』上より）

とされ、第三年から編入の形で東京大学に進学した。明治一二年七月に地質学科のはじめての卒業生となった小藤文次郎の卒業証書（図4-1）には、地質学及金石学教授としてナウマン、採鉱学及冶金学教授としてネットー、分析及応用化学教授としてアトキンソン、土木工学教授としてウィンフィールド・チャプリン Winfield Scott Chaplin（一八四七〜一九一八）が署名している。[2]

東京大学総合研究博物館に残る小藤文次郎のきれいな受講ノート（図4-2）から、ナウマンの授業の大要を知ることができる。小藤の残した受講ノート二四冊中、ナウマンの授業の受講ノートは地質学二冊、金石学一冊、古生物学二冊の計五冊である。他の物理学、化学、分析化学、冶金学などのノートには、一八七四〜一八七七年の日付が記されているが、地質学関係は明治一〇（一八七七）〜一二年の日付がついている。学年が進んでからの専門科目であったことがわかる。古生物学の授業は、チッテルの教科書をそのままなぞったようなものだが、「生物は進化してきた」と最初の時間に述べられている。[3] チッテルがダーウィンの進化論を認めていたからであろう。日本の古生物学は最初からダーウィンの進化論をよしとして始まることができて幸いだったといえる。

東京大学創立といっても、ナウマンにとってはなんの感慨もなかったかもしれない。東京開成学校の英語表記はUniversity of Tokioで、東京大学（図4−3）になってもTokyoに替わっただけだ。毎朝、神田錦町に通う生活だけでなく、生徒も、給与までも同じだった。八月、ナウマンは来日した一七日を区切りに東京大学理学部教授として契約を結び直した。翌年、和田維四郎も東京大学助教になった。

## 浅草海苔から始まる「江戸平野の不思議」

ナウマンは明治一〇年四月一七日にOAG東京例会で「江戸湾の地質」について講演した。そして明治一二年に「江戸平野について—地理学的–地質学的研究」をドイツ本国の『ペーターマン地理学報告』誌上で発表した(4)。関東平野の地学の論文はナウマンの後任のブラウンスDavid August Brauns（一八二七〜一八九三）教授の「東京近傍地質編」(5)（英文は一八八一年、訳は一八八二年）のほうが有名だ。ブラウンスはナウマンの「江戸平野」論文に対する反論を書いているのだが、ナウマンの「江戸平野」のほうはほとんど紹介されてこなかった(6)。

本文は浅草海苔の話から始まる。浅草海苔は海棲なのに、浅草は現在、内陸にあることの不思議は、ナウマンの最初の論文「火山島大島とその最新の噴火」（一八七七）でもふれているので、この不思議はナウマンが来日して最初に気がついたことかもしれない。ナウマンはまず、江戸平野は隆起していると考えた。そして、江戸に関する多くの地図や古文献を集め、保土《ほど》ヶ谷《や》や神奈川のいくつかの地点では実際に岩石を観察して「最近の二八〇年間に約七五センチメートルの隆起で、したがって一世紀あたり（中略）二七センチメートルとなる」(7)と書いた。近年において大地が速く隆起することはドイツなどのヨーロッパでは考えられないことだった。ナウマンの計算はかなり思い切ったもので、ナウマンの弟子でのちに東京大学教授になる横山又次郎（一八六〇〜一九四二）はこの計算を特筆すべきと述べている。(8)ナウマンにはドイツで習った地質学（当時の最高権威は、九章で述べるウィーン大学のジュース教授）への疑問が少しずつわいてきていたことだろう。

## 貝塚を利根川河口で発見？

平野の状況を調べるため、ナウマンらは四日ほどかけて房総半島を巡検したことが「江戸平野について」の論文に記されている。ナウマンの房総巡検申出書は、東京大学創立のその日に出された。

東京開成学校地質学教授独乙人ドクトル、ナウマン氏儀、地質調査の為め自費を以武蔵国豊島郡及足立岩槻《いわつき》の二郡を経歴し、尋て下総国葛飾千葉の二郡を巡覧致度旨申出候に付、外務省へ照会、旅行免状付与の上客月《かくげつ》［先月］廿九日発程本月三日帰校致候。此段上申候也。
　明治十年四月十二日　文部大輔田中不二麿(9)

「江戸平野について」では以下のように記している。

これは四月になってからようやく実現し、（中略）われわれは、四月二九日金《マ》曜日、《マ》午後一時、東京を発ち、岩田村のそばで江戸川を渡り、そこから北東方向へ、木下《きおろし》に向かった。木下は利根川のほとりにあり、河口から約二〇里［約八〇キロ］である。ここに夕方到着し、夜行の蒸気船に乗って川を下り、三〇日の早朝に河口の荒野《こうや》村《むら》に着いた。土曜日《ママ》にはちょっとだけ海岸へ出かけた。五月一日の日曜日《ママ》には、一部人力車、一部徒歩で成東《なるとう》（南方への街道沿い）に行き、そこで一泊した。次の五月二日には、やはり一部は人力車、一部は徒歩で大多喜《おおたき》に着いた。五月三日には上総《かずさ》の山を越え、湾岸に出た。大変歩き疲れて、夜遅く海岸の木更津《きさらづ》に着いた。その翌日、小舟で東京へ帰った。この三・五日の間に廻った距離は、小舟の区間を除いて六八里、さらに蒸気船の区間を除いて四六里であり、一日平均一三里であった。これは途中あれこれの観察を行いながらであることを考えると、日本では相当の旅行速度である。(10)

この年、三月二九日も四月二九日も金曜日ではないが、なぜ金曜日と記されたか、その理由は不明だ。公式文書と論文では月日そのものが異なっているが、この理由も不明だ。ナウマンらは三日半で房総のほぼ全域を見た（図4-4）。学生や助手の和田維四郎と中野（外志男）を連れて人力車、徒歩、船を使った超特急の旅行だった。ナウマンは川に運ばれた火山性堆積物を認め、関東全域が間断ない堆積作用で形成され、手賀沼や印旛沼は、土砂が利根川をせきとめた名残りであるのを確かめた。その後、太平洋に突き出た犬吠埼《いぬぼうざき》に向かい、生々しい歴史の痕跡も見た。

その黒い岸壁には、これまでに多くの船がたたきつけられた。海岸の砂に半分埋まった二つの

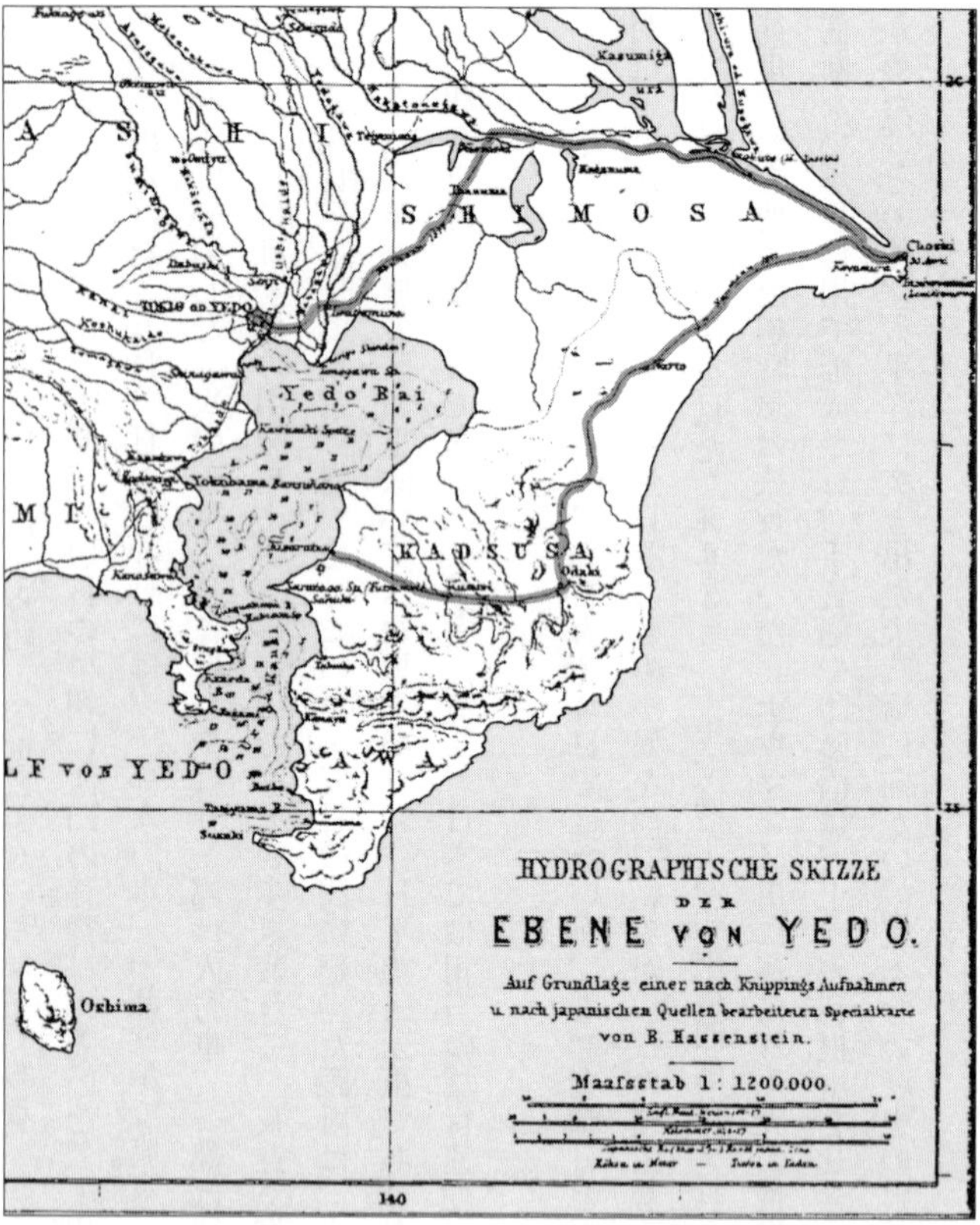


**図4–4**　ナウマンの房総巡検の行程

ナウマンは「江戸平野」のデルタ地形に関心をもった。江戸川、利根川水系の流路の変遷を調べ、1877年4月、4日間に及ぶ巡検の旅に出た。

地図には街道や湖沼、河川、地名がアルファベットで書き入れられ、1877として巡検の路程が示される（図では太線で強調している）。路程は、東京—岩田村Iwatamura（論文ではここで江戸川をわたるとある）—木下Kioroshi（論文では夜行の蒸気船で利根川を下るとある）—荒野村Koyamura—銚子Choshiに至り、帰路は、銚子—成東Narto—大多喜Odaki—久留里Kururi—木更津Kisaratzuをつないでいる。論文「江戸平野について」（文献5、山下昇訳を参照）収載図より房総半島部分。

大きな砲身は、九年前ここで遭難した徳川方の軍艦の歴史的な難破を物語っている。(11)

戊辰戦争で江戸を脱出した榎本武揚の艦隊は、鹿島灘沖で猛烈な風に遭遇した。旗艦開陽丸に曳かれていた美嘉保丸がこの黒生浦《くろはえ》に座礁したのは知られているが、残骸が九年も放置され、砲身が残っていたのは知られていたのだろうか。ナウマンは、さらに利根川河口に足をのばし、屛風ヶ浦《びょうぶ》をはじめて地質学的に記載した。日本で最初の露頭のスケッチかもしれない。

対岸の、砂丘に覆われた長い壁のような岸の南端にはトシマ［東下《とうしも》］の村がある。遠くから見ると、トシマは暖かい春の日の光のもとで、まるで冬景色のような独特な景色を見せている。そこで、その場所に行ってみると、現代のトシマ人が台所の屑を砂丘の後ろに投げ捨て積み上げて、それが高さ六〇フィートもの著しい丘になっているのであった。この白い貝殻の山は村の背後にあり、家々の屋根もまた白い殻に覆われていた。(12)

房総の旅で、ナウマンは現代にも貝塚が作られている現場を目撃していた。

## モースとシーボルトの貝塚発見論争

日本で貝塚を発見し、日本考古学の父といわれるのがアメリカ人モースだ。一八七七（明治一〇）年六月一八日、エドワード・モース Edward S. Morse（一八三八〜一九二五、**図4-5**）が横浜港に

図4-5　モース

降り立った。彼は、シャミセンガイなどの腕足類が豊富といわれている日本にあこがれ、銀行家の友人から借金して来日した。現在の日本では、腕足類としてホオズキガイやシャミセンガイなどが知られている。外観は二枚貝とそっくりだが、内部構造はまったく違う。明治時代の初めごろでも腕足類の分類上の位置が決まっておらず、当時の大きな学問上の課題だった。モースは、一八五九年から一八六二年にハーバード大学臨海実験所の助手を務めた。ハーバード大学の生物学教授であるルイ・アガシ Louis R. Agassiz（一八〇七～七三）はダーウィンの進化説を認めなかったが、モースは熱心なダーウィニストとなり、腕足類を研究して進化の証拠を見つけようとし、ダーウィン本人から励ましの手紙をもらったほどだ。来日した次の日、文部省顧問のデビッド・モルレー David Murray（一八三〇～一九〇五）の援助を得ようと、横浜から新橋へ向かう鉄道に乗った。彼の伝記作家ドロシー・ウェイマン Dorothy G. Wayman は「汽車が大森村を通過する時、モースのカメラのような眼は堤の側面に露出した大量のハイガイ（*Arca granosa*）の漂白された〔白化した〕貝殻を把えた[13]」という。大森貝塚の発見である。モースの『日本その日その日』によれば、「数ケ月間、誰かが私より先にそこへ行きはしないかということを絶えず恐れながら、この貝墟を訪れる機会を待っていた[14]」。

モースは発見後すぐ発掘したわけではない。モルレーがたまたま日光に遊びに行くところだったので、そのまま一緒に旅に出た。七月八日に東京に帰ると、東京大学から動物学の教授職を要請された。アメリカでモースの講演を聞いたことのある日本人が東京大学教授に推薦したのだ。モースは、報酬の高さに驚き、即座に契約した。

すぐに夏休みとなり、モースは七月一七日から八月二八日まで、江ノ島の漁師小屋を臨海試験場に借用してシャミセンガイなどの海生生物の研究をしている。ナウマンのほうは「独乙人　東京大学教授ナウマン　右地質調査として八月廿七日より往復十二日間を以て武蔵上野《こうずけ》両国を経歴し同月《ママ》七日帰京」と太政類典（番号なし）に載っている。

## 大森貝塚発見競争

九月一二日から東京大学の新学期が始まり、九月一六日、モースは学生三人を連れて横浜への汽車に乗り、途中駅で降りて線路伝いに歩いた。これが大森貝塚の第一回目の視察で、たちまち土器や骨片が出た。一週間後、二回目の調査を行って陶器、角器、土器などを大量に発見した。こうなれば計画的に発掘しなくてはならない。モースは自分が第一発見者とされるよう学生らに緘口令《かんこうれい》をしき、まずイギリスの『ネイチャー』誌に報告を書き、九月二一日付で投函する。

一週間後の二九日、モースは佐々木忠次郎ら学生を発掘調査に行かせた。佐々木が現場でばったり出会ったのはナウマンだった。それを知ったモースは、発見者としての栄誉を横取りされることを心配したという。モースは横取りを防ぐべく、最善の手を打った。『大森貝塚』の解説によれば、「一〇月一日、東京大学は東京府に調査を通知して了解をもとめ、さらに「他より願出」があって

**図4-6**　ハインリッヒ・フォン・シーボルト（日本シーボルト協会提供）

も、「調査を」許可しないように、と書きそえている[15]」。この主張が認められ、一〇月八日には大森貝塚が新聞に書きたてられ[16]、モースは庶民にも知られる有名人となった。

　江戸時代後期に来日したフランツ・フォン・シーボルトFranz B. P. von Siebold（一七九六〜一八六六）の次男ハインリッヒ・フォン・シーボルトHeinrich von Siebold（一八五二〜一九〇八、**図4-6**）がモースより早く大森貝塚を発掘していたと、近年、ボン大学ヨーゼフ・クライナー名誉教授が主張している。彼の論文「もう一人のシーボルト[17]」によれば、明治一一年六月二九日付のコペンハーゲン国立博物館の館長宛ての手紙に、シーボルトの四つの論文が同封され、明治一〇年秋に発掘したと書かれていた。ナウマンからの報告を受け、モースより早く発掘を試みていた可能性が高い。あるいは論文も書き上げ、六月二九日にナウマンと一緒に現地を確認し、この日付で投函したのだろうか。ナウマンは休日返上で東京周辺の調査を続けており、鶴見（現・横浜市鶴見区）でも貝塚を発見している。単独で行動したとは思えない。筆者の想像では、当時シーボルトは大蔵省に移って忙しかったが、ナウマンからモースの動きを知らされて、共同で発掘にかかったのではないだろうか。

明治一〇年一〇月二〇日、ナウマンはOAGで貝塚からの出土品を示して講演し、先住民だったアイヌのものであろうと提案している。まだ貝塚という言葉はなく、デンマーク語で台所のはきだめの意味の「Kjoekkenmoedding」という言葉を使っている。おそらくデンマークでの発見記録認定が早かったのだろう。ベルツは、ナウマンやシーボルトを支持し、モースがプレ・アイヌという古い住民を想定するのは奇妙だとOAGの例会で批判している。[18] ナウマンの収集した土器標本（図4-7）は現在、ウィーンの世界博物館（旧民族博物館）に保管され、シーボルトの集めた大量の日本民俗標本の片隅に眠っている。[19] 標本台帳（図4-8）を見ると、大森産と鶴見産のものがあり、一八八〇（明治一三）年四月にナウマンが納入している。

シーボルトの多くの努力にもかかわらず、彼を「日本考古学の父」という人はいない。シーボルトの論文はモースに遜色があるわけではない。考古学の名を日本に定着させ、四つの論文には「土人形[20]（人物埴輪）」も言及されている。また大森遺跡については『大森貝塚[21]』で、モースに「考古学に非常に貢献している[22]」ともいわせた。しかし、発見者としての称号は、世間に認知されたかどうかで決まる面がある。

大森貝塚から縄文時代の土器や人骨などが出土すると、関係者のあいだでは先住民説や食人風習説も論じられた。[23] モースはシーボルトとだけでなく、あとから参加したミルンやディッキンズFrederick V. Dickins（一八三八～一九一五）ともこの貝塚遺構の評価について、激しく論争した。彼は調査を指揮し、発掘の実際とその記述法を日本人に教え、やがて湯島の教育博物館で展示会を催し、明治天皇が来臨するに至った。[24]

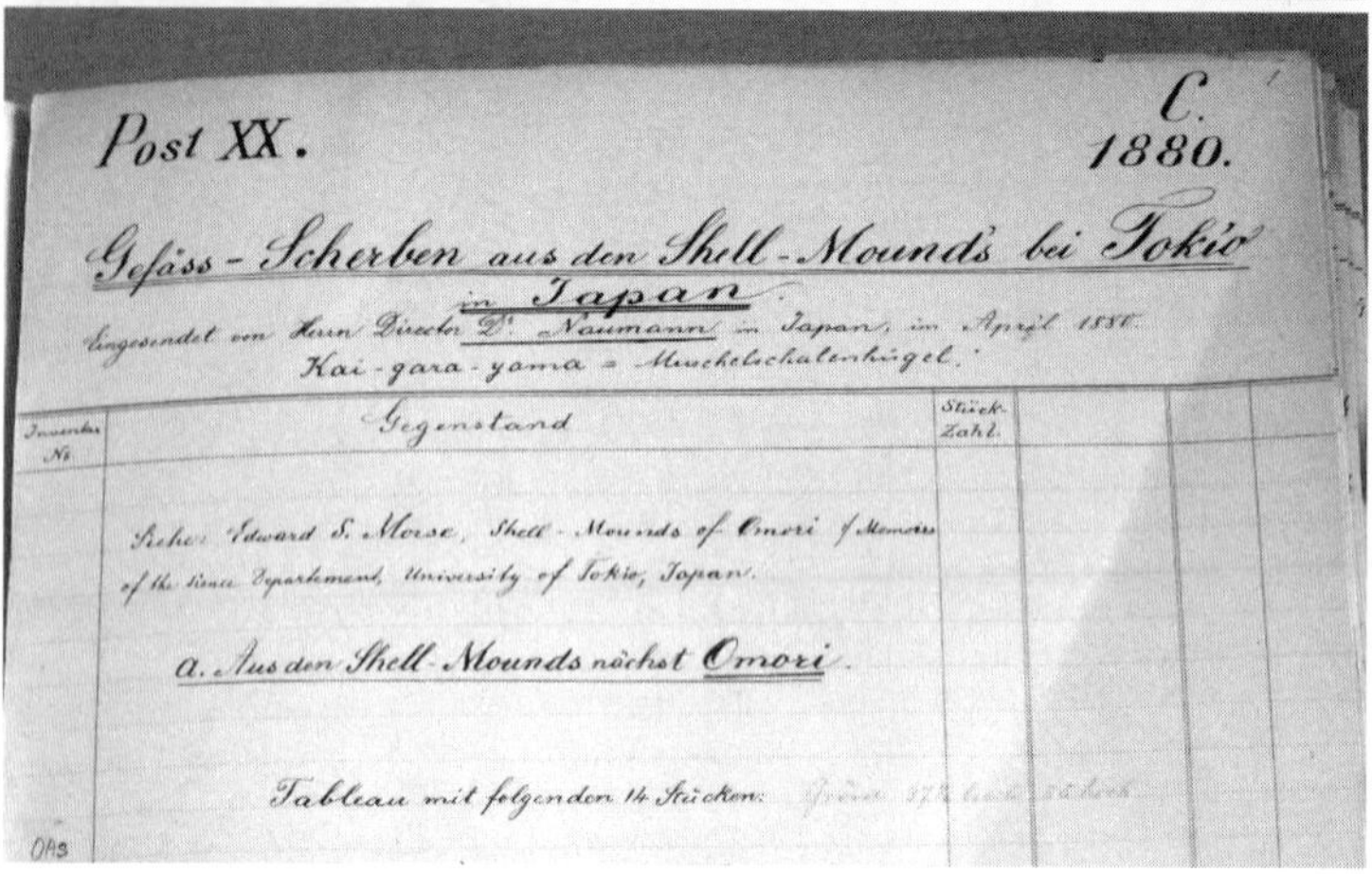


**上：図4-7**　土器標本（ウィーン世界博物館蔵）。上のラベルにOmori bei Tokio Japan、下のラベルにTsurumi bei Tokio Japan とある。
**下：図4-8**　標本台帳（ウィーン世界博物館蔵、いずれも筆者撮影、2014年）

モースは日本初のダーウィン紹介者とされているが、[25]三年前の一八七四年、東京医学校でヒルゲンドルフが進化論を講義している。モースよりも前のことだ。学生だった森林太郎（鷗外）の受講ノートが残っている。「キュビエは進化論の敵、サンチレールは古い進化論、ダーウィンは新しい進化論[26]」といった調子で書かれているが、森はこの授業に特に興味を抱かず、一学説としてノートするにとどまった。

## ナウマンを嘲る学生たち――「明十羇旅之塵塚」その一

明治一〇年一一月、東大教授になってはじめてナウマンの第一回長期巡検旅行が実現する。太政類典には一二月一四日付で「東京大学理学部教授独乙人ドクトル、ナウマン氏儀、地質学採鉱学生徒を率ひ《ママ》美濃近江尾張飛驒の諸国を巡廻し地質調査等学術実地教授の為め外務省へ照会、旅行免状付与、客月十四日該地へ派遣候処本月五日帰京候条此段上申候也」という文部省上申が残る。この旅の顚末が、なんと七八年後の一九五五年に「東京大学最初の地質実習旅行と猫精《びょうせい》のこと[27]」として明らかにされた。参加した学生の岡田一三によって「明十羇旅之塵塚《めいじゅうきりょのちりづか》――十年十一月十四日地質学実験の為め美濃路旅行之記」として記録されていたのだ。じつは、この記録が、あまた存在するナウマン悪評の元となった資料の、最も強力なものなのだ。なぜ七八年後に出てきたのかは不明だが。

原筆稿は横綴じの小和帳で、ナウマンと生徒たちとのやりとりまで会話体をまじえ、いきいきと描かれ、かなり踏み込んだ記述だったらしい。断定までに至れない理由は、この内容が、岡田の息子で、鉱山学者として長年九州大学で教鞭をとった岡田陽一（故人）によって「史談」として後代に編集されたものだからだ。原筆稿は失われてしまっている。羇旅は旅行のこと、塵塚はごみためのことで、日記の表題は「明治十年旅行のごみため」の意味となる。

明十羇旅は明治一〇年一一月一四日に出発し、一二月九日に帰京する。ナウマンのもと、採鉱冶金学科の大島道太郎、岡田一三、河野《こうの》鯱男《しゃちお》、渡邊渡、地質学科の城戸《きど》健吉《けんきち》、小藤文次郎、巨智部《こちべ》忠《ただ》承《つね》、西松二郎、山下傳吉の九人の学生、そしてナウマンには従僕兼専用コックがついて総勢一一人となる。コックがついているのはナウマンの贅沢ではなく政府が定めた規定による。学生は二学年合同だった。小藤文次郎や巨智部忠承は、のちに和田維四郎とともに日本地質学の重鎮となる。また大島道太郎は日本初の商業反射炉を製造した大島高任《たかとう》の息子である。岡田一三は出発にあたって渡邊渡、小藤文次郎らと記念写真を撮った（図4-9）。

一四日は新橋停車場から午前一〇時四五分発の「蒸気車」に乗って横浜に着いた。午後一時過ぎに乗船して一六日には神戸に着き、夜は雨の京都に宿泊した。翌日、一行は琵琶湖の大津を経て、勢田（現・滋賀県瀬田）まで来た。するとナウマンは「大谷山（栗田郡、現・太神山《たなかみやま》、田上山とも書く）に登って猫精（トパーズ）を掘ろう」と言い出した。昔から猫精を産する大谷山は、勢田からの道のりで二〇キロほどだ。ただ、ナウマンは正確な産出場所を知らない。その地の戸長に尋ねて場所がわかったが、時刻も遅かったので、次の日にすることにした。勢田から石山に渡り、石山寺付近の石灰岩を砕いてアラゴナイト（石灰石をつくる鉱物の一種）の標本を採った。石山から舟を雇って大崎浜に下るとき、ナウマンは「余［岡田］に語つて曰く、旧［琵琶湖］湖水の水面甚だ高かりしなるべく、石山辺も水中に有りしなるべしと、然れども水宇治川［瀬田川］に落るに及んで漸く今の姿になりしなりと」説明した。
大崎浜に着いたのち、五〇町（約五キロメートル）ほど歩いて、再度、戸長の家を訪ねた。次の日までに人足を六人ほど手配するよう頼んだ。勢田への帰り、一行は道に迷い、ナウマンが山中の穴に落ちて、学生たちに引き上げられる騒ぎがあった。宿に帰り着くと、「僕《しもべ》［コック］洋酒二瓶を持来り、教師より贈ると。余等既に和酒に酔ひ居るが故に巨智部行て謝す。余之れを試るに甚だ強く焼酎の如し。砂糖を入れ水を入れて飲めば少しくよし、衆酩酊す。遂に床に就く」。城戸健吉は「酩酊甚しく大いびきをかく」。すかさず西松二郎が狂歌をひねる。「城戸天皇、飲過《のみすぎ》てあつきにけらし手枕で高く聳ゆるいびきかく山」

**図4-9**　明治十年地質巡検集合写真。左から小藤文次郎、岡田一三、渡邊渡（『地学研究』vol. 7より）

翌一八日。暗いうちから起き出した一行は、勇んで雇いの荷役六人を連れて出かけた。「余は、一夫を従へ南に向ひ行《いく》に道無く加之《しかのみならず》甚《はなはだ》嶮なり、余人足に猫精のある所を問ふに不知《しらず》と云《いう》。故に鶴嘴《つるはし》を以て掘るに決して出るなし、余等大に勢を」失ってしまった。

そんなところへ滋賀から来た、経験ある荷役が通りかかり、小さな猫精を一個くれた。聞けば、「猫精のある所は必《かならず》水晶（石英）の筋あり。是れを掘れば遑《いとま》土［すきまの土］出而て黒水晶出、雲母も亦出、而後《しかるのち》漸くにして猫精ありと」

一同は勇躍、縦横に山をめぐって掘り返した。多少は見つけたようだが、成果というにはほど遠く、「漸《ようや》くして帰り来れば能謾［ナウマン］曰く生徒輩自己に礦石の見本を隠すなかれ。帰校の上若《も》し要するならば与へんと、余等之れを聞て笑ひ居たり」。「暫時にして能謾又来り怒気を含んで曰く、若し卿等自己に求め他に売るとも価なし、故に皆学校へ出せと」。これには全員が愕然となった。小藤文次郎が言い返した。「衆皆怒激す」、巨智部が頻りに小藤らを諭した。ナウマンより一歳年上で、いつも調停役であった。

「明十羇旅之塵塚」その二

旅は続く。三上山で水晶を採り、佐和山で「コオツアイト［quartzite 珪岩］及シエール［頁岩《けつがん》］を見る」。黒色シェールを石炭と誤ったこともあった。彦根付近では、「地質を検し製図」する。醒井《さめがい》で石灰岩の切出しを見て、赤坂へ行く。赤坂で石灰石・蠟石、七曲で銭石《ぜにいし》・百足石《むかでいし》などの化石、銅山を見学する。赤坂には二泊している。ナウマンは来日前、赤坂の石灰岩をミュンヘン大学か地質調査所で見ていた。ナウマンは赤坂の現地で石灰岩中にフズリナ（紡錘虫）化石を認めたことだろう。なお、銭石や百足石はウミユリ化石のことで、日本で古くから使っていた名前で、江戸時代の木内石亭は『雲根志《うんこんし》』（一七七三〜一八〇一）にその図を載せている。

一一月二三日の日記は、「十時頃赤坂（美濃）を発し、能万［ナウマン］は車にて行き、余等皆歩行、行々談じて曰く、本日木倉に行けは甚だ遠く、且車無き所あり、故に谷汲《たにぐみ》の観音［西国三十三ヶ所美濃谷汲寺」前に泊らんと態々《わざわざ》遅足し、能万をも同《おなじ》く泊らしめんとす。或は休《やすみ》或は止り行くこと二里計《ばかり》、一洋犬余等を慕ひ来る、余等之れに芋を与へ導き来る、彼甚馴れたり」。「塵塚」には、いたずら好きの学生たちがこの犬をナウマンの妾と学生が噂していた女中と同じ名の「くめ」とよび、東京まで連れ帰って寮で飼いつづけたと書いてある（ナウマンに妾がいた事実はない。ナウマンの家には女中がいて、この女中の名前が「くめ」だったらしい）。

二三日に谷汲で砂岩を見たあと、二四日は、谷汲から岐阜へ、ナウマンは人力車を飛ばして先に行ってしまった。学生たちは徒歩で、なるべく遅れるよう岐阜へ着いた。「岐阜の市に至り摂津国渡辺金右衛門方に入り」、学生たちはナウマンの不在を知る。「直《ただち》に陸運会社に至り能万の旅亭を問ひ、至れば彼本日二時頃鵜沼《うぬま》に向ひ発したりと、且書を残して」いた。書には、英語で、「岐阜に着いたら、人力車ですぐに鵜沼に出発せよ。学生がぶらつくから教授が計画した通りの旅ができない。ただちに東京に送り返す。この旅行のあいだ起こったすべてが不首尾だったこと、そして将来的に学生諸君に多すぎる金を支給すべきでないことも報告されるであろう」と書いてあった。ナウマンは学生たちとほぼ同年齢だ。たえず指導者の威厳を意識していた。髭をはやしていたのも年齢を上に見せるためかもしれない。ここの英語がわかりにくいので、ナウマンは英語ができないとのちに悪口をいわれたが、明十を書いた岡田のほうの英語の能力を表しているのかもしれない。なにしろ「明十羇旅之塵塚」は出版を期して書かれたものではなく、明らかに学生仲間で読むだけの手記だからだ。「余等是を見て愕然憤怒して曰く、如斯《かくのごとき》書を残し行は失敬と云べし。よし今晩は此に一泊し、明日早暁車にて出立し鵜沼に至り、喋々《ちようちよう》論じて彼をして閉口せさしめんと云々」ということになった。

一一月二五日、学生たちは、岐阜から人力車で鵜沼に行き、鵜沼の旅亭でナウマンに追いつき、直談判となった。学生たちは数にまかせて反抗した。ナウマンは、「卿等は金銭を多く持ちすぎるから諸所に泊りたがる。だから旅行がはかどらぬのだ。工学寮（工部大学）の生徒は旅行の折、一日六〇銭を請取るだけではないか」と責めた。大島道太郎が「工学寮の生徒は衣服を官より製し与ふ、然れども余等は其金を以て衣服等の用意をせずんばあるべからず」と反論した。「明十覊旅之塵塚」に記された当時の物価を見ると、京都・大阪間の汽車料金は四〇銭、勢田と大津のあいだの人力車料金が二里で五銭五厘。富士川の渡し舟が一銭一厘、草鞋《わらじ》が七厘、はがきが一銭、髭剃り二銭という具合で、岡田陽一は、工学寮の生徒の六〇銭は優遇されているほうだろうと書いている。岡田陽一はナウマンが「自然意思の疎通が充分に出来なかったことも多々あつたので旅行中しばしば学生と悶着を惹起したことが日記中に点々と見出される」と記している。

その後の巡検は次のように続く。鵜沼でコオツァイト、サンドストン（砂岩）、クレー（粘土）、スレート（粘板岩《ねんばんがん》）の走向傾斜を測る、長坂で石炭採掘を見る、太田川にて化石、伏見で木葉《このは》化石を見る。細湫《ほそぐて》で月糞化石（月のおさがりとよばれていることもある巻貝の中側）を見る。下石の陶土採取所、弾村で紺青（コバルト）、一ノ蔵で窯業、瀬戸村でコバルト鉱、焼窯を見る。藤川で今川義元の墓を見て、もう一度赤坂に行く。日坂《につさか》で地震に遇う。菊川で菊石を見る。宇都谷《うつのや》峠で蛇紋岩《じやもんがん》を見る。富士川付近で、コオツァイト、サンドストン、ポーフィリー（斑岩）、ラバー（溶岩）を見る。箱根、芦ノ湯で硫黄を採取し、姥子《うばこ》で大地獄、硫黄採取、木葉石を見る。七里ケ浜で砂鉄、鎌倉で大仏見物し、一二月九日東京着。ナウマンたちが、どこでなにを見たか、多くはたどれるが、弾村や一ノ蔵など現在まったくどこだかわからない地名もある。太政類典には一二月五日帰京となっているが、一二月九日との四日間のずれの理由は不明である。

「セカイイチミハラシガイイ」秩父の旅

明治一一年が明ける。桜が散りだすころ、ナウマンは、四月一七日から三〇日まで、助教の和田や巨智部や小藤らの学生を連れて野外の見学旅行に出かけた。(28) 明治九年一一月に続いて、二回目の秩父行だ。東京より中山道を通って高崎に出、秩父、山梨とまわった。長瀞《ながとろ》は、結晶片岩や変成岩が露出し、岩畳や虎岩とよばれる奇観が見事だ。中央構造線の外帯（太平洋側）に沿う三波《さんば》川帯の一部であり、地質的に興味深いのはもちろん、一行はその絶景に感嘆した。長瀞はいまジオパークになっていて、ナウマン来訪を記念する「日本地質学発祥の地」の石碑がある。どこが「発祥の地」か決めるのは難しいが、先陣争いをするよりも、秩父は地質学にとって重要であると発信しているところに意味がある。ナウマンはギュンベルの日本地質の論文を下調べし、結晶片岩が重要な鍵と認識していた。そして、金石取調所で秩父の結晶片岩を見つけていたに違いない。だから、秩父の長瀞に結晶片岩を見に行ったのだ。

日本で三回目に迎える夏となった。ナウマンは七月一六日より六〇日間の旅に出た。(29) 三回目の秩父行となる。ナウマンは春に訪れた長瀞の先の贄川《にえかわ》村にふたたび足を伸ばした。このあたりは中山道と甲州街道をへだてる関東山地にあって、最初の旅でナウマンがフォッサマグナの存在を確信した地点から直線距離で三〇キロメートルほどしか離れていない。
この地には日本武尊《やまとたけるのみこと》がひらいたとされる神仏習合の霊地三峯《みつみね》神社がある。この神社に保管された明治一一年の「日鑑」には、ナウマンが関口喜三郎という付添人とともに七月二九日と三〇日に宿泊し、三一日に下山したと記されている。三峯神社にはこの三カ月前、ナウマンの東京大学理学部での同僚である植物学者矢田部良吉が宿泊している。またナウマンは秩父行きのことをベルツに話したらしく、ベルツもシュルツェも明治一二年に秩父を訪れている。(30)

東京より中仙道通り、武州秩父郡に至り、内国各郡を巡回し、尋《たずね》て、信濃、甲斐、相模、三ケ国の各郡を経歴し、夫《それ》より中仙道へ出、順路帰京。(31)

この旅でナウマンは贄川の逸忠館《へんちゆうかん》という宿に泊まった。そこから秩父の景色を見下ろして日本語で「セカイイチミハラシガイイ」といったというエピソードが半世紀後に明かされている。(32) それは単なる伝承でなく、一九三六年に佐川榮次郎が、日本を歩いてどこが一番よかったか、と晩年のナウマンに尋ねると、即座に「三峰山登山口の贄川」をあげて絶賛したことと符合する。

諸種の日本風景に接触した氏が何故に特に之を推挙したか。(中略) 此秩父盆地の推賞に対して当時は余り注意せず深く語る事もせなんだ。(中略) 蓋《けだ》し丘陵地、浸蝕台地、テレース、深く刻める河によりて開展された温雅な均斉が氏の審美眼を引きつけた事は察するに難くない。(33)

「温雅な均斉」だからこそナウマンには謎だった。秩父盆地それ自体は新しい時代の堆積物からできているが、みずから主張する「カンブリア紀層も含む大変古い関東山地[34]」中にあるのだ。このとき巨智部忠承は「古生層の分布地域内の不調和的な累重関係[35]」をスケッチしている。この地域を究めるのが重要とナウマンは考え、この不調和な累重関係とフォッサマグナを結び付けたと思われる。佐川は、巨智部の言葉も伝えている。

私は河床にて砂金を噛んだ礫を発見して、ナウマン氏に賞《ほ》められた事等あつて、進んで贄川橋畔の宿屋に泊つた。始めて洋人の珍客を見た人々の驚《おどろき》は多大であつたが、宿の女主人は私に耳語して云ふには、「あんな立派な人が此世の中にあらうとは思はなんだ」とて如何にも感激して居た[36]。

佐川は「青春に溢れたる白人の透徹清澄なる色彩は花の精とでも見えたであらう[37]」と、若々しいナウマンの印象を想像している。

# 第五章　地質調査所の創設へ

一八七八－八〇

## 本格的研究機関設立にむけて

ナウマンが春の巡検で長瀞から東京に戻ってほどない明治一一（一八七八）年五月一四日、赤坂紀尾井坂で、大久保利通内務卿が暗殺された。維新の三傑とされる最後の一人が木戸、西郷に次いで逝った。犯人は征韓論派の旧士族六人だった。

その前日の一三日、和田維四郎が東京大学助教を辞して、内務省の地理局地質課御用掛に移籍した。五月三日、赤坂区溜池葵町三番地（現在のホテルオークラのある区画）の山林課土石陳列所内に地質課が創設されたのだ。『地質調査所百年史』(1)によれば、ナウマンと和田維四郎は、前年の明治一〇年に地質調査所設立の建議をしていた(2)。

この『地質調査所百年史』では、地質調査所の正式発足は明治一五年だが、前身は明治七年までさかのぼる。当時は内務省地理寮に山林課（はじめは木石課）があり、ナウマンが来日した八年に白野《しらの》夏雲《かうん》が出仕し、関東近県の土石類を調査している。白野夏雲（一八二七〜一九〇〇）、本名今泉耕作は、甲斐の白野村の出身だったが、静岡藩士、内務省地理寮、鹿児島県勧業課を経てのち、札幌神社宮司となった人だ。(3) 白野の調査の二年後の明治一〇年に官制改革があり、諸寮廃止で地理寮は「地理局」と改称された。明治一一年四月には工部省鉱山寮にいた高島得三（一八五〇〜一九三一）が内務省地理局に移っていた。地質調査所に勤務した横山又次郎は、六〇年も経て、この時代を「内務省の地理局と云つた所で、地質調査の真似事はしてゐた。（中略）しかしそれはお粗末千万なもので、其の報告書でも、亦地質図でも、今日から観ては、児戯に類したものと云ふの外なかつた」(4) と、回想している。

ところで和田が地質課に移籍する二年前の明治九年二月、ライマンは大鳥圭介の推薦により、内務省勧業寮で地質鉱山技師長を務めていた。ライマンも国立地質調査所設立の構想を抱いたが、建議書提出には至らなかった。明治一〇年の官制改革で、内務省勧業寮が管轄する諸工業はすべて工部省工作局に移され、大鳥が工作局長として着任すると、ライマンもそれにつき従った。工部省は鉱山や油田探しが急務で、ライマンは新しい炭田や鉱脈探しに従事していた。

内務省の桜井勉（一八四三〜一九三一）地理局長は、明治一一年五月二日、内務省へ「伺」を上奏した。(5) 巨利があるので、本局に地質課を設置したい、費用については当局の通常予算でまかなえますので、と露骨に権益確保を上申している。翌日、正式に内務省地理局に地質課設置が認められた。

桜井は日本にはじめて気象台を作らせた進取の人だった。日本で初の天気予報を行ったエルヴィン・クニッピングは、のち気象台に勤務している。また大学南校時代の明治五年、そのクニッピングの気象観測の助手を務めた者のなかに学生の和田維四郎がいる。こうしてみると地理局は誰もが顔見知りということになる。和田と桜井も知己だった可能性がおおいにある。この桜井も大鳥も、じつは、幕末、榎本武揚について函館に籠城していた。

## 触媒役、和田維四郎

和田が地質課に移籍して、地質調査所創設の動きは具体化した。和田がいつも一番手で動いているようだ。外国人が異国日本で活躍するにあたって、現地で優れた協力者を得られるどうかが重要なのはいうまでもない。和田の存在なしにナウマンの日本での活躍はなかったと思われる。このころ和田は『金石識別表』(訳書、一八七七)を皮切りに、『本邦金石略誌』(一八七八)、『金石学』(訳書、一八七九)、『晶形学』(一八七九)などの鉱物学書を連続して出版している。もちろん、和田の最も大きな学問上の業績は、鉱物標本収集・記載の集大成として、『日本鉱物誌』(一九〇四)と、『本邦鉱物標本』(一九〇七)の出版である。

彼が没して一年後、「和田先生追悼会」が大正一〇(一九二一)年に催され、出席者たちが故人を偲《しの》んだ。だがこれといったエピソードが出るわけでもなく、温厚で優しい性格が語られるばかりだ。巨智部忠承が、和田の故郷若狭(福井)を訪れた思い出を伝えている。

小浜から遠からぬ志積《しつみ》といふ村にて一旧家に宿泊し、其近傍の地質調査中、此家長が和田家出入の人であつて先生の幼少の折御守役で維四郎さん維四郎さんと繰り返へす癖の有る人で、志積の安部伊右衛門と申す此老人の談に、維四郎さんは左程に石の学問に達せられましたか、あの御子は五六歳の折柄浜辺で各種の小石を拐《ひろ》ひ集めて家に持帰り朝夕楽しんで居られ何時も此志積の海辺の色ある小石を進上し其歓心をこちらも喜んだのであります(6)。

和田らしい話である。和田は偏執的でも熱狂的でもなく、常識人として鉱物を愛した。誰もがそこに純粋さを感じた。処世術など縁がないかのようでありながら、あらゆる人から等距離の媒介役となった。高石清は次のように記す。

先生が退官せられると全国の有力な事業会社は競つて先生に入社を依頼しましたが、先生は任官当時たづさはつて居た仕事と同じ種類の営利会社へ入社する事は弊害を生じ易いと言つて一言のもとに之を断り、頑として応じられませんでした(7)。

清廉の人柄がのぞく。のちに榎本武揚が農商務大臣に就任し、官営製鉄所を構想するにあたってその長官に、戊辰戦争で幕府方であり気心の知れた、初代帝国大学総長の渡邊洪基《わたなべひろもと(こうき)》（一八四八〜一九〇一）を起用しようとした。渡邊は、現場は専門家にゆだねるべきと長官のポストを固辞し、そのとき帝国大学教授の和田維四郎をつけようと進言した。すると榎本は渡邊をあきらめ、函館戦争から開拓使時代の盟友、山内提雲《やまのうちていうん》（一八三八〜一九二三）を明治二九年、長官に据えた。製鉄に無知の山内は、鉄鋼一貫の巨大製鉄所建設の予算折衝の国会答弁もままならず、諭旨免官となり、明治三〇年、辞任に追い込まれた。鉄鋼一貫製鉄所建設を唱えていたのは和田で、和田はふたたび担がれ、八幡製鉄所長官となって国会で大胆に予算増額を主張して周囲を驚かせる。しかし高炉操業は困難をきわめ、明治三四年に火入れするも翌年には操業停止。汚職問題にも絡んで、結果的には詰腹を切らされ、明治三五年、罷免同様に去った。

ベルツは明治三三年一月二日の日記に記している。

先日、汽車の中で和田に出会った。和田は九州にある大製鉄所の管理をやっていたが、大胆にも、ドイツ人技師に権威をもたせて、日本人の上に立つようにした。これは普通日本で盛んに行われているやり方とは正反対である。どうか、よい体験を得てほしいものだ(8)!

穏やかながら直言居士の顔ものぞく。貴族院議員を務め、晩年は古籍蒐集家として著名な書誌学者となるほど人文系にも強かった。巨智部にいわせれば、ドイツに留学した折も手紙の内容に生臭さがなく、マイセン骨董の話を報告するなど終生、書生気分が抜けなかったという(9)。こうして見てくると、地質調査所の設立には、和田の個性、リーダーシップが大いに働いたと思われる。

## ライバル、ライマン

北海道で調査をしたことがないにもかかわらず、ナウマンは「蝦夷島(北海道)における白亜紀層の産出について」（一八八〇）の論文冒頭で、こう書き出している。

一昨年［一八七八年］のこと、当時蝦夷島の地質調査を委託されていたベンジャミン＝スミス・ライマン氏の好意ある仲介により、その調査によって得られた化石の全収集品が、より詳細な研究のために私に送付された。[10]

「好意ある仲介」とは、ライマンが北海道開拓使に保管させた化石を、調査のためにナウマンに預けたことをさす。ナウマンの書きぶりは鑑定を頼まれたというより、標本を貸してもらった気持ちのほうが強いようだ。[11]

化石の全収集品とは、十数個のアンモナイトであった、明治一一年初めに二人は会った。そして依頼を受けたナウマンは、二月に受諾の返事を書き、次に四月九日付で「鑑定に自分のすべての時間をかけるのは不可能なため、早期に満足する結果は得られないことを伝えた」「［日本では］文献が不備なため、早急には無理だった」と論文には書いている。[12] ライマンはなぜアンモナイトの鑑定をナウマンに依頼したのだろうか？　副見によれば、ライマンがアンモナイトをアメリカに送って鑑定を頼もうとしていた形跡もあるようだが、[13] ライマンは化石に興味をもたず、また、古生物学の訓練を受けていなかった。ナウマンのほうは古生物学で学位をとっており、ライマンはそのことを知っていたから依頼したのだろうと、筆者は考えている。

ナウマンの論文では、アンモナイト一六種のうち七種を主にインド産種に同定し、サハリン産種とも比較して白亜紀のものと断定した。新種は六種で、種名がつけられていない四種と記載なしの二種があった。発表誌はＯＡＧの会報で、古生物学の論文というよりも、予報的なものだ。それでもアンモナイトを記載した日本初の論文である。このアンモナイト標本は現在でもミュンヘン大学に保管されており、横山又次郎[14]、矢部長克《やべひさかつ》[15]（一八七八〜一九六九）、松本達郎[16]（一九一三〜二〇〇九）などによるミュンヘンでの調査研究を経て、属や種が確定した。

ナウマンの白亜紀論文には、ブラウンス論文への疑義も織り込まれている。東京大学地質学教室の第二代教授であるブラウンスが、同じＯＡＧの会報で北海道の浦河産化石をジュラ紀のものと報告していた[17]。ブラウンスは、ドイツのジュラ紀の地層や化石の研究で学位をとった研究者だったが、ブラウンスの報告した化石は、産地不明なものも多く、ナウマンは白亜紀のものである可能性が高いと考えていたようだ。

ライマン非難の記事

晩年のライマンをフィラデルフィアに訪れた佐川榮次郎がナウマンとの協力関係があったなら日本の炭田や油田の実用的調査は急速に進んだのではと尋ねると[18]、ライマンは「其前に」と、自分が新聞への投書で非難されたことを明かした。明治一一年六月四日、「東京日日新聞」第一面の寄書（投書）欄に、河路昇という名で大きく掲載されている。全文引用したいが、かなり長い文語体なので現代語で要約する。

「来曼氏地質測量ノ質問」

在東京・河路昇

物産は、動植物鉱物を問わず、どんな土地でも、地質を調査するのは政府の急務であり富国の基を開くものというべきである。わが国においても数年来ライマン氏を雇い入れ、北海道および内地数カ所を調査しているが、その報告書は最初、英文で刊行されるので英文を解さない者はその事業をうかがいしれない。のちに日本語訳で刊行したものも一、二あるが、洋文の直訳なので、この学問および英語に通暁する者でなければ理解が難しく、私のような浅学非才で、日本の地質の詳細を知らない者にはこの質問が適切かどうかさえわからないが、少々ここに書いて識者のご教示を願いたい。

一　岩石は記載だけでなく、目で確認できなければ意味がない。開拓使の博物館に陳列し、実物に必ずその名を記すべきだ。しかしまだ名のついてない岩石もある。

二　北海道でアンモナイトを産することは知られているが、明治一〇年の報告書には、この化石を産出した地層が記されていない。

三　越後信濃の石油産地報告書は、そこらの旅日記と同様である。同氏が巡った地方は主に火山質で調査は難しくない。それなのに報告書に岩石の名がない。有名な浅間山近辺を通りながら一言もなく、どこからどこへどんな乗物に乗ったなどとあるばかりだ。

四　報告書巻末に附された鉱温泉の性質を論ずるには、その含有物質を書くべきだ。鉱温泉の周囲に硫黄や鉄族があってもただちに温泉の性質と決めるべきではない。

五　表の岩石の部に、単に火山質とだけ書いて名を記載しないので、なんの岩かわからない。

甚だしいのはアルミニュームあるいは石油層と記されている。これらは地層であって岩石ではない。

地質を測量する以上は、基本から明瞭であるように希望する。この数件はライマン氏の調査ではないというなら、果して同氏の地質調査とはなにか。およそ地質調査とは、どの土地はどんな地層でその内容はどんな岩石（あるいは化石）を含むと明記しなければ学術や実用に益がない。

全体的にトーンは冷静だが、内容は厳しい。ライマンに、化石で地層を同定して岩石を記述するという原則がなく、最も基本的なことさえ記述せず、はたして地質学の基礎がわかっているのかという指摘は、正規の地質学教育を受けた者でなければけっしていえないだろう。

佐川はさらに、ライマンの言い訳を伝えている。

日本の新聞に川路《ママ》（ナウマン氏の学生の変名にてRiver Roadと氏は説明した。氏の記憶がよきに驚く）といふ名にて自分の地質調査の批評が出てゐた。その中に、化石を顧みぬ事をいうて、アンモナイトの如きも注意せぬと書いてあつた。私は注意せぬには非ず、アンモナイトの出ることは報文にも書いた。又植物化石の如きは、アメリカに送つたがその鑑定は早く出来なかつた。此の事をばナウマン氏に話したら、同氏はアンモナイトの記事は未だ見ずというた。川路《ママ》の知らなんだも無理はない。(19)

## 誰の投書か

ライマンは、投書した河路とはナウマンの学生の変名と思い込んでいる。ほんとうにナウマンの学生だろうか。ナウマンには明治一〇年の学生を連れた巡検に見られるように、少し直情径行なところがある。こんな面倒な細工をするだろうか。ナウマンはライマンからアンモナイトをもらっており、表立ってはライマンの北海道調査を批判していない。批判する理由もない。なぜ学生に頼むのだろう。小藤をはじめ、ナウマンの学生はナウマンに批判的である。ナウマンに頼まれても、いうことをきかないだろう。ナウマンに関わる多くの文献を調べても、ナウマンの弟子が変名を使って文書を書いたものはない。

「河路昇」という名前は、ここで使われているだけで、ほかの地質学の文献には見あたらない。ライマンは北海道で、川を船でさかのぼって地質調査を行っていたから、ライマンの地質調査のやり方をイメージさせるために作られた名前だろうか。いずれにしても、ライマンの北海道調査をよく知っている者が書いたと思われる。

河路昇の投書の前後の「東京日日新聞」にライマンがどのように取り扱われているかを調べてみると、まず、明治一〇年六月一六日には「来曼氏北海道地質総論摘要」という記事があり、ライマンのまとめた北海道の地質について概要が紹介されている。これは一回の記事では収まらず、同年六月一八日、一九日に続きが掲載されたがその後に記事はない。明治一〇年当時はライマンの調査に対して好意的であったといえよう。

「東京日日新聞」は当時かなり政府寄りで、記事の多くは政府の広報であったから、投稿者が工部省批判の投書を、事前に問い合わせて了承を得て掲載したのかもしれない。そうならば、尊大で実績をあげないライマンをよく知り、ライマンの前に来日したパンペリーやブレークに師事して地学に詳しい、工部省工作局長の大鳥圭介が、近くすんなり解雇するために彼に立場をわからせようと仕組んだ、という推理も成り立つのではないか。大鳥がライマンに批判的だった可能性はあり、ライマンの北海道調査の後、榎本武揚に再調査させていたようだ。ライマンのほうは大鳥を大変信頼していたが、もし大鳥が投稿者ならば、身内に刺されたことになる。そんなことをライマンは予想すらできなかっただろう。

もう一つの可能性は和田維四郎である。和田は、「東京日日新聞」にときどき記事を書いていて、日日新聞に近い位置にいたかもしれない。ナウマンとともに伊豆大島に行った後、明治一〇年六月一一日と一三日に、地質・火山の本を集める広告も出している。和田はナウマンとともに、地質調査所の創設に深く関わっていたので、やはり地質調査所を創設したいと思っていたライマンを河路の名で牽制したのかもしれない。しかしながら、河路の投書はかなり強烈なので、温厚な感じの和田の行為とはあまり考えられない。あるいは、穏やかだが直言居士の面のほうが前面に出たのだろうか。

ライマンはナウマンと競っていた。明らかにライバルを蹴落とす、この記事の筆者河路昇をライマンは「ナウマンの学生」と決め込んでしまった。しかし、ライマンはこの記事に反論しなかった。

## ライマンの評判

ナウマンはライマンをどう評価していたのか。ライマン批判が明らかなのは、ずっと後年になって、帰独してからのことだ。一八八五年に書かれたナウマンの主著『日本群島の構造と起源について』[20]のなかである。まず、「ライマンによって採集された植物化石の大部分は蝦夷産である」と簡単に記し、ライマンの論文を読んでいることを示す。次に、ライマンの蝦夷の地質調査、特に北海道東部に分布している幌別層の時代認定に疑問を投げかけている。また北海道の石炭埋蔵量の見積もりは「全く当てにならない前提を基礎にし」、その「計算法は、現実的な必要に応じるためにはいささか大胆すぎる」と書いている。

ライマンの地質図作りは粗略だったのだろうか。のち帝国大学教授となる神保《じんぼ》小虎《ことら》(一八六七〜一九二四)はライマンの地質図を手に北海道を歩き、明治二三年にライマンを強く批判した。彼にいわせればライマンの手法は、

一種特別の法にして、我等が力として頼む所の顕微鏡は、遥に之を遠ざけ、我等が「道しるべ」の如く依り頼む所の化石は、大概之を冷遇し、ライマンの最も貴重せし者は、唯地形測量に因て岩石の露出を逐《お》ひ、困難にして誤《あやまり》多き岩層切面図を作りしなり。[21]

つまり、岩石の薄片を作って顕微鏡観察もしないし、化石の同定もしないで、ただただ野外で地質

調査をするだけであり、結果として、解釈困難な、誤りの多い地層断面図になっているという。

この批判にライマンの弟子、坂市太郎は「神保君に質し併せて其教を乞ふ」(22)と『地学雑誌』上で反駁、というより本格的な地質調査ではないから仕方ないという弁明をした。これに対し、神保は「私が書いた事がお解りに成りませんければもう一度お読みなさい」(23)と侮蔑を隠さない。ただし、神保の批判は明治二三年のことであり、前項の河路昇は神保ではないだろう。

二〇世紀になって、ライマンとナウマンは、双方とも地質調査をめざす仇同士のように見られた。湊正雄・井尻正二は奇妙なことに「北海道のアメリカ系統」と東京中央の「すべてドイツの指導」という対立図式を示し、断じている。これはまったくの誤った認識である。


来朝した学者も、北海道のばあいは、ただちに現地にむかい、野外の地質調査でおおきな成果をあげた。いっぽう、東京では、[ナウマンが]当時、地質学的にはまったく未開拓の日本にきていながら、野外踏査はさておき、官庁行政や機構いじりになかなか熱心であった。もちろん、かれらも地質調査をまったくおこなわなかったわけではないが、それはライマンの偉業にとってはくらべものにならないほどのものであった。(24)

## 加賀屋敷に花加わる

謎の投書記事からほぼ一カ月。東京大学医学部外科教授シュルツェ(図5−1)が若妻エンマを連れてドイツから帰ってきた。彼らはひっそりと戻りたかったが、ベルツとマイエットは到着便を電

**図5–1**　シュルツェとエンマ。官舎玄関で。明治11年ごろか。左はカツとツルか（『明治初期御雇医師夫妻の生活』より）

信で伝えるよう横浜在住の商人に依頼していたので、夫妻は盛んな出迎えを受けることになった。

シュルツェには、ベルリンに住むグスタフ・ベクシャイダーという先輩医師がいて、その四女のエンマという娘と、一時帰国した三月六日に婚約した。四月二五日、三八歳のシュルツェは二二歳のエンマと結婚した。そしてアメリカ大陸経由で日本へ向かうハネムーンを過ごした。エンマは献身的な夫とともに加賀屋敷に住み、ベルリンの両親に手紙を書きつづけ、その手紙は明治日本の貴重な目撃記録となる。

加賀屋敷に着いたエンマは驚きの連続だった。ドイツ人は概して質素だ。エンマは経験したことのない贅沢な生活と、夫の地位の高さに驚く。シュルツェ邸には、使用人頭のカツとツル夫婦に、その老母、庭師そして専用の車夫が住み込んでいた。

物質的な面では、大層驚くほど贅沢な生活をしています。私たちが参加した大きなパーティでも小さな集まりでも、料理はスープと六［皿］コースないし八［皿］コースで、いつもシャンパンがつきます。ほとんどの人は、日に二度温かい食事をとり、さらに多くの［皿の］コースの食事をします。私たちはもちろん経済を考えて、夕方はバターいためのじゃがいもと冷たい肉、それとせいぜいかきまぜ卵ぐらいにしています。(25)（七月二〇日付）

母親から注意されないよう倹約ぶりも書き添えているが、エンマは生まれてはじめての贅沢を楽しみ、日本人がいかに物をもたないか、ベルリンから届いた荷を開いているとき、物の多さに驚いたツルが「商人《あきんど》のようだなどといっています[26]」と記している。

着いてすぐ、彼女は帰国するアメリカ人の文部省顧問のモルレーからドイツ製ピアノ（アップライト）を三〇〇マルクで購入したいと母親に書いた。お雇い教師ランガルト Alexander Langgard（一八四七～一九一七）家のフランス製ピアノは六〇〇マルクであることを言い添えて[27]。楽しいことばかりではない。日本の夏がいかに暑いかを嘆く。「東京では、かなり多くの人が裸のままなので、とても不快です。幼い児や少年少女はほとんどが全く着物を着ていません[28]」

七月末——ナウマンが三峯神社を訪れていたころ、シュルツェ夫妻はマイエット夫妻とともに伊香保温泉に遊んだ。八月にはエンマは自分の妊娠を母親に伝え、一〇月にはピアノが上達し、パーティでメンデルスゾーンやベートーベンやモーツァルトなどの「軽い曲[29]」を披露したと伝えている。

その間、夫のシュルツェは激務に疲れ、いつも扁頭痛でパーティの誘いを断ろうとしたようだ。彼が一時帰国していたあいだに医学部の実権が日本人に移り、シュルツェはそのことを誰にも相談せず、悩んでいたらしい。シュルツェが帰独していたとき行われた東京医学校の開学式も、ドイツ人への感謝の言葉は一つもなく、ドイツ人教師たちの心証を害するもので、その後の医学の授業でもドイツ人への学生の反発が大きくなっていた[30]。「残念ながらヴィルヘルムは、もはや大学の現状に好意的な意見を持っていないように思えます[31]」とエンマは書いている。

一二月、出産間近いエンマはドイツ人だけの集まりを催した。「大学の大変親しくしている人たちだけ、ランガルト夫妻、クニッピング夫妻、コルシェルト夫妻、それに独身の人たちが集まりました。（中略）ドクトル・ランゲ［Rudolf Lange（一八五〇～一九三三）］とドクトル・ナウマンは、二人とも美声の持ち主でして、二人でデュエットをし、また数曲ずつ独唱もしました[32]」

やっとナウマンの名が現れた。エンマとナウマンは一歳ちがいで、一五歳年上の夫をもつ彼女の目には若すぎるのか、関心は薄い。「最後方［敷地の隅］にドクトル・ナウマンが住んでいますが、彼はほかの学校（理学部）の地質学の教師で、優秀な地震の研究家です[33]」。

ナウマンがピアノ伴奏で歌う姿は、ヨーロッパ中流家庭の日常風景である。彼が過ごしたドレスデンとミュンヘンは世界第一級の音楽都市である。エンマが「美声」と保証するからには、ナウマンはドイツリートを歌うのが得意だったのだろう。この夜エンマは、ウェーバー作曲の「オイリアンテ序曲」を演奏し、みんなで「ベートーヴェンの第五交響曲を全曲演奏したのですよ。（中略）最後にベルツも歌いました。彼はハンス［エンマの兄］のような声をしていましたが、多少音程が狂いました[34]」

クリスマス・シーズンになると連日、パーティとなる。「クララが数曲歌い、ランゲさんとナウマンさんも歌い、ランガルト夫妻が演奏し[35]」と、エンマは顔ぶれを記し、同胞との社交をこなすナウマンの姿を伝えている。年の暮れ、いまや少数派となったナウマンやベルツら独身男性たちは、所帯持ちの幸福をたっぷり見せつけられたようだ。

### ドクトル・ノーマン意見書

明治一二年が明けた。この冬のあいだに、ナウマンと和田維四郎は準備を整え、ナウマンは「地質測量意見書」を書き、それを和田が「ドクトル・ノーマン氏意見書訳」と題して四月、伊藤博文内務卿に提出した。(36)「地質測量意見書」は明治一一年一〇月に、伊藤からナウマンに日本の地質調査についての計画を起草するように委任されて書いたものであると、ナウマンは一八八〇(明治一三)年一月三日のベルリンの講演で明らかにしている。

しかしその内容は中村光一「地質調査所を創った一冊の本」(37)によって、「地質測量意見書」はイギリス人地質学者デビッド・ページDavid Page『経済地質学』(*Economic Geology.* 一八七四)を部分的に流用したことが明らかにされている(傍点は引用者)。

> ほとんどPAGE 'Economic Geology'の目次の流用であることが明らかとなった。(中略)目次が進むにつれて、内容の要約が目次そのものになったり、項目の内容が貧弱になるのを見ると、少くともこの部分については確固とした[ナウマンの]原文があったのかどうか疑わしくなる。(38)

ナウマンは、この意見書提出直前に内務省「地理局雑報」第一〇号(一八七九)に「ページ氏応用地質学鈔訳」としてその「緒言」を掲載している。むろんこれも和田の訳で、関係者の周知の事実だったろう。

従来、日本の地質調査所はナウマンの「地質測量意見書」の功績とされてきた。しかしその後ろには、日本政府自身による国土調査計画があったと筆者は考えている。

そう推測する根拠は二つあげられる。一つには、ナウマンはドイツの地質調査所に勤務したがそれはわずか数カ月であり、かつ、その調査所はいわばミュンヘン支所のようなもので、二、三名の地質学者と分析技術者がいた程度だった。したがって、ナウマンはドイツの地質調査所の全容についてよく知らなかったと思われ、確固としたドイツモデルの立案は難しかったろうと思う。

二つには、当時、石炭、石油、地質など土地に関わる緊急の調査課題が山積みとなっていた。これらの課題を処理する機関が必要だったことがあげられる。地質調査所は、地質、地形、分析、土性などの分野を担った。現在でいえば地質調査総合センター、国土地理院、農業試験場などが一つ屋根の下にいたようなものである。地質分野を土地改良や土地測量と抱き合わせた形で地質調査所案が必要と判断した和田とナウマンが、急遽ページの本を訳し、地質調査だけではなく、多面的な役割をもつ調査所の案を作ったのではないか。ナウマンは土性（農芸化学）をよく知らなかったようだ。のちに地質調査所内で土性系のドイツ人とトラブルが起こる元はここにある。

ナウマンと和田の「地質測量意見書訳」を受理した伊藤博文は「地質測量之儀に付伺」を五月三日付けで太政大臣三条実美に上奏し、五月二〇日に採択された。

経国の本は富国に在り、富国の本は殖産にあり。故に維新以来政府に於ても勤めて殖産の道を誘導し、人民に於ても殖産の業に努力致候。唯恨《ただうらむ》らくは、其所謂《いわゆる》殖産なる者、未だ地質の調査を経ざるが故に、啻《ただ》に利益なきのみならず、往々却《かえつ》て意外の失敗を醸すもの少なからず。遺憾の至《いたり》に有之候。(39)

「伺」は、地質調査は播種畜産・森林経営の基礎であると「農」をまず強調し、副次的に治水修路、化学、冶金、陶磁、鉱色物、染料製造、石炭、山塩、金石、薬科——と並べる。ナウマンの関心とずいぶん違うが、「地質」という言葉を聞く当時の日本人の多くは、イギリスに発する地質学ではなく、農業のための土壌調査のことと思っただろう。

七月、内務省の桜井地理局長は正式に地質調査所発足を宣言した。総予算はナウマンの提示した通り、五万八〇〇〇円である。これは明治一二年度分で、四〇～五〇名の働く組織として潤沢とはとてもいえない。それも年度ごとに状況に応じて額が決まるのだ。初代所長として和田が任命され、ナウマンは地質課技師長を務めることになった。ただし海外向けにはナウマンは所長（Director）である。

### 失意のライマン

明治一二年四月三日、ライマンは、前年から続行中の日本列島全土の予察旅行から帰京した。そしてナウマンの地質調査所について聞かされたことを、後年、佐川榮次郎に語っている。

> 其の帰京の晩、坂（市太郎）氏来りての話に、他の省に日本地質調査〔所〕なるものが、ナウマン氏の計画により出来たことを始めて聞いた。これで前に念を押して約束せし事も無駄になり《ママ》。わが計画は破壊されたと知つた。私は素より新計画を邪魔することは好まず、また元来、

自身には唯、一時の職業の考であつたから、痛痒を感じなかつた。然《しか》し当時の希望としては助手［弟子］に一生涯の安全なる職業を与へる事を思うたのであつた。(40)

ナウマンの意見書が受理されてはもう手後れだ。そのころアメリカでも地質調査所設立案が議会を通過している。四月一二日、ライマンはなぜかＯＡＧに出席している。五月末、ライマンは故郷の叔父レスリーに、四月の初めドイツ国官報に出ていたとして、愚痴とも負け惜しみともつかぬ手紙を書いている。

今後日本の資源開発をやるのはドイツ人達で、ドクター　ナウマンが一五年間地質鉱物調査を行なうことになります。日本人は彼のプロポーザルは、未だに公に決定していないと言いますが、大体は同意されているのを認めています。私は再契約を期待も望みもしていませんので、彼の契約は直接そんなに影響しませんが、私への欺まんと思います。私の弟子達に対しては絶対に不公平で、初心者を利するような新しい組織では全く無視されています。弟子達は私よりずっとこの件に関心を持っています。七月末私の契約が満期になるまで法律的に解雇出来ません。（中略）私は将来の仕事は弟子達によってなされるのを期待していました。彼等は外国の援助なしに、必要な仕事が出来ますし、経験を積んで次第に腕を磨いていくことでしょう。けれども今私は少なくとも地質の仕事に関する限り遠ざかっていようと思っています。生活は、私とドクター　ナウマンおよび彼の友達との不愉快な関係で、だんだん楽しくなくなっていきます。彼を知っている私の一、二の親友は、彼のふるまいは不快だと言っています。もし彼がこの事実を知ったら、彼の友達とともに私に対しても悪感情を持つでしょうし、私が留まってお節介や邪魔をすると思うでしょう。不快でひどい非難は実際に一年前から始まりました。私の仕事が好意的に扱われないで、批判的なもの言いは、どんなものでもがまんが出来ません。誰もがやれるのんびりした無報酬の仕事と思っていましたが、この様な状態の下では、あまり楽しくなくなりました。(41)

ハインリッヒ皇子来日

このころ、極東を訓練航海中のドイツ東洋艦隊が横浜に寄航した。エンマは興奮して書いている。

愛しいお母様！（中略）私のこの前の手紙にたぶん、ハインリッヒ皇子が（巡洋艦）プリンツ・アダルベルト号で来朝されたということを書いたと思います。あなた［お母様］は、きっとドイツでも、ハインリッヒ皇子がミカドに献呈するために黒鷲勲章を携えて来日されたことや、ミカドに関しての当地からの電報が載っている新聞を、恐らくお読みになったことでしょう。(42)

（六月七日付）

ヴィルヘルム二世の弟、一六歳と六カ月のハインリッヒ皇子がドイツ王族としてはじめて日本を儀礼訪問し、長く滞在した。「長身で、目立って小さい頭、優しい青い眼、快い微笑の持主（中略）、態度はすこぶる控えめで、また飾りけがない」[43]と、ベルツが評するハンサムな皇子は、この後も何度も来日し翌年（明治二三年）には大阪吹田の禁猟区で鴨を撃つ騒動を起こして外交問題に発展し、それを報じた新聞があべこべに処分された「独逸皇孫遊猟事件」でも知られる。

在京ドイツ人だけで皇子をもてなそうと六月一日、バイル、ベルツ、シュルツェ、ネットーそしてナウマンの準備委員が皇子と準備のための会を設けた。[44]続く六日、同じ上野精養軒で公使や高官はもちろん、労働者まで含めた在京ドイツ人五十余人が全員揃うという歓迎宴が行われた。

委員たちの気をもませた梅雨の晴れ間、夕方に皇子が到着すると、大役を務めたのは最も若いエンマだ。皇子に手を取られ、アイゼンデッハー公使とともに皇子の隣に座った。彼女にいわせれば、日本の花火にくらべれば「ドイツの打ち上げ花火や光球花火は物の数ではありませんでした」[45]。日本の花火を皇子とともに楽しんだ。そのシンデレラぶりがベルリンの実家に伝わると、親類縁者らがベクシャイダー家に祝福のために押しかけ、両親はてんてこ舞いになり、当のエンマが「私たちのおかげで（中略）本当に申しわけない」[46]と詫びるほどだった。

このころのナウマンは元気いっぱいのようである。六月二一日、横浜のＯＡＧ特別例会ではハインリッヒ皇子が臨席し、アイゼンデッハー議長のもとで「日本で出土したゾウ化石について」の講演を行っている。[47]ベルツの日記にもナウマンの名がよく出る。バイル、ネットー、ナウマンたちで一緒に七月六日、江ノ島に向かうなどしている。そして八月四日、ナウマンはこれまで伏せてきたことをやっとベルツに打ち明けた。

## 一時帰国へ

ナウマンに婚約者がいたことは第一章で述べた。当初は日本で二年の契約を果たし、帰国して結婚するつもりだったが、地質調査所創設計画に関わるようになり、契約を二年伸ばして、四年の日本滞在となった。ベルツは次の一節を残している。

ナウマンは夢のような幸運に恵まれた。かれは日本地質調査部《ジオロジカル・サーヴエイ・オブ・ジャパン》の長官となり、今回六カ月の休暇でヨーロッパへ、部員を雇うために出かける。それでコルシェルトは化学技師の地位を、ワグネル親父《パパ》はおそらく技術顧問の地位をそれぞれ与えられるそうだ。長官たるナウマン自身は二十五歳である！　かれを隣人から失うことは不本意だ。かれはネットーやバイルと共に、自分の一番親しい友人仲間だった。もっとも、かれとは、その「ドイツの」国民経済に関する意見に不服であるため、大いに争ったものである。けれども、これによってわれわれの友情がそこなわれるようなことはなかった。自分は、人格のすぐれた点で、かれを大いに尊敬していた。お互いの隔たりにより、今後の交際が阻まれるようなことは、多分ないと思う。だがしかし、もしかれが細君を連れて戻って来た場合には？　そうなると、われわれの愉快な独身仲間から消えてしまうのだ。(48)

「お互いの隔たり」とは、ナウマンが加賀屋敷を去り、内務省敷地に着工される新しいドイツ人居留地に移ることを意味する。ベルツは、ナウマンが地質調査所の長官になることを「幸運」と思いこみ、ナウマンの職階は技師長なのに、ベルツには堂々と長官と告げたのだ。またナウマンが「細君を連れてもどって来た場合」に気をもんでいる。

八月一六日、ナウマンはめでたく東京大学を満期退任した。はるかに安定した地位への飛躍だ。内務省地理局への移籍手続きが完了すると、技師長ナウマンの要望はすべて認められ、ドイツへの一時帰国のための休暇が実現した。なお、東京大学のほうはお雇いドイツ人教授がもう二代続く。明治一二～一四年は前述のブラウンス、明治一五年一月から一七年三月はゴッチェ Carl C. Gottsche（一八五五～一九〇九）が務めた。

明治一二年九月二日、ナウマンは横浜埠頭を埋める大群衆のなかにいた。見送りの和田やベルツと再会を約束し、歓声と吹奏楽のなか、アメリカ船籍東京号のタラップを上る。日本人が別れを惜しんでいるのはむろんナウマンではない。たまたま同じ便で帰国の途につく元アメリカ大統領のグラント将軍で、甲板には一時帰国のバイル、先月末にナウマンと同時に東京大学を満期退任して帰郷するモース一家の姿もあった。(49) この騒ぎをベルツは皮肉っぽく書いている。

九月二日――ナウマンとバイルが出発したこの日の船上の模様は面白かった。各省大官を初め全日本の一流人士が、グラント将軍を見送るため集まっていた。響きわたる礼砲に送られて、船は港を離れて行った。(50)

なお、同じ九月二日に北欧のノルデンショルドNils Adolf Erik Nordenskiöld（一八三二〜一九〇一）が北極海での北東航路の開拓に成功して横浜に着き、また、九月初旬にドイツ公使青木周蔵夫妻が一時帰国している。

来日のとき二〇歳だった青年ナウマンは、まる四年を経ている。一時帰国の目的は地質調査に欠かせない多くの機材、そして人材を調達するためであり、妻を連れてくることでもある。もちろん来日前から婚約者がいたからこそだが、それは次章で述べよう。また彼はいろいろな荷物を抱えていた。ライマンから同定を頼まれたアンモナイト化石やゾウの臼歯化石も帰国中に調べねばならない。大森貝塚からの採掘土器も携えた。

彼はもっと大事な「荷物」、四人の日本人ドクトルを引率していた。東大医学部の第一期卒業生、清水郁太郎、新藤二郎、梅錦之丞、佐々木政吉で、はじめて医学博士号を受けた俊英たちである。ドイツ留学を拝命した彼らの面倒を見るよう、ナウマンはシュルツェから頼まれていたのだ。

彼らをたびたび自宅に招いたらしいエンマは、母親に忠告している。

> ドクトル・ナウマンと日本人四人は、この手紙が到着した直後に、あなたのところにきっと現れると思います。彼らは十一月二十日に当地《ママ》を出発し、真っ直ぐそちらへ行くと思われますので。でも彼らのことであまり面倒をみる必要はありません。[51]（一一月一六日付）

この手紙は一一月一六日付となっている。ナウマンが九月二日に横浜を発ったのは確実だから、エンマの文面にある一一月二〇日は、アメリカ出発日あるいはドイツ到着予定日ではないだろうか。ナウマンのアメリカでの行動はなにもわかっていない。

一八七九年一一月下旬、一行を乗せた船は大西洋を渡り、ハンブルク港に到着した。ナウマンはベルリンに直行した。そしてシュルツェ医師の先輩にあたる、エンマの両親のベクシャイダー家をはじめて訪れ、日本人ドクトルたちを預け終えた。

彼はすぐ故郷マイセンに向かわずに、ベルリンに少々滞在しなければならなかった。なにしろドイツの若者が日本で地質調査所を立ち上げたのだから、ドイツ国内でもそれなりの関心はある。翌一八八〇年一月三日、ナウマンはベルリン地学協会の求めに応じ、「日本の経済状態と国土の地質調査について」を講演した。前半は日本の政治体制や経済状態をイギリス、フランス、ドイツ、アメリカと比較して述べ、後半は伊藤博文に提出した「地質測量意見書」を紹介して、今後の日本の地質調査への抱負を述べている。これは『地学協会会報』第一号に掲載された。ここでは一八七八年一〇月に伊藤博文より日本地質調査所計画起草の委託があったこと、一八七九年夏にナウマンが説明した計画が日本政府に受理され、同時に地質調査所の指導を委任されたことを語っている。

# 第六章　結婚、決闘、離婚

一八八〇―一八八二

## 最初の妻ゾフィー

エドムント・ナウマンの最初の妻についてはこれまでなんの記録もなく、長いこと生まれも名前さえも不明だった。彼の二番目の妻はわかっているし、その子孫たちも健在なのに。

ナウマンを研究した故山下昇教授は、一九九〇年にナウマンの孫たちをドイツに訪ねた。(1) 一九九四年四月には新潟県糸魚川市にあるフォッサマグナミュージアムの開館時に孫たちが来日し、その後、東京で講演会があった。筆者は東京の講演会でナウマンの孫たちに会った。

後妻ヨハンナは、長女ヒルデ・マリア・ヨハンナと次男ローラント（正式名はロナルト）・カルル・エドムント・ナウマンを産んだ。来日したのは、ヒルデ・マリアの長女で、結婚して姓の変わったエディット・ライアーさんと、ローラントの長男のディッター・ナウマンさんだった。

二人はそれぞれフランクフルトとミュンヘンに暮らしている。年上のライアーさんが語るところによれば、祖父ナウマンは日本語も含め、七～八カ国語に通じ、なんでもできたので家族に尊敬されていたという。ディッター・ナウマンさんは、先の大戦で六歳のときに父を失い、父からは没した祖父について聞いたことがなかった(2)。

筆者は何度かドイツを訪れていたが、二〇一〇年、ディッター・ナウマン夫妻に面会した（図6-1）。そして、ナウマンの最初の妻について知らないかと率直に訊ねた。するとディッター夫人が「おばさんたちがあまり好きではなかったのよ。シューベルト教授の娘で、気位が高くて、あまり話題に出なかった」といわれた。最初の妻の旧姓はシューベルトだというのだ。ドイツではありふれた姓である。筆者は「あれ、聞き間違いかな」と思い、ホテルに帰って、自分の荷物を開けた。ドレスデン工科大学で行われたシューベルト教授の生涯についての展示の簡単なパンフレット（図6-2）を手にしていたからだった。

**図6-1** ディッター・ナウマンさん（右）と夫人（左）、筆者。2010年、ミュンヘンで。

二〇〇八年、ドレスデン市の歴史的著名人シューベルトの生誕二〇〇年の特別展が催され、二〇一〇年、そのうちのドレスデン工科大学の歴史にかかわる部分が大学史研究所で展示されていた。同大学をたずねた翌日、ディッター夫妻の自宅に招待されたので、思い切って、この説明書を示し「ナウマンの最初の奥さんのお父さんは

**図6–2**　2008年にドレスデン工科大学で開催されたシューベルト展のパンフレット表紙

この人ですか」と聞いたところ、驚いたことに「はい。祖父の最初の妻はこの人の娘です」と答えが返ってきた。最初の妻の親の名も家柄も、一度にわかったのだ。

ドレスデン工科大学で「シューベルト生誕二〇〇年展」を企画開催したのは大学史研究所長クラウス・マイエルスベルガー博士だった。資料を請求すると、ナウマンの最初の妻ゾフィー・シューベルトの肖像写真（図6–3）を見せてくれた。それを孫たちに見せると「はじめて見ました」と逆に感謝された。

## 義父、シューベルト教授

シューベルト教授の生涯を簡単に記してみよう。(3) ヨハン・アンドレアス・シューベルトJohann

Andreas Schubert（一八〇八～七〇）は一八〇八年三月一九日、貧しい小作農の子としてザクセン州ウェルネスグリュンに生まれた。ヨハンは幼いとき、ライプツィヒの裁判官で警察署長のラッケル家に養子に出され、そこで教育を受けた。ラッケルの死後、未亡人はヨハンをさらに軍隊の学校で学ばせた。その後シューベルトは、ドレスデンのフリーメイソン研究所で寄宿生活をした。この時代が若いシューベルトを形成し、彼は生涯、フリーメイソンに関わりつづけた。

成績優秀だったヨハンは二〇歳でドレスデン高等工業学校の教師となり、四年後には金属、鉱山、建設技術の教授となった。二八歳でザクセン・エルベ汽船会社創立に参加、二隻の蒸気船を設計製造した。エルベ川は、ナウマンの故郷のマイセンとシューベルトの住んでいた（図6-4）ドレスデンに沿って流れ、観光船は現在も利用できる。またライプツィヒ―ドレスデン間の鉄道延長に際して、ドイツ初の蒸気機関車サクソニア号を設計製造した（図6-5）。さらに当時世界最長の鉄道橋ゲルツシュタル（全長五七四メートル、最高七八メートル）をはじめて理論計算にもとづいて設計し、膨大なレンガを用いて建造した。鉄道橋はいまも利用されている。

図6-3　ゾフィーの肖像写真

シューベルトと病没した最初の妻とのあいだには子がなかったが、再婚して五人の女児を得た。シューベルト四八歳のときの最初の子がヨハンナ・ゾフィーアJohanna Sophia Schubert（一八五六～一九四二）で、教授は「ゾフィー」と愛称で呼んで溺愛したようだ。ナウマンはドレスデンでは高名な家庭の令嬢と結婚したのだ。

ナウマンは一時帰国の短期間に結婚しているから、ゾフィーとは許婚《いいなずけ》の関係だったと思われる。では、二人はいつ婚約したのか。大学卒業後と考えるのが自然かもしれないが、ナウマンが大学を卒業するのが一八七五年三月、鉱山局就職が四月、日本に出発したのは同七月だ。このめまぐるしい短期間だけでゾフィーと親しくなり、婚約にまで至るだろうか。その後、ナウマンはまる四年も日本にいて、ゾフィーに一度も会っていない。ゾフィーが短期帰国の短い間によく結婚したものだ。ベルツが羨望をもって驚愕したように「夢のような幸運、日本地質調査部の長官」がゾフィーの結婚の承諾にも効き目があったのかもしれない。

じつは、シューベルト教授は一八七〇年一〇月に没している（図6‐6）。ナウマンが、ドレスデン高等工業学校に入学したのは、一八七〇年四月である。[4] 二人の婚約はもっと前かもしれない。ゾフィーのほうが、高名でより由緒正しい家系だから、筆者はゾフィーのほうが惚れ込んだと思っている。ナウマンのドレスデンでの活動域は、ドレスデンの中心部のかなり狭い地域だった。チョッへ研修学校はグリューネ（緑）通り、少し歩くとローゼ（バラ）通りを抜けて、ヒルゲンドルフが住んでいたゆるやかな起伏のあるポリヤー通りに続き、そしてドレスデン高等工業学校のあったアントン広場へと続く。シューベルト教授は、歌劇場の近く、宮殿より一キロほど北西にあるフリードリヒ通りに住んでいた（図1‐4参照）。

**左上:図6–4**　シューベルト邸の外観。
**右：図6–5**　シューベルト邸の塀に掲げられた説明版。機関車サクソニア号の絵があしらわれている。
**左下:図6–6**　シューベルトの墓。
（図6–4・6–5は2014年、図6–6は2012年、筆者撮影）

のちほど詳しく書くが、ゾフィーは美しいアルト、ナウマンも美声の持ち主だった。ナウマンとゾフィーは幼なじみだったかもしれない。二人は何度も一緒に歌ったのであろう。シューベルト家とナウマン家の家柄の差の問題もある。ドイツでは現在も知的富裕層と伝統的職人層の階級の区別が厳然とある。二人の婚約は、シューベルト教授存命中に承諾を得ていなければ成立しにくかっただろう。ナウマンは大学に進むことができない高等工業学校の生徒だったが、とつぜんミュンヘンの高等工業高校に転入して、変則的に大学入学資格を得た。シューベルト家の意向によって、結婚するために進路変更がなされたと思われる。そしてミュンヘン大学に合格し、二年で博士号を取得する。恩師のチッテル教授は彼の優秀さを特記し、文系の単位はないがと博士号の推薦状を書いている。チッテル教授はナウマンが帰国してからも教授職に就けるよう尽力しているが、この経緯を思うと、彼の進路変更には、ナウマンの学業優秀さだけではなく、シューベルト教授の威光が重なっているようである。

### 日本へ再入国準備

さて、ドイツに帰郷したナウマンは忙しい。ゾフィーとの結婚のほか、さまざまな用事があった。第五章末で記したベルリンの一月三日の講演は、マイセンに帰宅してから出かけたのかもしれない。小さいけれど、ナウマンの最初の凱旋講演だった。

彼は計測機材を大量に購入しただろう。地磁気の伏角計測量儀アルタジマス、アネロイド式真空気圧高度計等々。これらの一部はナウマンの遺品として糸魚川のフォッサマグナミュージアムで見ることができる[5]。カール・バンベルク社製の携帯磁力計も複数購入したようだ。二年後に予定される国際極年に日本国として参加し、地磁気観測を行うことが予定されていた。ナウマンにはどうしても地磁気観測をしてみたいところがあったのだろう。地球は大きな磁石なので地磁気が起こる。地磁気は基本的に磁針で測るのだが、よく見ると磁針は真北を指さない。真北からのずれを偏角という。また、磁針はけっして地表面に平行ではなく、少し傾く（伏角）。地磁気の偏角の測定が地殻の構造を考えるうえで重要という研究も世界的に増加していたので、ナウマンは、日本での地磁気調査を「将来、地質学的研究と結びついて、その実際的応用を見出すこと疑いない[6]」と断言して実行している。事実、その結果はフォッサマグナの成因を考えるうえでの重要なデータになった。

調達しなければならないのは機材ばかりではない。ナウマンは優秀な人材を二人必要とした。まず土壌化学者として、自分より一つ年上でハレ大学出身のゲオルク・リープシャーGeorg Liebscher（一八五三〜九六）と仮契約した。ハレ大学はドイツでも農芸化学が強い大学だった。もう一人は地磁気の専門家で、自分より一一も年上で、妻子のいるオットー・シュットOtto H. Schutt（一八四三〜八八）だ。トルコの鉄道測量で働き、中央アフリカ探検から帰ったばかりで『コンゴ南西部盆地の祝日』（一八八一）という旅行記[7]を書き始めた矢先だった。ナウマンの申し出を聞くと、シュットは執筆を助手に任せ、すぐ日本に向かいたいと熱心だった。ナウマンは仮契約し、夏期休暇と同時に仕事にかかるように日本到着日を念押しした。

ミュンヘンにも出向いた。ミュンヘン大学古生物学博物館にライマンから託されたアンモナイト標本と金石取調所に保管されていたゾウの臼歯化石を持ち込み、ミュンヘン大学所蔵標本と比較検討し、研究資料や必要書籍を整えた。四月には大森と鶴見産の土器標本をウィーン歴史博物館に送った(8)（図4－8参照）。

ナウマンが故国で忙しく働いていたさなか、二月二二日に日本では横浜地震が発生した。死傷者は出なかったもののマグニチュード五・五〜六・〇程度だったので、外国人たちを恐怖に陥れるに十分で、本郷の加賀屋敷では、シュルツェ夫人エンマは「多くの婦人たちは、すぐヨーロッパに戻りたく思ったことでしょう(9)」と書いた。ミルンの尽力で日本地震学会が明治一三年三月一一日に創設された(10)。ナウマンも帰国後に会員になる。

エンマが一歳半になる長女リーズのことや隣人の変化を書いている。

> リーズは、毎日コルシェルトさんのお子さんと遊んでおり、私もときどき夫人にお会いします。残念ながら、月曜日には、彼らはここから四十五分ほど離れた大和屋敷内のナウマンさんの隣に引っ越すことになっていますので、お付き合いもできなくなります。コルシェルトさんがナウマン氏《ママ》に雇われたからです(11)。（一八八〇年五月ごろ〈日付は不明〉）

ナウマン家の隣に住んだコルシェルトは、ナウマンと同じドレスデン高等工業学校出身だが、ベルリン大学を卒業している。今日、醸造分野でよく知られる化学者だが、むしろヨーロッパに囲碁を本格的に紹介した人として有名かもしれない。地質調査所認可と同時に、それまで東京大学医学部教授だったコルシェルトは土壌化学部門の担当をナウマンに頼まれ、明治一二年付で内務省技官となり、ナウマンの帰国を待つことになった。

## 新婚生活と地質調査所の始動

ナウマンと新妻ゾフィーは香港でヴォルガ号に乗り換え、一八八〇（明治一三）年六月一四日、横浜に到着した[12]。夫婦が行く先は、加賀屋敷とは皇居をはさんだ反対側の赤坂溜池葵町で、かつて松平大和守の上屋敷だったことから大和屋敷とよばれる、広大な内務省敷地の新ドイツ人村だ。まず、隣家のコルシェルト夫妻が出迎える。オットー・シュットは六月一日に家族連れで到着していた。ナウマン邸は大きいので、間借りすることになった。

家具を揃え、召使いを雇うなど、大忙しだったろう。在日外国人たちは本国にいるよりずっと裕福で、暮らしぶりは植民地様式だ。質素で倹約家のエンマが「日本ではどんなに豪奢な暮らしをしているか、（中略）あの結婚式の時の白い絹のドレスを着ても、たいして見栄えのするものでなかったということからおわかりでしょう[13]」とまで書いている。

そのエンマがナウマン夫妻帰国を横浜に出迎えられず、新居を訪れることもなかったのは、二度目の出産が彼らの到着の翌日だったからだ。長女は難産だったが、こんどは安産で、生まれた長男はヴァルターと名づけられた。しかしこのころのエンマの手紙には不安の影が漂っている。夫ヴィルヘルムの原因不明の持病が悪化していた。シュルツェ一家は任期途中で日本を去ることになる。

新しい環境にゾフィーが慣れ、わが家が落ち着くと、ナウマンは地質調査所に復帰した。というより、これが初出勤のようなものである。地質課庁舎は明治一三年から（赤坂区）溜池葵町二番地に移転していた。

ナウマンは明治一三年六月一五日から四カ年の契約を結んだ。[14]最初の来日時は二年ずつ二回の契約だったが、今回は初めから四年の契約である。ミルンの三年契約より長く、相当な待遇である。一八八四（明治一七）年には万国地質学会議がベルリンで開催される予定だったので、ナウマンがそれまでに日本列島の地質図の完成を考えていたのは明らかである。

ナウマンの俸給は新たな契約によって月五〇〇円となったが、地質調査所の業務は停滞していた。彼が前年提出した「ドクトル・ノーマン氏意見書訳」は要約され、省内で検討されるため「内国地質調査施工之主意」と改題されて、印刷配布されていた。[15]ただ、その表紙を見ると、所属は内務省の地理局ではなく勧農局地質課となっている。業務停滞の理由は政府の機構改革も関係していた。以前から農商務省創設が準備されていた。そればかりでなく、地理局そのものが新設の農商務省直轄に移る可能性があった。

八月に来日した土性部門担当のリープシャーは、恒藤規隆と渡部朔《さく（はじめ）》を引きつれてただちに調査を始め、優秀なところを見せた。しかし、八、九月は庁舎でガス水道工事があり、そのうちに、ナウマンの命令をまったく聞かなくなり、わずか七カ月後に解任された。リープシャーは、農芸化学の名門校であるハレ大学を出ているが、土性学つまり農芸化学の専門家ではなく、農業経済学の専門家だった。政府が明治五年に行った地籍調査のデータをもとに、日本の農業経済について論文を書いた。[16]リープシャー自身はそれで十分だったろうと思われる。

そのため分析掛長コルシェルトは土性部門の肩代わりをせざるをえなかった。[17]「化学［分析］部門と農学［土性］部門とは、全体のプログラムの枠からはみ出し、働き手の募集は停止され[18]」た。リープシャーの後任のフェスカ（図6-7）もハレ大学の出身である。フェスカ Max Fesca（一八四六～一九一七）は、のちに帝国大学農学部教師にもなって日本の農学の基礎を築いた人物だが、地質調査所に入所当時は、地質・地形部門の仕事のやり方に対して「公然と反対した[19]」。渡部朔は、その後コルシェルトや後任のフェスカに学んだ。そして後年、第五章で紹介した和田先生追悼会の席上で、「自分は地質調査といふ立脚地からは寧《むし》ろ謀反人でありました[20]」と、地質調査所内での分裂を認めている。

図6-7　フェスカ

ナウマンの「直接の指導のもとにあった本来の地形―地質の仕事のみが、ほぼ最初の計画のとおりに続けられた[21]」。日本全国を区切り、二〇万分の一の図を九三枚つなげれば本州、四国、九州をカバーできる。地形図作りを北端の青森から始めて中央まで調査していく。次に日本南端から中央までを調査するのだ。最新器材を持ち帰ったのに、このまま冬を迎えたくはない。地質隊は、九月から東北地方北部予備視察を行った。一〇月にドイツ留学予定の、ナウマンの教え子小藤文次郎は陸前高田や気仙沼の地層を調べている。ナウマンは上総・安房・オヤメ（大山？）と近場の調査に出た。地質隊はすべて地形と地質の両方を計測することとした。計測は量程車（車

**図6-8** 量程車の使い方（久松将四郎「地質調査のための測量の歴史」『地学雑誌』65巻2号より）

輪の回転から距離を測る道具、図6-8）で出た数値を書き込んでいく。絶えずアネロイド式真空気圧計を使って標高を記す。また主要な基点からアルタジマス測量儀を用い、山頂を仰いだ角度を測って数値を書き記し、高さを計算する。異なる場所から三角測量を重ねればさらに精度があがる。

地磁気隊は、八月中、東京で地磁気調査の訓練と旅の準備をした。ドイツで購入した機器の調子をみるために、ナウマンがこの訓練につきあっていた可能性は十分ある。シュットらに命じたのは、中山道を経て浅間山を登り、諏訪に向かって降りたのち甲府へ出るルートで、帰路は富士を周遊する日本中央部だ。要するにナウマンの最初の旅のとき、十分に測量できなかったフォッサマグナ地域全般の地形測量と地磁気調査をやらせるのだ。ナウマンは、なにか結果が出ることを予測していた。

シュットに預けられた日本人スタッフ六人は神足勝記《こうたりかつき》、関野修蔵、大川通久、阿曽沼《あそぬま》次郎、沢村幸得、倉田吉嗣《よしつぐ》だった。このスタッフの特徴は、東大の土木工学科卒の倉田を除いて、混乱の時代に苦労してきた人びとだ。神足は明治三年に貢進生として大学南校（ドイツ語クラス）に入学したものの、すぐに貢進生制度が廃止されて学資がなくなり、一時、工部省鉱山局から秋田県阿仁《あに》鉱山に転職するなど寄り道を重ね、和田を頼って内務省すなわち地質調査所に入所した。きちんとしたカリキュラムで育ったのではなく、和田と同様、紆余曲折を経ながら勉学した。「余の素望たる全国跋渉《ばつしよう》も容易に之を遂ぐるを得べく、殊《こと》に局長は品川子［品川弥二郎子爵］、所長は和田維四郎にして、其他何《いず》れも脱俗正義の士、楽しんで以て勤務に服するの値あるべし(22)」と、地質調査所入所の喜びを回顧録に記している。また関野は、福島藩江戸屋敷で生まれ、工部省測量士から内務省地理寮に移り、東京大学でブラウンス教授の助手を少し務めて、明治一三年、地質課に入った。この二人は地質調査所初期の中核メンバーとなる。

シュット隊は九月一七日に東京銀座で壮行会を行い、そののち出発し、ほぼナウマンの指示どおり、一一月一六日に全員が帰還した。東京（二地点）を起点として関東・中部地方の一三地点で磁気観測を行った。シュットの論文「地球磁気の知識への貢献(23)」と神足勝記の回顧録から、ナウマン本隊よりも正確に足取りがわかっている。シュットは、途中富士山を計測し、標高三七八七メートルという優れた数字を出すなど仕事熱心だったようだ。

歌姫ゾフィー

ナウマンの妻ゾフィーは、バイホルトが書いた『シューベルト伝』(一九六八)によれば、「父親のお気に入りだったに違いない。容貌が似ているだけでなく、その精神も彼に似て俊敏だった。音楽と声楽の才能は母親ゆずりだったと思われる」(24)とある。ゾフィーは日本への船旅のときにはすでに妊娠していた。

山葉《やまは》寅楠《とらくす》(一八五一〜一九一六)が国産オルガン第一号を製造したのが明治二一年、ピアノの製造はアップライトが明治三三年、グランドピアノは明治三五年だから、ゾフィーのピアノはドイツから送ったものだろう。ゾフィーは父から溺愛されて多くの遺産を得ていたから、アップライトではなくグランドピアノだったかもしれない。結婚したナウマンには家庭生活や社交という大仕事が待っていた。赤坂大和屋敷の自宅の客間には上等の椅子が並び、ピアノが鎮座していた。

九月一三日付で、エンマは書いている。

ナウマンさんのお宅を訪問しました。ヴァルターの誕生や旅行のために彼らを招待できませんでしたのに、私たちを招いてくださるとは、とてもうれしいことです。私はナウマン夫人のお人柄を知れば知るほど好きになります。彼女は、美しい声できれいに歌を唄いますので、ヨアヒムのような声をしているといってもよいくらいです。私は彼女の歌を聴いていますと、うっとりとして、彼女を抱きしめたくなるくらいです。当地では音楽にはそうそう恵まれていませんので、彼女のような優れた歌手の歌を聴くことは、とても楽しみです。いつもナウマンさんは幸福そうで、彼らご夫妻はとても親しみのもてる人たちです。(25)

文中のヨアヒムとは世界的ヴァイオリニスト、ヨーゼフ・ヨアヒムの妻のアマーリエのことで、ゾフィーは低い女声《アルト》だったらしい。手紙から、このころのナウマン夫妻が積極的にパーティを催しては幸福ぶりをふりまき、大勢の人がゾフィーの歌声を賞《め》でたことがわかる。だが、彼女のお腹は大きくなるばかりでそろそろ限界だった。

この年の天長節（一一月三日）ははじめて「君が代」が演奏されたことで有名だが、宴席を飾るため、東京在住の外国人の出席は義務のようなもので、ベルツもエンマも出席している。当然ナウマン夫妻も招待されたはずだ。ゾフィーの日本デビューには絶好の舞台だが、お腹に赤ちゃんがいては背に腹は替えられない。夫だけが出席したか揃って辞退したかは不明だ。当時唯一の迎賓館にあたる延遼館《えんりょうかん》（現在の浜離宮にあった）には八〇〇人という政府高官、各国大使公使など一流人士が残らず参じた。エンマは、鹿鳴館以前の大夜会の貴重なひとこまを伝えている。

日本の大臣たちはみな、豪華な金の刺繍が施された制服をまとい、夫人連れの人も何人かいました。ほかの上流階級の日本人は、すべてヨーロッパ風の身なりをしておりましたが、和服を着た夫人もかなりいました。そのうえ、私は何人かのお歯黒をした人にも会いました。すばらしく豪華な服装をした三人の皇女がいましたが、彼女たちは各部屋に全く離れて、一人で座っ

ていました。[26]（一一月五日付）

政府の都合で駆りだされる外国人も楽ではない。エンマは、親類筋のクララ・マイエットが派手すぎるので同郷人の顰蹙《ひんしゅく》を買っていること、彼女の衣服の趣味について忠告できるのは自分しかいない、と悲壮な覚悟である。それもこれもじきに帰国という気持ちがあればこそだろう。シュルツェ医師は、本当の理由をいわずに帰国の意思をベルツに告げた。

はなはだ残念なことに、自分の隣人で友人のシュルツェが日本を去る。日本側からは、とどまってもよいことになっていたが、兵役関係でそれが許されないのだ。[27]

年の瀬の一二月一八日、ナウマンは加賀屋敷に人をやって、ベルツとエンマに救援を求めた。ゾフィーが予定より早く陣痛を訴えたのだ。大和屋敷に駆けつけたエンマはあきれ返った。

彼女は気位が高くもったいぶっていますので、あまり人に好かれてはいません。私には、とても好意的なのですが。私も彼女が好きですが、彼女はとても気難しいので、誰にも自分の具合［妊娠と出産］について話さず、また知識を求めようともしないのには驚きました。彼女は、リーズ［エンマの長女］のときのように、十四日も早く生まれましたので、大変な難儀をしました。彼女の故郷からの荷箱は、まだ到着していませんので、無思慮な彼女は、まだ（赤ん坊用の）枕もベビーベッドも用意しておりませんでした。コルシェルト夫人がすべて手配してやらねばならず、また、こういった品物は、あまり当地にありませんので、ヴァルターが要らなくなったシュテックキッセン［袋式の産着］をとても感謝して受け取りました。ベルツは、彼女に横浜から中国人の保母さんを世話してあげました。(28)（年明けの一八八一年一月六日付）

暮れに二六歳で父親になったナウマンは、赤ん坊をラインホルト（通称ライノルト）と名づけ、そのままクリスマス・シーズンを迎えた。

## シュルツェ一家去る

ライノルト出産の際は周囲に大迷惑をかけたらしいゾフィーだが、産後の肥立ちもよく、本格的にナウマン夫人としての活動を始めた。早くも二月には、自宅で歌を披露したことがエンマの記録に残されている。

［毎日ピアノを弾いているのは］次の日曜日に、ナウマン夫妻が大きな音楽舞踏会を催すことになり、私たちは小曲をいくつか演奏する予定だからです。私はナウマン夫人のすばらしい歌声を聴けるのを、いまから楽しみにしています。残念ながら、彼女は、いろいろな歌曲を独唱するさいに、自らを誇示し自慢しすぎますので、当地ではあまり人に好かれていません。彼女は歌うとき、大変気取って極端に親しげな態度を見せますので、みなさんは彼女が「ぶっている

物は、まだ私のところに返っていません。(29)」といっていますが、〜

のだ」といっています。ナウマンさんの友人は、とてもあからさまに彼女の天賦の無茶苦茶さを嘲っています。私は、あまりよく彼女のことを知りませんので、彼女の人柄を判断することはできませんが、彼女は、私がずっと前に彼女から借りた物はお返ししたのに、私の子供の品物は、まだ私のところに返っていません。(29)

音楽会慣れしているゾフィーは、私的な集まりで嫌われるほどのエンターテイナーぶりを発揮して、おそらくベルツに怖気《おじけ》をふるわせたのだろう。芸術家肌に戸惑うエンマは、悪口にならないよう他人の言葉で代弁させている。それよりも彼女は、大和屋敷の別の家族に魅了された。

もし、もっと長く当地にいましたなら、私たちはシュットさんの家族の方たちと、もっと仲良くなれたのにと（残念に）思っています。と申しますのは、彼はとてもしっかりした人柄の、興味ある分別に富んだ人だからです。以前、彼はアフリカに旅行したりなど、いろいろな経験をお持ちの方であることはお手紙したでしょう。奥さんは、コンスタンチノープル生まれのギリシャ女性ですが、ドイツ語を話します。そして六歳と四歳の二人の可愛いお嬢ちゃんがおりますが、夫人がお喜びのことには、二週間ほど前、男のお子さんが誕生したのです。(30)（二月七日付）

シュットはデンマーク国境近くの生まれで、貴族的な風貌のせいか、エンマも珍しく異性として惹かれるものがあったらしい。彼女の日本便りも終わりにさしかかっている。

ナウマンさんのお宅で、ついこの間、とてもすてきな音楽をたくさん聴き、おいしい食事をいただくなど、楽しく過ごしました。また、その後でダンスをしました。[31]（二月一七日付）

小さなパーティがクニッピングさんのお宅で、五日には私のところで、また先週の日曜日にはランガルトさんのお宅で、それぞれ開かれました。それは大同小異で（中略）ただ、ランガルトさんのお宅では、ナウマン夫人がまたすてきな歌をうたいました。[32]（三月一六日付）

今日土曜日に、今週四度目のパーティがあり、これですっかり解放されます。（中略）今晩はマイエット夫妻、ナウマン夫妻、ベルツさんなどに来ていただいて音楽を演奏しようと思っております。[33]（四月二九日付）

以上がナウマン夫妻についての最後の証言だ。五月に日本を去るエンマは、帰国の準備で気もそぞろだ。夫ヴィルヘルムは三月に「親愛なる父上様」とかしこまった手紙を書いた。筆不精の彼が日本から義父ベクシャイダーに書くのはこれが最後だ。彼は帰国しても軍医ではなく病院医を望むこと、日本政府から勲章が授与されることを伝え、またベクシャイダー夫妻がフランスまで出迎えてくれることに感謝している。そして義父の名を新聞の「（ユダヤ人弾圧反対の）名士リスト」で見た喜びを語る[34]。

シュルツェは日本人医学生にずいぶん悩まされたが、事件は理学部でも起きた。地質学教室でのナウマンの後任はブラウンス、ゴッチェと続いたが、ゴッチェは学生たちに非常に嫌われた。助教授二人と学生の鈴木敏らが、ゴッチェは「日本人を軽蔑して居る、（中略）足で指図をした、（中略）学問も深くないやうだ、（中略）排斥し、追い出そうぢやないか[35]」と授業をボイコットした。ゴッチェは困り果て、地質調査所の和田に相談した。和田が東京大学の加藤弘之総理（学長）に調停に乗り出してもらい、学生らはゴッチェを「土俵際まで」追い詰めたのだが「打棄《うつちや》られ」たという。この事実は後年「和田先生追悼会」で、鈴木自身が故人の義侠心を称える懐旧談として明かしたもので、大学では教師いびりが日常的だったことをうかがわせる。

学生はときに始末が悪い。ベルツのように皇族の脈をとる権威や、ナウマンのようにどこまでも理詰めで暴力も辞さず、というこわもてには遠慮するが、わずかでも弱さを見せる外国人教師には集団で反抗し、関係修復が不可能になる。シュルツェは外来診療の仕事を抱え、偏頭痛に耐えて授業を消化していた。そんなとき漢方の効力についてからんでくる学生がいたら叫びたくもなるだろう。彼は再来日後、医学部の主導権を日本人に握られ元気をなくしていた。医学教育への情熱も失せたようだ。満期を待たずに帰国したのはよくよくのことだろう。第九章で登場する森鷗外はシュルツェ教授との確執が続き、シュルツェ教授の科目は成績が悪く、ついに卒業時に首席になれなかった。

五月八日、シュルツェは、家族と勲四等旭日小綬章を携え、エンマとの結婚以前をあわせ六年間の日本暮らしを終えて日本を去った。このおよそ一世紀後、その孫の精神分析医トスカ・ヘゼキールは、祖母エンマの手紙を編纂出版した。価値ある同書で、トスカは回想している。

祖父は八十三歳になってもなお、日本語の語彙を繰り返し口にしていた（中略）。私を最も驚嘆させたのは、部屋に飾ってある日本のいろいろな工芸品である。そして、その一つ一つを取上げて、祖父母は日本で過ごした楽しかった年月について語り聞かせてくれた。[36]

ライマン去る

ライマンのその後にもふれておこう。彼は自分にもう望みがないと悟ると、弟子たちを集め、屋敷を弟子たちに譲り、できるだけ早く就職するよう勧めた。そして明治一三年一二月二二日、日本を去った。[37]弟子たちの多くは散ったが、西山正吾と坂市太郎は、地質調査所の面接を受けて入所を果たした。二人は、東大卒エリート集団のなかに割り込んでいった。明治一四年には山梨方面への短い調査があり、坂はこのはじめての秩父調査を記録している。猫の手も借りたいナウマンは、坂や西山の実力を認め、また彼らに助けられたようである。

ライマン先生より教へられたる地質調査法を更に拡張して秩父第三期層《ママ》の調査に応用したれば、ナウマン氏は大に之を称賛し、甲武二洲に跨《また》がる山地の調査に之を応用せしめらるるや、却つて、ナウマン先生の調査が実地に相違する事を証明し、先生も閉口したる事ありたれば、心密かに愉快を覚へ[38]（後略）。

ナウマンゾウの由来、ゾウ化石の研究

ゾウの歯や角の化石は、瀬戸内海など、日本列島からぽつりぽつりと産出していて、江戸時代までには竜骨・竜歯などといわれていた。奈良正倉院の御物「五色竜歯」も、ナウマンゾウの臼歯だ。これは渡来物と見られるが、昔から中国や日本では生薬として珍重されていた。ナウマンは「それらは昔の日本の薬屋の手にわたり、そこで突き砕かれて粉末となり[39]」と書いている。『雲根志』を著した木内石亭は、竜骨とはゾウの歯ではないかと考えていた。しかしながら、生きているゾウは外国から見世物としてやってくる以外、めったに見ることはできなかったため、ゾウと断定することはなかった。

ナウマンが来日してみると、金石取調所などに竜骨がごろごろと転がっていた。学位論文で哺乳類化石を記載したナウマンには、ゾウ化石であることが一目瞭然だった。ナウマンはこの化石について科学的に記載しようと考えた。明治一二年にドイツに一時帰国したときに石膏模型をもっていき、ドイツで類似標本や他の記載論文と比較検討した。「先史時代の日本の象について」（一八八一）の論文は、明治一三（一八八〇）年一一月に原稿が完成し、ヨーロッパに向けて発送されたのは翌年三月二日のことだった。

それまでに著者が努力した仕事のうちには、日本の地質調査に関して、一連の古生物学的および地質学的仕事を開始する、ということがあった。残念ながら、この計画は実施に至らなかったのであるが、その理由は日本政府は目下《ママ》、科学的報告の出版を当分の間無視しようとしているからである。[40]

ゾウ化石（図6―9）についての論考はドイツの大判の古生物学雑誌である『パレオントグラフィカ』で、一八八一年中に刊行された。ナウマンは、このゾウ化石が自分の名を日本に後世まで刻むことになるとは夢にも思わなかっただろう。

「先史時代の日本の象について」でナウマンはまず、マストドン、エレファス、ステゴドンの三つのゾウ属の関係を議論した。特にステゴドンを重要と考え、亜属から属レベルにあげた。次に、日本のゾウ化石をステゴドン属二種とエレファス属二種の四既知種に同定した。既知種に同定されると、それを産出する地層は既知種の時代あるいは環境と認定される。

横須賀造船所の建設の際に発見されたゾウ化石の下顎について、初期の論文「江戸平野について」（一八七九）では、マンモスと同定したため、出土層の時代の日本は寒冷期と考えられ、「今まで知られているうちのいちばん南のもの[41]」と解釈したが、その化石を調べ直し、アジア全体に分布したナルバダゾウ（アジアゾウ）とし、エレファス・ナマディクス（*Elephas Namadicus*）と記載した。当時の日本はナルバダゾウが棲んでいた温暖な環境だったと推定されることになる。

その後、日本各地から同種の化石が続々と発見され、ナルバダゾウは有名になった。一九二四年、京都帝国大学の槇山次郎助教授は、浜名湖で発見された化石を調べ、これが単にアジアゾウという

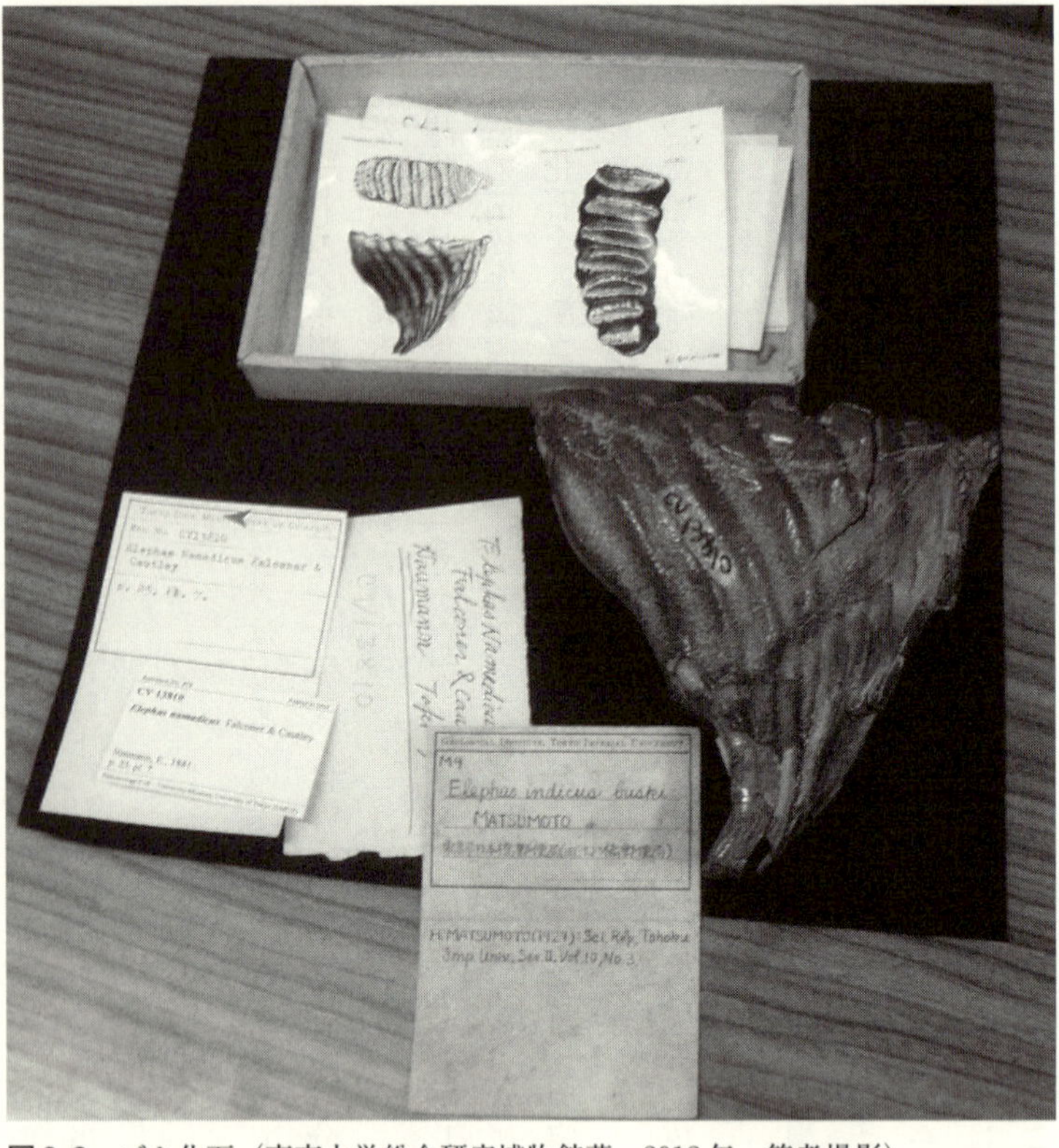


**図6-9**　ゾウ化石（東京大学総合研究博物館蔵、2012年、筆者撮影）

だけでなく、独立した亜種であるとして、エレファス・ナマディクス・ナウマンアイ（*Elephas Namadicus Naumanni*）の模式標本とした[42]。槇山は、このゾウをはじめて研究したナウマンの名を永遠にし、日本や朝鮮半島や中国からも化石の出るナウマンゾウが学問的に確定された。その後、亜種から種にあがり、和名がナウマンゾウとなる。

一九四八年に長野県野尻湖で、地元の加藤松乃助が湯たんぽのような石を拾ったところ、それはナウマンゾウの臼歯だったという有名な発見以来、大規模な発掘が組織され、野尻湖畔がナウマンゾウを狩った旧石器時代の人類の暮らしがわかる貴重な遺跡群として知られるようになった[43]。ナウマンの仕事ぶりを批判した井尻正二が率いる地学団体研究会が主導した大きな業績の一つであるのはどことなく皮肉だ。

ナウマンのこの論文は、その後、彼の言葉でも「大変非情な運命に陥った[44]」。一八八三年、東京大学理学部地質学教室の第二代教授であるブラウンスは「日本の洪積世哺乳類について」という論文[45]で、ナウマンのすべての鑑定を否定し、すべてのゾウ化石を第四紀の洪積世産とし、それ以前の新第三紀鮮新世のゾウと考えたナウマンを非難した。ナウマンは一八八五年の『日本群島の構造と起源について[46]』で反論した。現在はブラウンスの主張のほうが正しいとされている。

## 長期の北日本調査

長男ライノルト出産から体力を回復したゾフィーが、夫の助けなしでパーティを催せるようになると、ナウマンも自分が生んだ地質調査所に専心できるようになる。そんな明治一四年四月七日、明治政府内に懸案だった「農商務省」が設置された。

内務省の駅逓局、山林局、勧農局、博物局そして大蔵省の商務局が合併統合された。のちには工部省の鉱山開発などの業務も吸収する。したがって「内務省勧農局地質課」は「農商務省農務局地質課」と看板が掛け替わった。またナウマンの要求によると思われるが、同一八日「地質調査所」として独立機関らしい名が許された。だが、わずか二カ月で地質課に戻されてしまった。めったに政府への不満をもらさないナウマンも、五年後の論文「日本の地形・地質に関するわが国土調査について」(一八八六)でめずらしく不満を吐露している。

職員は不足し、資金も十分でなく、また絶えず反対の動きがあったので、それらが大きな障害となった。私は出版の責任まで負わなければならなかった。石版印刷とグラビア印刷に何度も失敗したあげく、ある経営者に印刷を委託したのであるが、この人もその使用人も、この種の仕事に全く経験がなかった。とにかく変革の最中にある国において、しかも外国人が仕事をするのであるから容易なことではない。何とか仕事を進め、これをやり遂げるについては、全精力を注がなければならなかった。地位の高い日本人の中にも、この調査に対して無関心をよそおったり、あるいは嫉妬心をもって見る人がたくさんいた。そういう人たちからすれば、この調査は実益の全くない純学術的なもので、国家にとっては単なるお飾りとしか見えなかったらしい。(47)

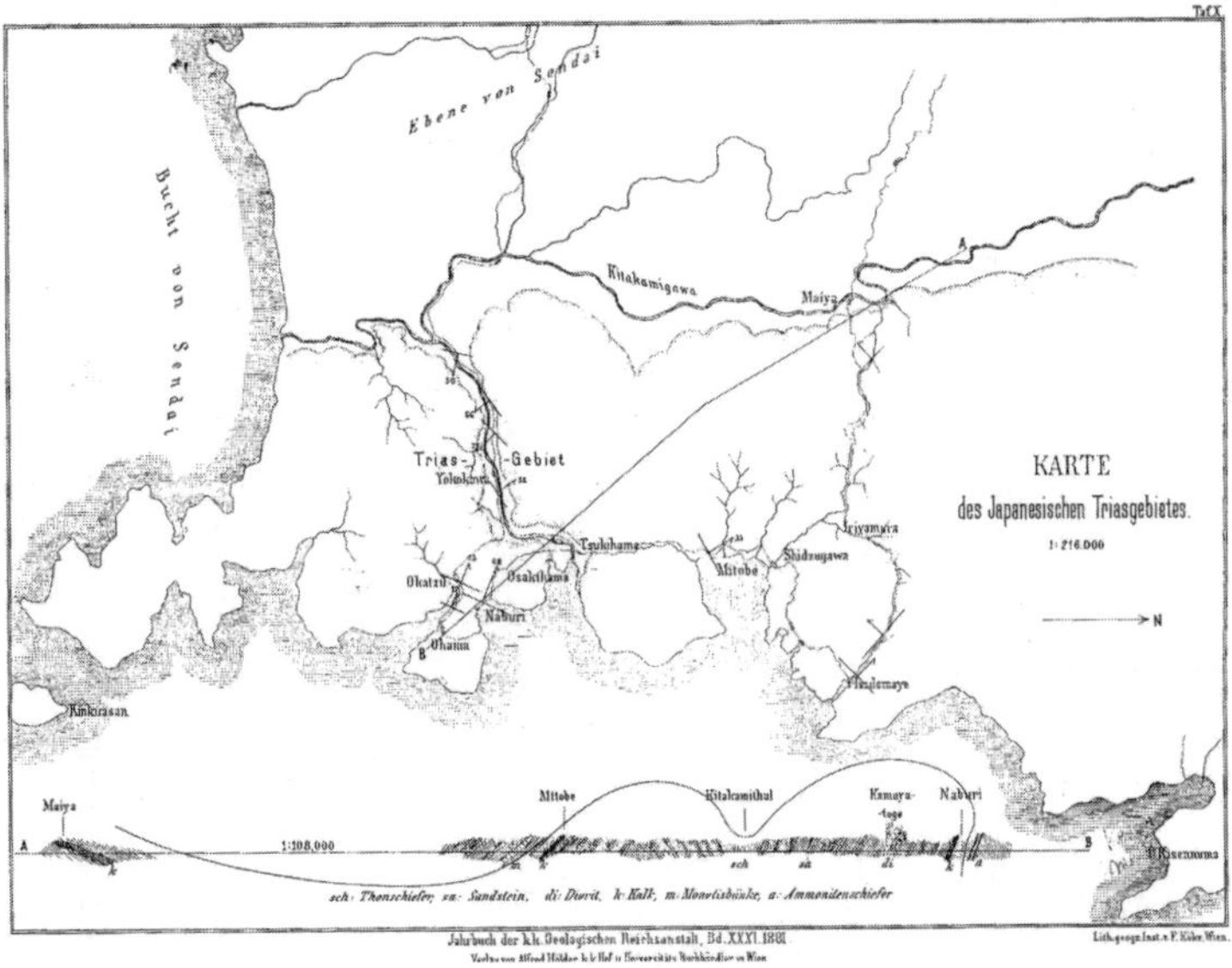


**図6–10**　東北海岸の調査報告に添えられた仙台湾の図（Jahrbuch der kaiserlich könig Geologischen Reichesanstalt Wien, vol.31 より）

ともあれ、地質調査所発足後の最大規模の調査実施が決まった。半年間におよぶ東北日本の地質調査である。ナウマンは一八八五年に出版された主著『日本群島の構造と起源について』で日本列島の「二つの主要な部分を、北日本と南日本という名称で区別したい」と書いているので、本書でもこれから北日本と南日本と書いていく。五月、調査隊一行は船で出発した。宮城、山形、新潟、秋田、岩手と奥羽山脈を何度も横断する北日本調査である。出発すれば急速に政治の場が遠ざかり、やがて初夏の東北海岸が一行を出迎える（図6―10）。自然のなかで過ごすのがいかに幸せか、松島の絶景を見てナウマンは生き返った。

北緯三八度と三九度の間に仙台湾がある。この湾は、緑の冠を戴き絶壁に囲まれた無数の島々——水の迷路——によって、その魅力あふれる美しさが全国に広く知られている。(48)

宮城北部を基点とする広域、そして奥羽山脈を分水嶺とする日本海側の広大な信濃川以北が最初の調査対象である。ナウマンの率いる地質隊は、東京大学を卒業して入所したばかりの富士《ふじ》谷孝雄《たにたかお》（一八六〇ごろ〜一八九三）と山田皓《あきら》、そしてライマンの弟子で、この年地質調査所に就職したばかりの西山正吾と坂市太郎も加わっていた。

地質調査所は実益のある業務を行うべしという、政府上層部の要求にしたがって、ナウマンは長期調査に、必ず応用地質学的調査を行い、それを『地質調査所年報』や『地質要報』等で報告した。北日本調査では、「本邦鉱山ノ弊害及改良法」「青森県下尾太銅山」「本邦産粘板岩並効用」の報告がある。

仙台平野一帯にしばらくとどまったナウマンは、粘板岩（スレート）について雄勝《おかつ》浜（石巻市雄勝）の粘板岩採掘所を実見したところ、製造するものは学校用に支給する石板が多い。石巻の製造所は見ていないのでわからないが、聞くところでは、場所によっては碑碣《ひけつ》（石碑など）のような大型材料を造り、最近は東京で販売されているものが多い(49)と報告している。

このような応用的調査も行いながらナウマンは、名振《なぶり》の漁村にそそりたつ「崖と岩礁を構成している灰色石灰岩と板状石灰岩」(50)のそばを通りかかったとき、そこにエンクリヌスというウミユリのなかまの化石を発見し、さらに北上川の流域、その名も似合う皿貝《さらがい》地域で一枚貝モノチス・サリナリア*Monotis Salinaria*を発見した。彼は恩師チッテルが発見して記載した「ニュージーランドの古生物」が手元にないから断言できない、と断ったうえで同じ種と考えた[51]。モノチスはよく知られる三畳紀の化石だから、日本ではじめて中生代三畳紀の地層を確認したことになる。この論文でもブラウンスのジュラ紀アンモナイトの報告を批判して、三畳紀のアンモナイトであると明言している。数年のち、菊池安が徳島で白亜紀層の三角貝を発見し、日本全土に中生代地層すべてが分布していることがあきらかになる。「北部日本における三畳紀層の産出について」(一八八一)は、この調査旅行中に書かれ、その年内に『ウィーン帝室地質研究所年報』に掲載された。論文の注にナウマンの事情が書かれている。

この報告文の著者は、五月末以来ずっと、日本北部の地形・地質の予察調査に従事している。この地域が大変広大であるために、三畳紀層の分布地域を十分に研究できないのが残念である。また、時間があまりないとか、東京からもってきた文献が十分でないなどのために、詳細な記述もできない。そういうわけで、以下の文に多くの不十分なところがあっても、読者諸氏の好意ある御寛容をお願いしたい。秋田県阿仁銅山(日本)にて。一八八一年一〇月八日　博士E・N[52]

同じ一八八一年にこの論文の抜粋がOAGの報告書に掲載されている。冒頭にコルシェルトが「北部日本を旅している著者の希望でこの論文を著者に代わって投稿する[53]」と書いている。ナウマンの書いた原稿の最後には、一八八一年七月一六日と記してある。
ナウマン一行四人は仙台付近の調査のあと、新潟へ出て、そこを基点に北上した。山形県酒田市へ出て、なんどか論文中に書いた鳥海山に登頂したと見られる。ナウマンは、次に秋田湯沢に向かった。ナウマン本隊は「北上山地の西には、多数の火山を戴く山脈が子午線方向に走っている」と奥羽山脈の西にも足を伸ばした。新雪が積もる単独峰、鳥海山に登ったナウマンは、「富士山頂からの眺めよりさらに魅惑的」な日の出に感銘を受けた。「月山の彼方には雪の多い鋭い峰を戴く大きな山地」のある南方に目をやり「朝日岳はその山列の盟主」(54)のようだと称えている。
こののち、「はじめに」でふれたゼンケンベルク博物学協会での一九〇一年の講演で、この旅をなつかしげに語っているところを見ると、よほど印象が強かったとみえる。

短期間の調査の実施にどうしても必要であった努力がいかなるものであり、いかに大きかったかを皆様にご理解いただくために、一八八〇年［一八八一年の誤り］のある一日の仕事を短く述べてみたいと思う。焼け付くように暑い八月のある日の朝六時、私は助手の西山（正吾）、量程車（図6―8参照）を操作する人夫［荷役］、道案内の三人を連れて田子内《たごない》（現・秋田県雄勝郡東成瀬村田子内）の地を発った。(55)

一九〇九年にナウマンを故国に訪ねた佐川榮次郎は「氏は曽《かつ》て或冬の寒空に庄内鶴岡町の宿屋の屋根上に随行の地形課員を動員し、東の連山の見取図を描かせて、彼等を泣かせた事があつて」(56)と書いている。鶴岡から見た、出羽山地の写生図が描かれたのは調査も追い込みの、冬の寒風が強まるさなかだったろう。佐川が伝えるこの絵は、地質調査所に長く飾られていたらしく、ナウマンが去ったあとに入所した佐川は、「氏の地形に対する真剣さを示した事など思ひ出し(57)」たと書いている。

> 中央山脈（奥羽山脈）を二つの峠で越え、近くあるいは遠くに見えたすべてのものと共に経路を紙に記入し、道傍のすべての岩石や小川の転石を調べ、そして地形を絶えず観察することが必要であった。この日、山脈を越えて歩んだ距離は五四キロメートルにも達し、その行程は平地においてさえ長い行進と呼ぶに値するものであった。そのようにして私は夜遅くなってようやく寂しい山村の下嵐江《おろせ》（現岩手県奥州市胆沢《いさわ》区若柳）に到着したので、住民たちは非常に珍しい来訪者によって眠りから起こされて少なからず驚いた。私の従者たちは荷物を持ってはるか後ろにいた。私が下嵐江に着いたときに非常に空腹であったことは不思議ではないが、しかしその村には食料品が十分豊かに備えられてはいなかった(58)。

ナウマンは昼夜十数時間歩きづめの苦労話を語らずにはいられなかったようだ。一行は湯沢から焼石岳《やけいしだけ》を横断し、胆沢で村人を驚かせたのち北上盆地を北上し、遠野、釜石と太平洋岸に出た。現在「三陸リアス式」とよばれる海岸を宮古に至った。

## 青森調査

ナウマンは「青森県下尾太銅山」の報告を「地質調査所明治十五年報」として明治一六年に発表した。地質調査所の業務報告である。ＯＡＧでも同年一月三一日に「日本の鉱産について」報告している。明治一四年一〇月一四日ナウマンは、地質調査所に課された鉱山等の資源調査のうち、まだ残っていた青森県の鉱山・尾太銅山の調査を白根火山調査のあとに行った。青森の調査はそれまでの調査より大変だった。「私は、年の暮れのぎりぎりまで調査を続けなければならなかったので、しばしば、山径を通過しようとしているとき、初雪が来るのに驚かされた。このような場合、退却するほかなかった」(59)

ナウマンは日本の厳しい冬を否応なく経験することになり、論文のなかで何度か、太平洋側と日本海側の気象の大きな違いにふれている。

> 東京地方が春に入る四月、列島の反対側では、いくらか北方ではあるけれども、農民たちが、半ば雪に埋もれた山中で、まだ熊狩りをしている、といったありさまである。私は何度か、連山の峠を越え《ママ》たとき、早くも雪と霧に閉ざされた光景の中を旅した後、峠の前方には陽光に輝く緑の土地が開けているのを、驚きをもって眺めたことがある。(60)
>
> 北日本の山岳地帯、また西側の海岸地帯においても、積雪の量は大変なものである。降雪（積雪）の量が二〇フィート「約六メートル」を超える村もいくつかある。通常の農家では、家族

全員が一日中囲炉裏のまわりに集まって暮らし、（中略）煙は真上の屋根の孔から出て行くが、時には煙が家中に充満し、ひどく眼を痛ませる。私は、外で冬の嵐が荒れ狂っているとき、このような家の中でいく晩も過ごさなければならなかった経験がある。（中略）冬の間、もちろん、山の人々はほとんど仕事をしない。私は、本州の北部の切明《きりあけ》という村（おそらく青森県の切明温泉）を知っているが、そこの住民は、朝食を済ませると風呂に行く。その風呂には温泉が供給されているのであるが、彼らは一日中そこにいて暖をとる。(61)

この明治一四年には、「一一月中頃、私は東京へ帰った」(62)と書いている。妻と一歳の息子を半年以上も放り出しているのだから大変な努力だが、この結果、完成した地質図が、第一次調査とあわせた「大日本予察地質図「東北部」」（図6-11）である。こうして日本北部はかなり効率よく、調査を終了できた。

ナウマンはドイツに帰ってから、地磁気に関する論文をいくつか書いているが、そのなかで「観測のための助手の指導を一八八一年末と一八八二年始めに行った」(63)とある。雪まで経験してがんばった調査からあわてて東京に帰った明治一四年末には、とんでもない事件が待ち受けていた。

## ミルンの結婚

ナウマンが北海道に渡ったという記録はない。彼が描いたルートマップ（図7-3）にも津軽海峡を渡る破線（海路）もない。だが函館に立ち寄ったのは確実だ。同図には函館と東京を結ぶ長い破

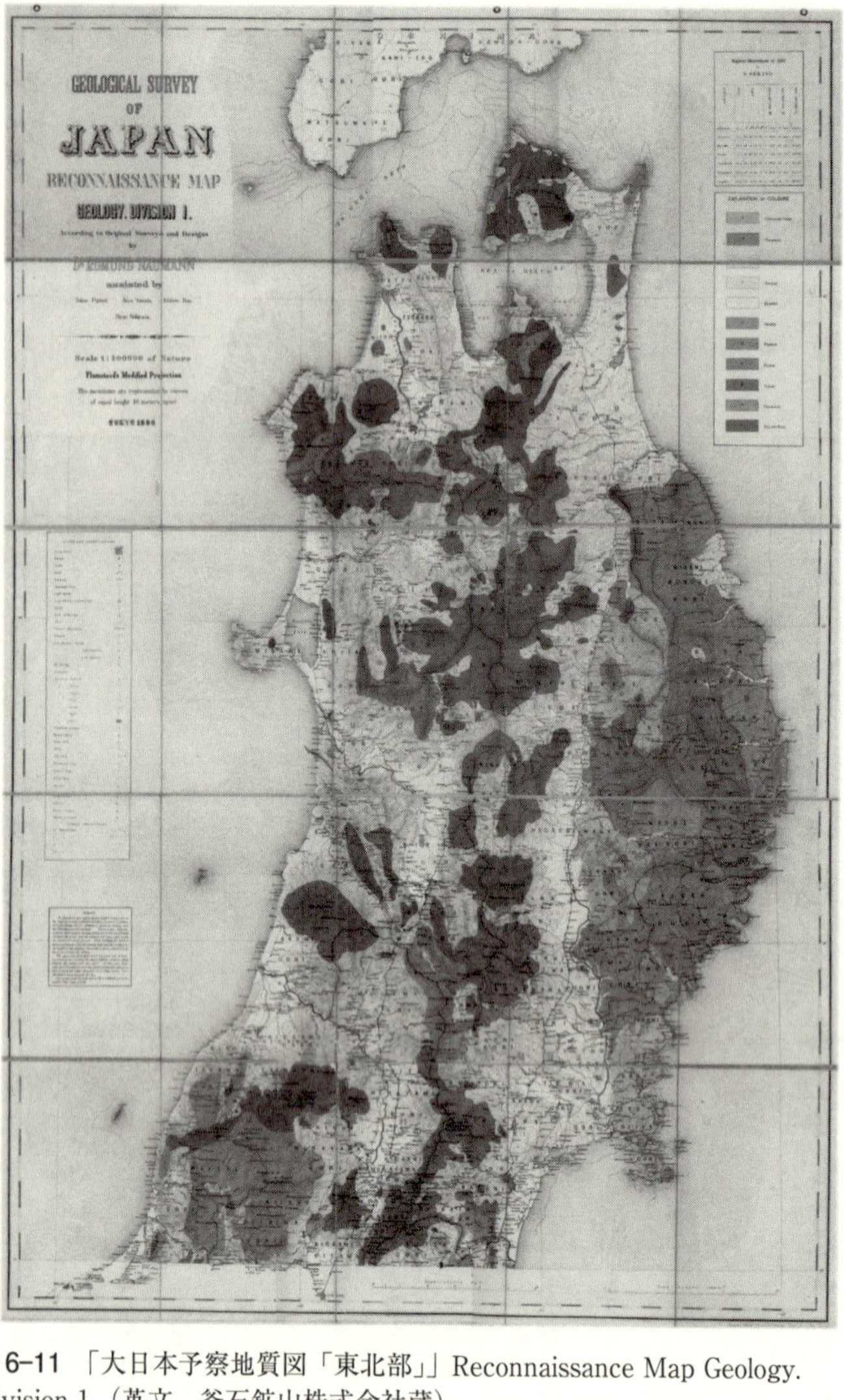


図6-11 「大日本予察地質図「東北部」」Reconnaissance Map Geology. Division 1.（英文、釜石鉱山株式会社蔵）

線が明確に描かれているからだ。北海道にいるブラキストンやミルンに会ったのかもしれない。

しばらくミルンにふれなかったが、彼はナウマンと伊豆大島を調査したのち、北海道開拓使に請われて津軽海峡を渡った。ミルンにはモースやその弟子たちも同行し、函館で貝塚を発見し、カムチャツカ半島の火山を見るために船で旅行をしている。明治一二年からは、ほぼ毎年のように北海道を訪れている。もちろん同国人ブラキストンと親しくなったためもあるが、どうやらミルンは恋に落ちていたようだ。

ブラキストンから紹介された日本人に、当時北海道では知らぬ者のない僧侶がいた。堀川乗経《じょうきょう》（一八二四〜七八）は、函館開港以前に同地に浄土真宗本願寺派の願乗寺（現・本願寺函館別院）を開いた人である。未開地で堀川は、橋や道路造りなど公共事業を指揮し、宗教者の枠を超えて北海道開拓史に名を残している。(64)

妻帯の堀川には利根《とね》という娘がいた。ミルンはイギリス人としては小柄だが、利根はその肩にも届かないきゃしゃな娘で、ミルンを一目惚れさせる女らしさを備えていた。利根は東京の北海道開拓使女学校で学んでおり、英語を話し、宗教者の娘らしく博愛的で芯が強かった。北海道を訪れるたびにミルンは彼女に会い、やがて二人は愛を育んで、ミルンの求婚が受け入れられた。ミルンは結婚の準備などで、函館で利根と過ごしていたに違いなく、彼女は明治一四年に単身上京して、四月、東京霊南坂教会でミルンと挙式した。ミルン夫人となってからは、トネ・ミルンとよばれている。

ナウマン対シュット訴訟事件

若いころからあんなに惚れて、ナウマンの四年の長期の不在も乗り越えて結婚し、長男ライノルトも得て幸福の絶頂だったはずのナウマン夫妻にひびが入った。具体的になにが起きたかはどこにも書かれていないが、妻ゾフィーと問題を起こしたのはナウマンの年上の部下で、地磁気の研究者のシュットであった。

シュット一家についてはエンマの手紙に書きとめられている。シュットはナウマンより一一歳も年長で「とてもしっかりした人柄の、興味ある分別に富んだ人」で、奥さんは、「ドイツ語を話すコンスタンチノープル生まれのギリシャ女性」で、「六歳と四歳の二人の可愛いお嬢ちゃん」と、（一八八一年二月七日の）二週間ほど前に誕生した男の子の五人家族だった。ドイツから来てすぐは赤坂のナウマン邸に居候した。その後、ナウマン邸を出たかどうかは不明だ。

明治一五年一月一〇日ごろ、ドクトル・ナウマンが傷害罪で訴えられ、領事裁判にかけられたというニュースがお雇い外国人のあいだに走った。領事裁判権は、幕府が諸外国から押しつけられた不平等条約の一項で、日本で外国人が罪を犯した場合、裁判権はその国の領事にある。彼に暴行されたという被害者はナウマンの部下、それも評判のよい人物だった。本国の外務省に届いた報告には新聞の切り抜きもついていたが、事務的かつ簡潔なものだ。

妻と関係のあったドイツ人地形学者シュットに対し、ナウマンは鞭と拳銃でシュットを襲い、その結果ナウマンは領事裁判にかけられ、罰金三〇〇マルクを科せられた(65)。ナウマンの妻をめぐるトラブルだ。原告はシュット、被告はナウマンである。裁判はトラブルの原因には立ち入らず、ナウマンの傷害容疑のみを裁くものだった。裁判を最初に報じたのは一月二〇日と二一日付の英字新聞、「ジャパン・ヘラルド」紙だった。翌月の二月四日付で「ジャパン・ウィークリー・メール」に、やっと事件のあらましにふれた論評が載った。

シュット対ナウマン訴訟事件は、ドイツ帝国領事館で最近審理された。われわれ外国人社会の多くの論評の的となっている。そして、多くの人々の同情は、まったく被告側にあったと確信している。ナウマン博士は原告によって、最も耐え難い名誉棄損をこうむった。彼の信用は傷つけられ、名誉は汚され、そして彼の家庭の平和は破壊された。人の生涯にはかけがえなく大切なものがあることを認める以上、報復手段を選ばないでよいと正当化されるような犯罪がある。そのような罪が原告シュットによって犯された。にもかかわらずシュットは自身の非道行為がもたらした事件に法の保護を頼むのを躊躇しなかった。ナウマン博士の目的は明らかに彼［シュット］の面目を失わせることだった。「いかなる肉体的危害をシュットに加えるつもりもなかった」と彼［ナウマン博士］は言った。そして後者［シュット］は通常の鋭い鞭ではなく、重い棒で襲撃されたことを主張し、武器についてナウマン博士の「卑劣な欺瞞」を告訴するのをためらわなかった。だが、ナウマン博士の陳述が正しいことが明白に立証された。これに疑問が残るのは、シュットがナウマンに発砲したとき、本当に「襲撃者を驚かせた」のかということだ。ナウマンが装塡したリボルバーを所持していた事実は、ナウマンに有利にはならなかったが、ナウマンが中傷した人［シュット］を殺そうとするほど、品位には欠けていなかったことを信ずる。この事件の判決は必要以上に厳しく、法は申し訳程度の罰金で十分だったと語られている。だが、同情は悪い判例を作る。科された罰金三〇〇マルクは罰金刑としては非常に些細なものである。刑法典の条文によって決められた、被告人が糾弾された場合の最大罰金の三分の一に満たない。なお上訴は却下された。ドイツの法典では、ナウマンの受けた侮蔑は襲撃者［ナウマン］の出頭によって許されることになっており、ドイツで認可されていることを、ナウマン博士がシュットに迫ろうとしたことは明瞭だった。(66)

論調はナウマンに心から同情し、人間の大切な名誉を守る行為であると認めている。ナウマンは「私の家庭はめちゃくちゃにされた」と法廷で怒りを隠さなかった。一カ月たっても話題は冷めず、二月一七日付の「ジャパン・ガゼット」紙がふたたび報じた。記事はほぼ新聞紙一面にわたるが、新しく加わった事実は、ドイツ帝国領事官の名はツァッペ氏であったことくらいだ。ほかは「オットー・シュットは名声を伴って来日したのに、今度は彼がどのように去っていくであろう」と述べ、ドイツの法律がイギリスの法律と大変異なっていることや三〇〇マルクの科料についてコメントしている。

決闘か

この事件はおよそ以下のように展開しただろう。

当日、地質調査所の官舎でナウマンはシュットを部屋に呼んだ。部屋には鞭があった。ナウマンはシュットの前にピストルを置いて、妻との関係を質《ただ》そうとした。決闘を迫ったのかもしれない。口論となってナウマンは束ねた（乗馬用の）鞭の固い柄の部分でシュットを殴りつけた。危険を感じたシュットはすぐそのピストルをとり、威嚇の一発を撃った。職員たちが羽交い絞めにしたシュットをナウマンは殴りつづけ、職員あるいは官憲に取り押さえられた。ナウマンは、問題が私的なものであり、私的に解決しようとした。西欧では、不倫が明らかになったときには公開の決闘によって相手を辱《はずかし》める権利があるという慣習に従った行動である。外国人が用心のためピストルを隠しもつのはありふれたことだった。ただ、政府の官舎内での発砲だったので、ことが大きくなったといえるだろう。ピストルを発射したのは、シュットであり、そのシュットが、暴行を受けたとして、ナウマンを訴えたのだ。

「ガゼット」紙は、「事件の真の原因については踏み込まない。離婚の手続きが進んでいるとも聞かない。十中八九被害者であろう女性を非難しようとは［記者は］思わない」とゾフィーに同情的である。ゾフィーとシュットの関係の真相は不明だが、それが育つ時間は十分にあった。五月から一一月までという長期、ナウマンは妻子を放り出して東北地方の地質調査をしていた。シュットは一八八一年に伊香保・日光間の地形を測量し、六地点で地磁気の測定をしているが、一八八〇年ほど働いてはいないので東京にいることも多かった。そして、シュットは妻子もちだが、ゾフィーと一つ屋根の下にいたと思われる。

シュットは、満期まで四カ月を残し、判決も出ないうちに、日本を去ったという。農商務省は、裁判報道の前の明治一五年一月一三日付で、シュットの解雇に関して太政大臣に「伺」を出している。

> 当省傭農務局地質課地形係オットー・シュット儀、明治十三年六月一日より二ケ年間傭使契約、当明治十五年五月三十一満期解職すべき旨、既に通知済、然処《しかるところ》、本人就職以来格別の勉励を以《もって》地形測量事業追々進捗、現今傭外国人不在なるも差支無之《これなく》、且将来事業上整頓可致《いたすべき》見込に付、即今帰国旅費に添へ三ケ月分の給料交附の上解約致度《いたしたく》、此段至急御裁可相仰候也[67]

日本政府は裁判について関知しないからふれていない。この文書の趣旨は、せっかく雇用したシュットだが、解雇しても（外国人がいなくても）差支えがなく、将来的に業務を整理していく予定なのだから、満期前だが帰国旅費（本来払う契約）に加え、給与三カ月分を払って解雇したい、という趣旨だ。これは即日裁可された。「地質調査所初期の地磁気観測　百年史の一こま」（一九八五）で佐藤博之は「彼の月給は三六〇円であり、日本政府は一カ月分の俸給節約が出来た。帰国後の彼の消息についてはまったく知られていない[68]」としている。シュットは、ドイツに帰ったのちもさしたる活動もなく、六年後の一八八八年にロンドンで没している。

事件が発覚し、裁判が開廷され、罰金刑という判決に至るあいだも、そしてその後も、ゾフィーはどこにいたのだろうか。ナウマンもゾフィーもお互いに合わす顔などない。こんな騒ぎのあとに、夫ともシュットとも同じ屋根の下に暮らすはずがない。バイホルトの『シューベルト伝』には、やがて日本を去ったゾフィーのその後に関する記述がある。

ゾフィーは二四歳でマイスナー社の石工親方《メイソンマイスター》の息子、測量技師ハインリッヒ・エドムント・ナウマン博士と結婚した。彼は日本の江戸〔東京〕に測量学教授として派遣されたので、夫とともに向かった。結婚は、母親というよりも華やかな社交家だったゾフィーと、病的な嫉妬心の夫のために長くは続かず、ゾフィー・ナウマンは東京で生まれた息子ラインホルトをドイツで育てることとし、よい養父母を見つけるために一緒に去った。彼女はアメリカに渡り、音楽と声楽教師として長く働いた。のちに彼女はピアニストと歌手として称賛された。彼女はクラシックの曲目で大きなコンサートを催す実力があることを証明した。海外で資金を得てドイツに帰り、ベルリンのヴィルマースドルフに大きなペンションを建てた。ヨハンナ・ゾフィー・ナウマンは一九四一年七月一八日に死亡した。(69)

ゾフィーは、当時の慣習にしたがって、シューベルト姓に戻らず、ナウマン姓で通した。長男ラインホルトについて、右の文章には出ていないが、ナウマン家に引き取られ、ナウマンの末の妹マリーが育てた。

ゾフィーの性格が奔放だったらしいことはエンマの手紙の記述からうかがえるが、事件の原因を彼女に帰する証拠はいっさいない。しかし、ナウマンの友人たちは真相を知っていたに違いないし、ナウマンに同情的だった。事件の噂が真っ盛りだった一月二八日の「ジャパン・ウィークリー・メール」紙に「日本のゾウ」と題する記事が掲載されている。

> 三年前に耳にした、かつて日本は、現在の中央アフリカのようにゾウが豊かに棲息する国であったという情報の提供者を、［いま、人びとは］罪を犯して精神が歪んでいると疑っているかもしれない。（中略）地質調査所のエドムント・ナウマン博士の、日本にかつてゾウが存在したという研究は私たちに神話か詩的な想像で戯《たわむ》れているのだと思わせる。だが、これはあの裁判事件と無関係の事実である。（以下略＝ゾウ論文の長い要約）この国の新しい地質調査部門は、実用的成果をあげるよう使命を負い、その最初の古生物学上の子供を生み出している。赤ん坊は強く、健康そうで、他の国の地質調査所の成果と比較しうる。われわれは日本地質調査所を祝福し、同様にナウマン博士を祝福し、彼が研究を続けることを望む。すなわち遠い過去の時間の回廊をたどり、興味深い光景をわれわれに示してくれるようにと。[70]

この無署名のナウマンへの激励記事は論文「先史時代の日本の象について」の内容を紹介しており、さらにこの三年前（一八七九年六月二二日）、ナウマンがＯＡＧ横浜特別例会でドイツのハインリッヒ皇子臨席でのゾウについての講演を知っていることから、ミルンによって書かれたのだろう。

横山又次郎はのち、事件を「御大将のお家騒動[71]」と書いた。佐川榮次郎はライマンと会ったときの報告で、「話は移りて（中略）ナウマン氏対シュット氏の笑話[72]」と記した。佐川は氏の「いたづらは相当なもので[73]」と、ピストルの所持をふくめ、ナウマンを武勇伝風に嗤《わら》っている。

現代ドイツの歴史家ベルント・マルティンは『近代世界における日本とドイツ』（一九九五）で、明治日本とドイツ帝国を比較考察している。著者は評判のよいドイツ人お雇い外国人として、財政の専門家マイエット、皇室典医となったベルツの二人をまず紹介し、その後でナウマンをあげ、彼だけに注釈を加えている。

ナウマンは鉱物学と地質学教師として、年俸三六〇〇円［月三〇〇円］で日本の公使館から招請された。日本では、彼は学生を痛めつけたという悪名ばかりではなく、彼の部下で地形学者のオットー・シュミット《マ　マ》が妻と関係をもったと激怒したという悪評も轟《とどろ》かせた。勤務時間外での派手な喧嘩はドイツの領事裁判によって処置された。そしてナウマンは意図的傷害事件で三〇〇連邦マルクの罰金という判決を下された。事件はあらゆる東アジアの新聞に書きたてられた。にもかかわらず一八八五年六月までナウマンは地理測量の専門家として、日本での仕事を続けた[74]。

現代の歴史家が描くナウマンのイメージは、彼の仕事ぶりや業績を脇に置いて、真実でない人間的エピソードのいくつかによって定着させられつつあるようだ。

# 第七章　地質調査、そして地質調査

一八八二―一八八四

## 地質調査所の正式発足

ゾフィーとの問題も片付いていないだろう明治一五（一八八二）年二月一三日、地質調査所が正式に発足した。(1)「とうに発足していたはず」と読者は戸惑われるかもしれない。明治一二年七月に内務省地理局が地質調査所発足を宣言してから三年たつが、今回は農商務省所轄に移ってからの正式発足である。現在、地質調査所は名称が変わって、国立研究開発法人産業総合研究所地質調査総合センター（英語名はGeological Survey of Japan）というややこしい名前になっているが、このセンターでは一八八二年を創立の年としている。

この年の六月三〇日、東京地学協会は、ナウマンと和田維四郎を例会に招き、地質調査所の目的と業務についての講演を依頼した。題して「日本地形及地質実査」。場所は学習院の一室（現在の神田錦町学士会館付近(2)）で、出席者は東京地学協会副社長の榎本武揚ほか三九名の日本の貴族高官である。東京地学協会は地学という名前がついているが、明治一二年に創立されたとき、地質学者は一人もいなかった。北白川能久《よしひさ》親王を社長として、イギリスの王立地理学会を範に、各国の形状・人種・政体・都府・軍備等の情報を共有するための結社だった。(3)

当日のナウマンの講演は、和田所長の通訳で進行した様子が会誌「東京地学協会報告」に見える。ナウマンの話は、

　余、今日本会に招待せられ諸君の清聴を辱《かたじけの》ふす。実に余が光栄と云ふ可し。余は職を日本政府に奉じ日本の地形地質を研究するを業とす。(4)

に始まり、地質調査の殖産上の意義を述べた。すなわち、維新前の日本の調査事情はまったく「沈滞不動」だった。維新後におおいに機運が盛りあがったが、いまだ日本の経済力は欧米諸国とは比較にならない。これは、日本の土壌や鉱山が貧困なのではなく、これを探求する方法を知らないからで、地形地質土壌などを調査するべきだ。たとえば、日本の鉱山開発事業はとても不完全で非効率だから、日本の全鉱山産出額は金属非金属をあわせても、イギリスの石灰石の純益と同額である。日本での鉄鋼産出もヨーロッパの大型高炉が六〇日間に処理する量にすぎない。

地形・地質の調査のうち、急いで作らなければならない地図は二種類で、縮尺四〇万分の一の全国総覧図と、二〇万分の一の地方図である。明治一三年と一四年の成果として、全国図での進捗状況と、できあがった東北図とを見せ、今後は南日本の調査に移ると宣言した。ナウマンは、日本の

新地図を製作するときに、伊能（忠敬）氏の実測図や、参謀本部海軍地理局の実測図が参考になり、伊能氏の測量した磁針の方向もおおいに参考になったと、日本人をたたえることも忘れなかった。講演内容は、「地質測量意見書」や一八八〇年一月三日のベルリン講演に似たものだった。

講演が終わると、神田三河町三河屋に宴席が設けられた。四一人の参加者全員が記録されている。榎本武揚、鍋島直大《なおひろ》、渡邊洪基など、地学協会の幹部が並んでいる。うち、少しでも地質学の素養のある者は、榎本武揚、荒井郁之助くらいだ。特記すべきは、原田一道少将の名前だ。彼の長男の豊吉は地質学を学ぶべく、わずか一三歳のときからドイツに留学していた。やがて息子は帰朝して、ナウマンと対決することになる。

「地質測量意見書」や『地質調査所百年史』[5]を見ると、地質調査所の初期の測量計画と人員構成（計画）は以下のようにまとめられる。

測量計画

二〇万分の一図による九三枚の分割図

人員構成

所長　和田維四郎

地質掛　地質技師長　エドムント・ナウマン

地質掛員（日本人）一二名

地形掛　地形掛長　オットー・シュット（一五年一月解任）

土性掛　地形掛員（日本人）……六名
　　　土性掛長　ゲオルク・リープシャー（一四年三月解任）
　　　土性掛員（日本人）……六名
分析掛　分析掛長　オスカー・コルシェルト（一七年一〇月解任）
　　　分析掛員（日本人）……六名
製図掛（日本人）六名
技術場使丁（日本人）数名（石工等）
庶務

このポストがすべて埋まれば総勢ほぼ五〇名になる。『地質調査所百年史』(6)によれば、明治一四年の人員数は四四名となっているが、そのうち「雇」すなわち民間から採用する非正規職員が二〇名とあるから、正規職員は二四名で半分埋まった程度だ。明治一五年に三一名に増えたが「雇」の記入はない。ナウマンが辞める明治一八年半ばでも、三六名である。

地形掛のシュットと土性掛のリープシャーは去ったので、地形掛はナウマンが兼任した。土性掛はコルシェルトが兼任していたが、明治一五年に札幌農学校から移ったフェスカに代わり、土性掛は地質調査所というよりも農業調査所の様相を呈していく。

ナウマンが頼みとするのは教え子の巨智部忠承、横山又次郎、中島謙造、山下傳吉《でんきち》ら東京大学卒業生が中心の地質掛員である。小藤文次郎は明治一三年一〇月からドイツに留学していた。続いて東大卒の阿曽沼次郎、大川通久《つうきゅう》、富士谷孝雄、堀田連太郎、山田晧、そしてライマンのもとで働いていた西山正吾、坂市太郎が加わった。

地形計測と磁気計測ではシュットに学んだ神足勝記と関野修蔵がいた。磁力計での伏角と偏角の観測点は北海道から九州までのおよそ二〇〇カ所で、計測結果は等磁力線図としてまとめられ、ナウマンにとってやがてフォッサマグナの成因についての大きな証拠となる。

調査の成果はそれを多色印刷することで完成する。製図の専門家がいないばかりか石版印刷のできる会社は日本にまだなく、ナウマン自身がインクのことまで考える試行錯誤が続いた。(7) 彼のめざす地質図は、ライマンの地質図を超えた国際水準である。製図作業は「雇」の柳沢甚五郎、中村熈《き》静《せい》などの担当だ。

正規所員は多くが東大卒の公務員だが、手が足りないので多少の基礎知識をもつ民間からの「雇」職が必要となる。全部署をあわせ二〇名ほどで、月給一〇円以上が一二名ほどだった。

「所員」「雇」の下には「定夫《じょうふ》」があった。一級から三級までで、職員の出張に随行し、荷物運びから宿の手配などなんでもやる雑用係である。彼らのなかで最高額の受給者は、月給五〇銭の西山惣吉で、同姓の西山正吾がいるので以後は名だけでよぼう。

惣吉は安政二（一八五五）年生まれで、ナウマンの一つ年下、履歴書には「東京府平民」とだけ記されている。(8) 初め東京大学で雇われ、大学の失火事件のときの大活躍が認められ、明治一三年に地質調査所の「定夫」に採用された。一四年には「定夫世話方」に昇進した。

雇、外国教師出張のときは常に之に随ひ行き、同氏［惣吉］に非ざれば殆んど事を弁ぜずと云ふ有様なりしかば、習ふより慣れよの譬へ、見覚聞覚《みおぼえききおぼ》へ其道に通ぜしを以て遂に雇に登用されたり。(9)

「雇」に昇格するのはずっとのちだが、金石取調所時代の第一次フォッサマグナ調査を皮切りに、ナウマンに必ず随行している。出張に伴って「格別勉励候に付為手当金七円五拾銭下賜候事(10)」という記録がある。月給の一五倍の報奨だ。ナウマンの指示だろうか。

### 日本の地磁気の変化をはじめて指摘

ナウマンは明治一五年五月二日に日本地震学会で「日本における地磁気偏角の永年変化に関する覚書」を口頭発表し、それは明治一六年同学会の紀要に英語論文(11)として掲載された。これは日本の地磁気を体系的に記述した最初の論文である。

その前書きでは地磁気偏角の永年変化に関するヨーロッパでの知見を紹介し、続いて日本における地質調査所所員シュットの観測値やイギリス海軍等の海図に記載されている観測値から、一八八〇年ごろの日本列島の地磁気等偏角線図を作成した。またナウマン自身による「大日本予察地質図「東北部」」調査の過程で使用した磁気コンパス測定について述べている。

続いて、伊能図に書き込まれた多数の地磁気測定結果を紹介し、まず、伊能忠敬が地磁気偏角を考慮していないことを指摘した。地磁気偏角（真の北極からのずれ）は年々変化しているが、幸い、

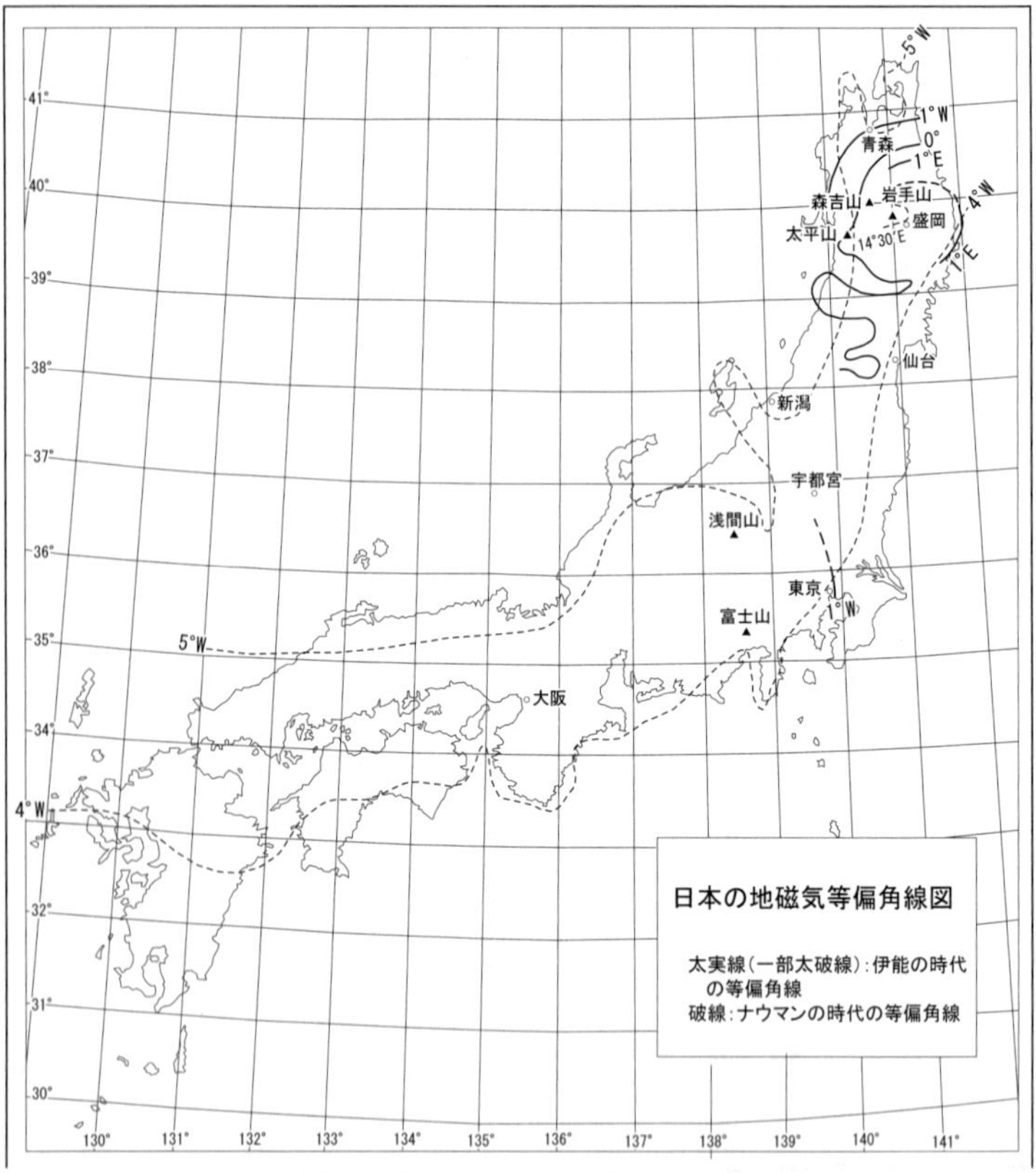


**図7-1**　ナウマンの描いた日本列島の地磁気偏角の分布。図の地名を和訳してある（『GSJ 地質ニュース』vol. 3, no. 11より。https://www.gsj.jp/publications/gcn/gcn3-11.html）

伊能の時代、日本列島の偏角はゼロであったと考えられるので、地図には大きな間違いはもたらされていないとした。さらに伊能図のデータをもとに、一八〇〇年以降の日本各地における地磁気永年変化を明らかにした。またナウマンの報告した時代、佐渡周辺の偏角の分布が不規則であることを指摘した（図7-1）。これはのちに佐渡屈曲としてナウマンの論文[12]に登場する。最後に、磁性岩体による局地的な磁気異常も東北地方の宮守（岩手県遠野市）周辺で観測されたと報告した。

論文には討論の部分も付録としてついている。クニッピングが偏角の不規則性に反対したが、ナウマンは佐渡屈曲に示されるように不規則性が存在することをあくまでも主張している。

## 縦横十文字に踏査せよ

第六章でもふれたように、明治一三年に再来日したとき、ナウマンは日本政府と雇傭四年の契約をした。ナウマンは、四年後の万国地質学会議までに日本の地質図を作成しようと目論んでいた。やらなくてはならない仕事はたいへん多い。

明治一五年、雇傭契約の半分も過ぎて、ナウマンには二つの計画があった。未踏域の残る赤石山系横断と大野村（現・糸魚川市）一帯の調査だ。赤石踏査は横山又次郎、中島謙造、山下傳吉に、諏訪湖から始めて、「区域を縦横十文字に、網のように踏査せよ[13]」と命じた。横山はのちに「師弟の間柄であった関係上」とナウマンに閉口した苦労を述懐している。ナウマンは、大学の教え子を地質調査所で部下にした。ここでも指導者の威厳をずっと意識していたに違いない。

大きなレコード・ブックといふものを渡されて、之に日々野業の際に観察したことを明細に書き入れて、帰京の上は、早速之をナウマン氏に呈出するのであつた。（中略）その検閲が厳しいばかりか、書き様が悪るければ、大目玉を頂戴し、不審の点があれば詰問をされるといふ始末であつたから、余等は常に戦々兢々たる有様であつた。それに、別に日記帳を渡されて、是れには、日々踏査した距離地名等を書き込み、又若し野業を休んだ日があれば、その休んだ理由を明記せよといふのであつたから、実に窮屈至極のものであつた。(14)

横山らは人足（荷役）六人を連れて八月に出発した。上伊那、高遠から甲府をめざし鳳凰山《ほうおうさん》を横断するのだが、山奥をうろつく者など昔から修験者《しゆげんじや》か落人《おちうど》か悪党だけしかいなかった。どの集落でも案内を断られた。横山たちは懸命に説得し、案内を志願した数人の若者は涙で見送られる始末だった。奥地では野宿が続いて山賊と疑われたり、栗を恵んでもらうなどのこともあった。めざす地にたどり着いたときには案内の若者たちも感激して、踏破「証明書」を横山にせがんだという。なおナウマンは人任せにせず「人を恐れることを全く知らない、人のよい雉《きじ》がいて、手で捕まえられた」(15)と語っているので、赤石山系を歩いているはずだ。

## 「身命を顧みざる」活躍

横山らと別にナウマンは、明治一五年一〇月初旬ごろ、大野村へ向かう予定だった。ここはまさに、フォッサマグナ西端と考えられる糸魚川静岡構造線の日本海側出発点なのだ。

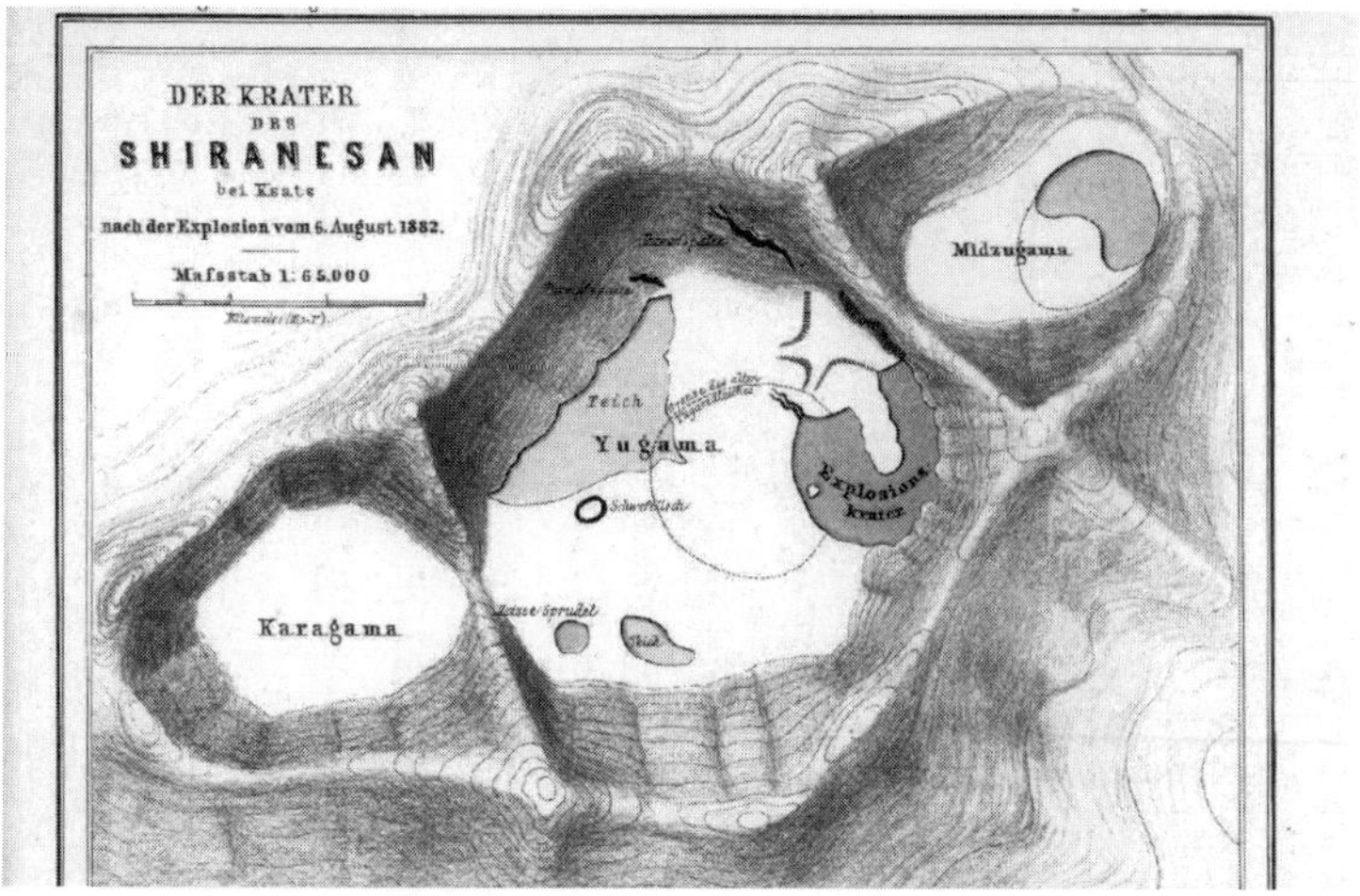


**図7–2**　白根山（Petermann's Mitteilungen ans Justus Perthes' Geographischer Anstalt, Ergänzungsheft vol. 108より）

ところが、横山らが出発した直後の八月六日、草津白根山が噴火した。火山は待ってくれない。ナウマンら本隊は、草津に急行した。「古くから有名な硫黄の温泉で、（中略）それ自体が硫気孔といってもよい」[16]白根の火口は、危険すぎて近づけない。様子をうかがううちに日が過ぎ、ナウマンが山頂に立ったのは活動がおさまりだした九月に入ってから、しかも五日と七日だけだった。巨大なカルデラのなかに三つの小火口「涸釜《からかま》」と「水釜」そしてこんど水蒸気爆発した「湯釜」がある。上昇したマグマが硫酸を含む地下水を膨張爆発させ、有毒ガスを噴き上げている（図7–2）。その成分を調べるためにナウマンは身を挺してサンプル採集を試みた。

「開口部のかなり近くまで行くことができたが、その噴出の方向が突然変わって、高熱の蒸気噴流が私を包みそうになった」[17]。火口の泥水の温度を測り、サンプルを採取したいナウマンは「後ろと上方から応援者のザイルで支えられ(18)」何度か挑戦する。七日には、湯釜で六メートルの高さまで熱湯がはねて危険極まりない。ナウマンの代わりに惣吉が仕事を引き受けた。

当時噴烟猛烈なりしに拘らず、噴口及び熱湯の温度を検測せん為め絶壁を攀《よ》ぢ断崖を渡り辛《かろう》じて実験を為し終り、後更に噴口壁を繞《めぐ》りて対崖に至り前に経過せし所を望みしに、峭壁裂け岩角聳へ今にも破裂墜落せんとする有様なれば、同行の人々は戦慄したり。(19)

荒業である。「同氏の如き豪胆にして事に当り身命を顧みざる如き人(20)」は得がたかった。惣吉のおかげでナウマンはサンプルを得た。翌明治一六年三月七日、ナウマンはOAG東京例会で「白根山の噴火について」を報告した。(21)

無事に東京に戻ったナウマン一行は、この予定外の調査のせいか、新潟の大野村行きは取りやめにした。だがなにかの手違いで、事務方は通達書を九月二九日付で大野村に送ってしまった。それには「今般農商務省より地質調査之為め左之人名派出相成り(22)」とあって、案内や人夫などの便宜を図れと命じている。もちろん大野村は来るものと信じていたが、待てど暮らせど現れない。この通達書の実物は現在、糸魚川市のフォッサマグナミュージアムに展示され、いまもナウマン一行の到着を待っている。

白根山で大活躍した惣吉には悲しい結末がある。ナウマンが日本を去ったのちも、惣吉は在職し、最終的に月給十五円になった。明治二六年五月、会津の吾妻《あづま》山が活動を始めた。翌月、惣吉は地質調査所員の三浦宗次郎に随行して現地に入った。火口付近を調査中、大爆発が起きた。はたして両名死亡の報が届いた。火山弾の直撃を浴びたのだ。新聞が連日報じて惣吉の名も歴史に残った。

奇しくもこの年、ドイツに帰国九年目のナウマンは、この忠実な従者が採取したサンプルの成分表を添えた論文「日本の火山、白根と磐梯の蒸気噴火」(一八九三)を発表している。惣吉の悲報を、ナウマンは耳にしただろうか。

### 第三次フォッサマグナ調査

明治一六年の前半、ナウマンが東京を出た形跡はない。七月からの本格的な、日本南部の長期調査の準備に力を注いでいたのだろう。

ナウマンは、フォッサマグナに関する主要な調査として、前述した第一次調査(明治八年)、第二次調査(明治九年)をあげている。[23] 中部日本については小規模の調査を何度も繰り返しているので、実際には二度だけではなく便宜的にそのように分けたのだろうが、第三次のフォッサマグナ調査ははじめての富士登頂を含んでいた。[24] ナウマンがフォッサマグナとよぶものは、富士山が関係して列島の「引き裂き」が起こり、中央構造線は北方へねじ曲がって諏訪湖に達し、そのあとに土砂の堆積が繰り返され、フォッサマグナは埋まって列島はふたたびつながり、関東平野を含む広大な平野がつくられていったと考えていた。さらに日本列島成立の過程で起きた巨大な変動は富士山に大いに関係しているとナウマンは推測していた。

明治一六年五月二三日、ＯＡＧの東京例会で「長崎の隕石」について講演したあと、七月二二日、ナウマンは第三次調査のために東京を発った。(25)人力車で飛ばして半日、養蚕の盛んな八王子に着く。一泊して二三日、馬で甲州街道を小仏峠、現在の相模湖北部へ向かった。上野原一帯はいま東名高速のインターチェンジがあるが、当時は狭く危険な山道しかなかった。ナウマンの富士登山のメモはまるでビデオカメラで撮影しているようだ。

私は上野原で一台の馬車を雇ったのであるが、それは老いて弱々しい馬にひかれ、眠たげな駁者にあやつられていた。（中略）くたびれた家畜はたびたび深い崖の縁でよろめいた。一方、駁者を眠らせないために、こちらの方が大変疲れてしまった。(26)

富士山好きの彼にしてはずいぶん遅れた富士登山だったが、初来日のおり、静岡沖から壮麗な富士の姿を見て以来、ナウマンの思い入れは強く、南への旅のコースにいつか組み入れようと、大事にとっておいた感がある。

ナウマンは上吉田《かみよしだ》（現・富士吉田市）の御師《おし》の宿（宿坊）で一泊した。二六日早朝八時に、白装束に脚絆《きゃはん》、風よけの着ござをつけて出発し、午後五時にやっと山頂に達した。(27)石室で仮眠のあとまもなく二七日の夜明けとなる。ナウマンは御来光とそれを崇《あが》める登山者たちの行動を述べる。

ほぼ完全な満月が天頂高く輝いている。（中略）地平線のあたりでは暗い藍紫色の帯が少しずつ弱まって行く。その上には、近づいてくる一日の（中略）最初の柔らかな朝焼が燃え［ている。］（中略）日の出の方向に相対している（中略）道では、登拝者の群れがご《マ》ざ着《マ》にくるまりながら厚い砂礫《されき》やむき出しの溶岩の上で待つ。そこで白と藍色の衣服をまとい、太陽と風によって日焼けした力強い顔を見せて、岩小屋の色とりどりの楽しくひるがえる旗の下に、噴火口縁の色彩豊かな荒地の上に休んで［たたずんで］いる姿は、絵のように美しい。今、東からの眩しい光線が登拝者たちの不動の姿に命をよび込む。太陽は高く上がる。すべての者が［立ち上がり］祈りを捧げるために頭を垂れる。各人が掌《てのひら》を合せ、そして敬虔な登拝者たちの低く恭《うやうや》しい囁きが溶け合って低く鳴り響く調べとなり、その調べを風が朝日の方向に運び去っていく。(28)

## 紀伊半島から中国地方へ

富士登頂のあと、ナウマンは続けて日本南西部の長期調査旅行に打って出る。これまでの長期調査には半年間という東北調査があったが、今回はそれより長い計画を立てていた（図7-3）。ナウマンが本国に送った「日本帝国地質調査所と現在までの業績」(29)（一八八四）には、創設されたこの機関の仕事を誇らしげに報告するなかに、万国地質学会議を意識した、調査コースを予告する一節がある。

調査の今後についていうと、予備調査を最南端にまで広げるために、近日中に西部へ出かけることにしている。私はまず、以前の調査地域をもう一度通過するであろう。すなわち、そのコースは富士山を越え、多分ピ川［原文 Pigawa、訳した山下は富士川の誤植か誤記と考えている］と天竜川の間の山地を越え、天竜川を下り、五畿内［紀伊］半島を通り、四国を通過し、九州を通ることになるであろう。山陰道と山陽道とは、少なくともその一部はかつて旅行したことがあるが、その地形・地質の調査を地質助手の坂氏に担当させることにしている。したがって、［日本南西部の］予備調査は一八八三年のうちには間違いなく完了するであろう。いずれにしても、一八八四年の中頃までには、小縮尺［八〇万分の一～一〇〇万分の一程度］で全国の地質概観図を完成できるよう希望している。私は、このような概観図を、ベルリンにおいて開催される次の万国地質学会議のために準備するつもりである。(30)

この長期調査計画にも、地質調査所に委託された調査が含まれている。まず四国に渡るまでの本州での任務は堺市の井戸調査(31)があった。ナウマンの記録によれば、富士登頂は七月二六日で、その後一行は甲府盆地へ降り、八ケ岳連峰の蓼科山に登った。列島の中心部だ。それから諏訪湖へ向かい、天竜の流れに乗って、浜松へと下った。浜松へ出たナウマン一行は、東海道を西に進む。東大生を引率した「明十羈旅」では名古屋―静岡間に四日しかかけられなかった。今回は二〇日くらいかかっただろうから、名古屋に着いたのは早くとも八月半ばすぎだったと思われる。

名古屋港から小船で伊勢湾を渡り、ナウマンらは三重松坂に上陸した。(32) 一行は結晶片岩の層が明らかに見て取れる山塊に沿って西の山中へ進んだ。四国山地と完全に直線で結ばれる断層（中央構

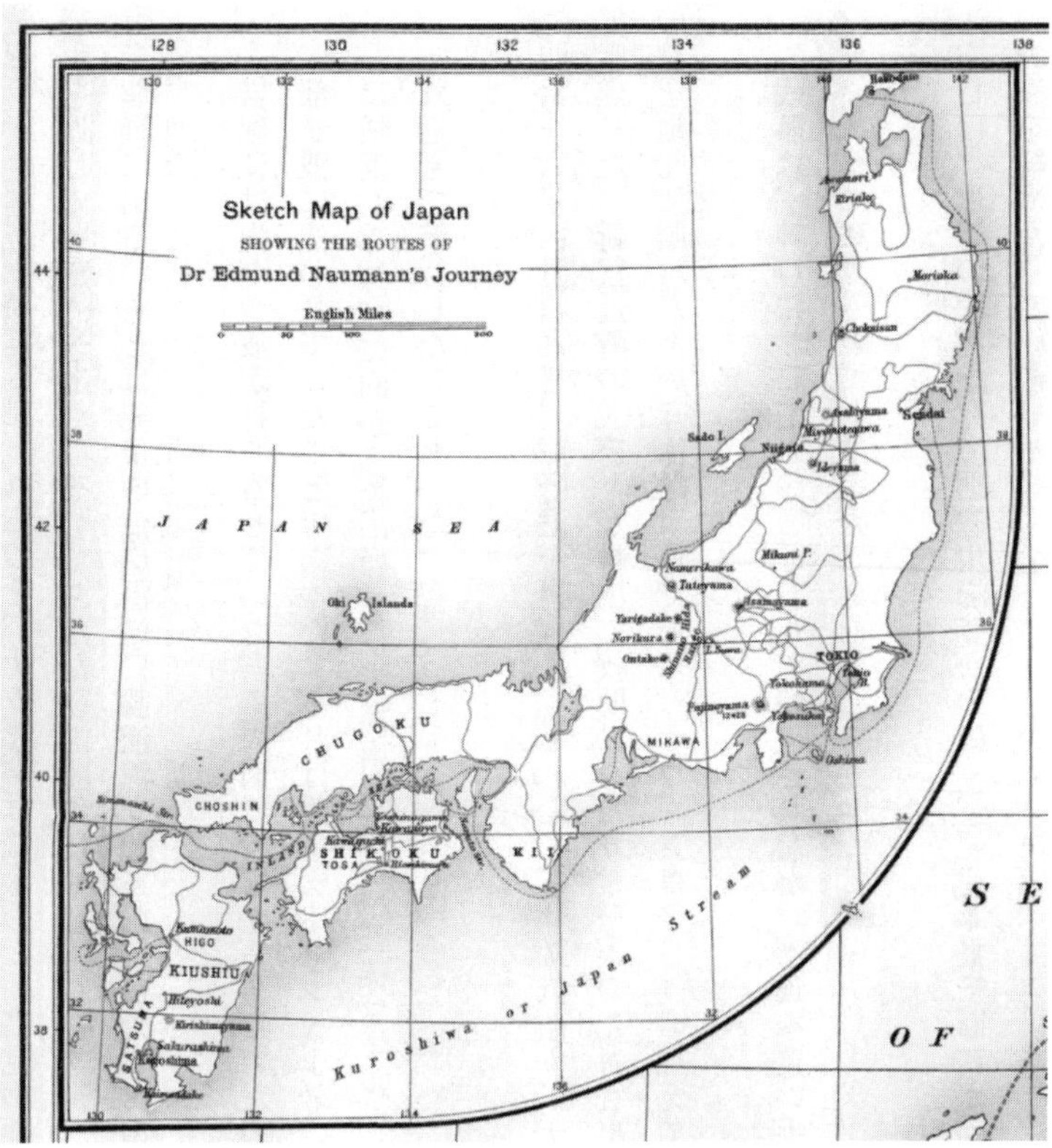


**図7–3**　日本調査旅行の行程図。ナウマン自身が白地図に行程を線描きした（原画は赤線）。北は青森、切明から、南は鹿児島、開聞岳まで調査地が記されている。（Proceedings of the Royal Geographical Society, vol. 9, no. 2より）

造線）が、紀伊半島にも見られるのを、ナウマンは確かめた。高見山地の先まで確認したのち、きびすを返して尾鷲《おわせ》湾へ出た。そしてふたたび内陸に反転し、釈迦ヶ岳あたりで南下して、再度、東海岸熊野に出る。あとは紀伊の海岸沿いに勝浦湾をめざしてひたすら南下する。

岩礁には泡だつ波が打ち寄せていた。その湾で少なからず驚いたのは、一隻の大きな汽船の前部が波に洗われていたことであった。それはカ《マ》ーナボンシャ《マ》ー号の残骸であった。それは暗夜に横浜から神戸に向かう途中、紀伊半島南端より一五英マイル［約二四キロメートル］北へ寄り過ぎて航行したのであった[33]。

明治一六年四月一九日、熊野灘を過ぎようとしたイギリス汽船カーナボンセーア号が針路を誤って座礁した[34]。新宮近隣の人びとが総出で救助にあたり、一人の死者も出さず、イギリス政府が感謝の品を地元に贈ったという海難事件である。ナウマンは後日談も加えている。

残骸は、神戸において六〇〇〇ドルで競売されたが、不運な買い手は、競売の三日前に、それが大波で破壊されてしまったことを知らなかった[35]。

一行は、那智の大滝を見て那智川をさかのぼり、紀伊半島横断にかかった。紀伊半島の第三紀層の調査を続けた。

紀伊の南部にも第三紀層が分布している。ここでは、第三紀層が全く欠如している地域と、それが存在する南部地域との境界は、きわめて明白に［地］表面の形に示されている。たとえば本宮《ほんぐう》の地域には低い丘陵地があって、東方へ広がっている。しかし、本宮を出て音無川《おとなしがわ》をさかのぼって行くと、急に山の形が変わってしまう(36)。

十津川《とつかわ》を北へ、五條を経由して大阪・堺に着いたのは九月一二日だった。ナウマンは「堺市街井水改良考按(37)」を報告している。この調査は「品川［弥二郎］大輔閣下ノ命」だった。堺の井戸水に明治一三年以来、塩味がして酒造りにも支障をきたしていた。ナウマンは井戸水に海水が混じったためと考え、井戸を調査しようとしたが、井戸にはみな底から瓦石を敷き積み上げてあってその内部に入れず、井戸の近くの地質調査をしたが、海水の混入は見られなかったと報告した。大阪では、大阪造幣局に勤務していた、ナウマンの親友ガウランドにも会って、情報を仕入れたと思われる。ガウランドのことは次項に述べる。

堺の調査のあと、どこへ向かったか。ルートマップ(38)には神戸から姫路へ向かい、そこから日本海側へ中国山地を横断し、兵庫県豊岡に着き、日本海沿いに鳥取、倉吉とたどって、大山《だいせん》に登ったことが示されている。

この地域における最も著しい形成物に属するのは、日本海側にあって火山を有する鍋状陥没地《カルデラ》である。その最大かつ最も整然としているのは、松江半島の両側にある二つである。そのうち大山鍋状地は、かなり前に私はこれを自分で調べたことがある。[39]［傍点筆者］

ナウマンが出雲を訪れているのは確かなのだが、では「かなり前」とはいつか？　一八七八年に出版された論文「日本における地震と火山噴火について」では、「トヤオカと松江の間では、さまざまな火山性岩層が分布し、また海岸地域では規則正しく重なった厚い層をなしている」「中国［地

図7–4　ナウマンと富士谷孝雄（フォッサマグナミュージアム蔵）

方」の南部には温泉は欠けているが、北部には海岸に沿って温泉列が走っている」[40]という記載が見られる。この調査のことだろうか。いまのところ、太政類典等に、ナウマンの山陽・山陰旅行の記録は見つかっていない。

もう一つ不明なナウマンの旅行がある。ナウマンは弟子の富士谷孝雄と写真（図7－4）を撮っているが、この写真は京都の写真館で撮られている。弟子と一緒のナウマンの写真はこれしかないし、いつ撮られたのかもわからない。明治一〇年にナウマンは東京大学の学生と旅行に出て京都を通っているが、その「明十羇旅」の報告には、富士谷は登場していない。富士谷は、東京大学理学部地質学科を明治一四年に卒業した三回目の卒業生で、大学卒業後、地質調査所でナウマンのもとで働き、明治一五年八月一日から一八年五月まで東京大学助教授を務めた。ナウマンが東大教授在任のあいだ、明治一一年あるいは明治一二年に、京都へ来た可能性が高い。その後、山陽・山陰へ足を延ばしたのかもしれない。

## 四国の地質を制する者は日本を制す

瀬戸内海を渡って、愛媛今治にナウマンが上陸したのは九月末近くだ。佐川榮次郎は、ナウマンの四国への強い関心を記している。

関東山地は東京に近いから、氏の最も精《くわ》しく歩いた処なるが、其の構造の乱雑せるに苦《くるし》み、尚簡単なる四国につきて研究するの利益を説いた。従つて氏は再三四国を見舞つた。[41]

じつは、日本列島全体の地質構造を考えるには四国の調査をもとにするのが一番よいともいえる。四国にはほとんど火山がないので、古い地層が火山やその噴出物で覆われてはいない。また多くの地層が東西方向に走るので、四国を南北に横断すれば、次から次へと異なっていき、多くの地層の重なりをすばやく調査することができる。四国を制する地質学者は日本全国を制することができると言えるかもしれない。ナウマンだけではない。ナウマンのあとも、小林貞一《ていいち》（一九〇一～九六）の佐川《さかわ》造山運動論提唱（一九四一）をはじめ、多くの地質学者が四国を訪れている。

ナウマン一行は、今治から西条そして国領川をさかのぼり、別子《べっし》銅山に向かった。砂金調査が地質調査所に課せられていたのだ。銅山川に沿って吉野川と合流する川口に到着し、その近傍の山中、山城谷（現・徳島県三好市山城町）の銅山川の砂金産出地点に着いたのが一〇月一日だ(42)（図7－5）。確かな日付とともに彼は書く。

余が此砂金調査を施さんとする注意を喚起したるは、嘗《かつ》て大坂に在るに当り該地所産砂金標本の若干種を概覧せしに原《もと》けり。（中略）余の親友なる在坂ガウラント《ママ》氏の通信に拠れば化学的の検覈《けんかく》を施したる(43)（後略）。

ガウランドの検査結果は良好であった。イギリス人ウィリアム・ガウランドWilliam Gowland（一八四二～一九二二）は大阪造幣局に勤め、日本全国の古墳の研究を行って写真で記録した。滞在

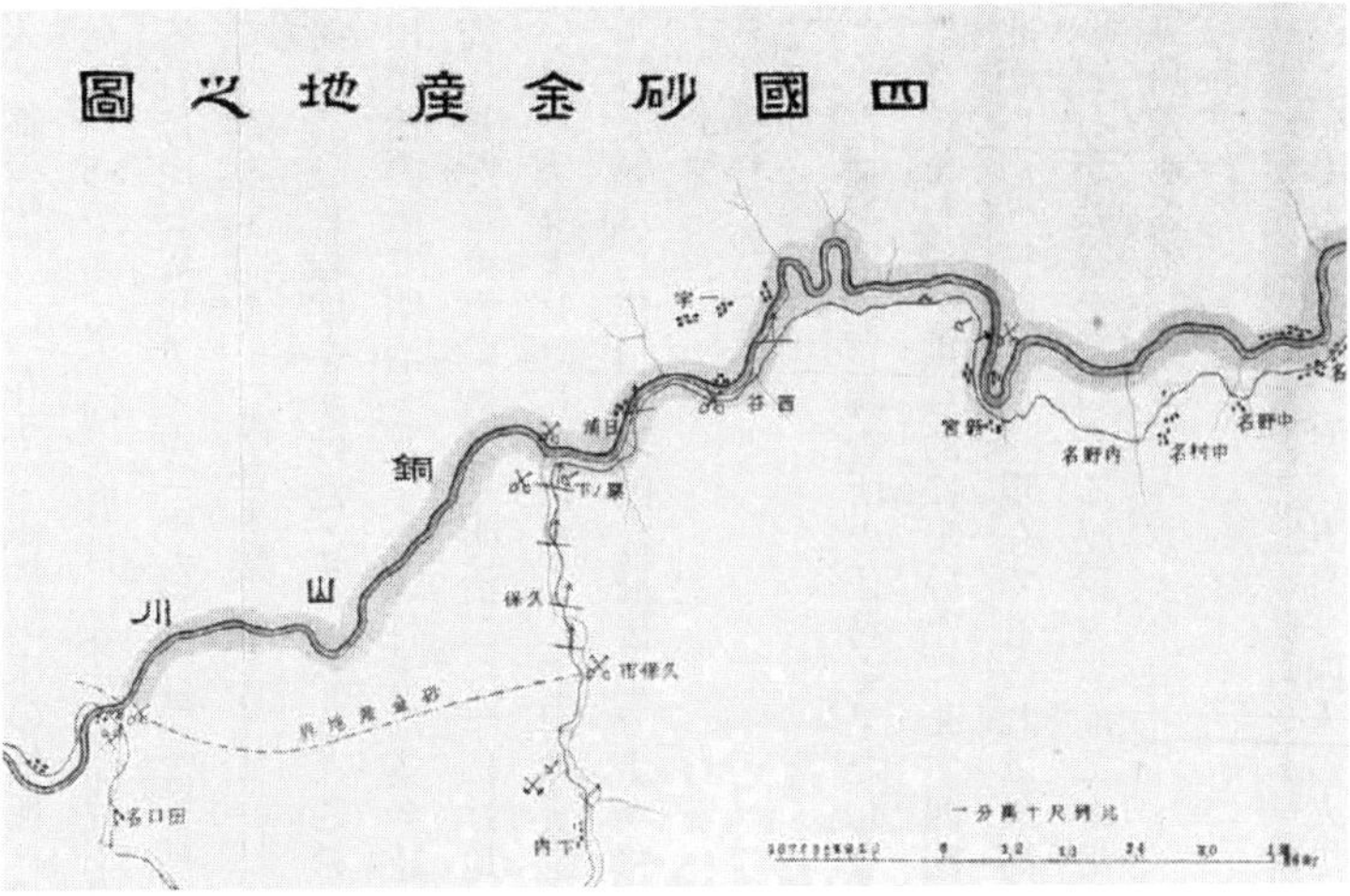


**図7-5**　「四国砂金産地之図」部分（『地質要報』明治20年第1号より。https://gbank.gsj.jp/rarebook/Work011/pdf/yoho/244_map.pdf）

一七年、彼が蒐集した膨大な標本が大英博物館に残っていることが近年知られ、二〇一四年九月と二〇一八年一〇～一二月には明治大学博物館で企画展が開催された。モースよりも「日本考古学の父」にふさわしいかもしれない。また日本アルプスの名を広めたウォルター・ウェストンはよく知られているが、もともとの名付け親はガウランドで、ナウマンにとっては登山の先輩だ。彼らが実際に出会った日付は特定できないが、ガウランドは幾度か上京していて、ナウマンが「親友」とよんでいるからには一度や二度の接触ではなかっただろう。

　愛媛の新宮（現・四国中央市）でナウマンは、同行した西山正吾に、川底に沈殿する砂金の分布領域を調査するよう命じ、自身は「和田氏の嘱托に応じ」「岡山県美作国《みまさかのくに》山久世《やまくせ》［現・岡山県真庭市］並に吉《きち》ケ原《はら》［現・岡山県久米郡美咲町」に存する磁鉄鉱床の検覈［検考］に従事(44)」した。これも地質調査所の任務、資源開発の一つである。同一五日に今治・西条方面に戻り、別子から西条に分布する土壌改良に有効な安質母尼《アンチモニー》（硫化アンモニウム）の鉱床探査を行った。そして二〇日には戻って西山から砂金についての報告を聞き、「調書事業も十月廿三日を以て竣功したり(45)」。四国のこの山岳地帯の調査にナウマンは二〇日程度をかけたことになる。この調査の最初の報告は、当時地質調査所の鉱山士だった原田鎮治《ちんじ》の訳で明治一八年の『日本鉱業会誌』第四号に出ており、ナウマンがその後の調査を原田に委任したと書いてある。明治二〇年には地質調査所からも報告が出た(46)。砂金といいアンチモニーといい、ナウマンはじつに熱心に応用地質学面の調査を行い、みずから地質調査所の重要性をアピールしていた。佐川榮次郎も最後までナウマンを「終生応用地質家」とよんだ(47)。

## 高知領石での出会い

ナウマンは地質調査所の任務を果たしながら、日本の地質図作成にとって興味ある場所——中央構造線まわりを重点的に歩いた。まず四国山地つまり中央構造線そのものを、吉野川支流に沿って北から南へ横断する。現在でもこれは最高の観光コースで、このとき紅葉には早かったろうが、古い岩石が峡谷を形づくる絶景大歩危《おおぼけ》と小歩危《こぼけ》をめぐる旅である。素晴らしい景観地は素晴らしい地質調査地点でもある。

一八八三年一〇月二五日、四人の人足が、私を吉野川沿いの河口から高知へ運んでくれた。私はこの強行軍で参ってしまったので、休養をとるために高知へ急がなければならなかった。古生層地帯を踏破した後――この横断ルートでは高い峠がなかった――天行寺村《てんぎょうじ》〔現・高知県南国市〕で石灰岩に出会《ママ》った。この岩層の南方数百メートルに地層の境界がある。その次に頁岩と砂岩が続き、次いで大きな礫岩塊となる。道はついに谷へと下り、領石〔現・高知県南国市〕を通り、低い丘の間を通って平野へと出る。この村を通り過ぎたとき、突然二人の男が私の椅子駕籠〔輦台《れんだい》〕の後を追って来るのに気がついた。椅子駕籠を止めさせると、それは領石村の住民で、大塚と手島という名の二人の医師であった。[48]

追ってきた二人の男はドイツ人が村に来たと聞いて駆けつけたという。ドイツ語を話す若者は、ナウマンとほぼ同年代で大塚仰軒と名乗り、なんと東京大学医学部が、前身の「大学東校」とよばれていたときの中退生だった。手島はずっと年配の五〇代の医師だった。

彼らは、この地域にかなり広く存在する石炭について鑑定を希望した。私はそれを引き受けることを約束したが、この日はそのまま旅を続けた。この事件は、地質的に高度に興味深い領石周辺に、私の注意を向けさせる最初のきっかけとなった。そして、私は一連の重要な化石産地を深く知ることになった。[49]

大塚仰軒と手島医師は、ナウマンを大歓迎した。明治一八年に領石をふたたび訪れたときの思い出を語っている。

私たちは、何年か前の、私が領石村に初めてきたとき〔明治一六年〕の思い出を語り合った。そのときは丁度村祭であって、人々は戸外で酒を酌み交し、陽気なさわぎはみな白日の光の下で行なわれていた。可愛らしくお化粧をした村の娘たちが、陽気な若い衆たちの冗談に笑いこけ、小さな村の社の前の大きな楡《にれ》の木蔭にしつらえられた舞台の上では、仮面をつけた道化役者たちが踊っていた。(50)


彼らの存在は、ナウマンにとってはありがたいことこのうえない。ドイツ語が通じるうえ、四国調査は領石を基点にするのが理想的だからだ。大塚は、ナウマンが従者に（おそらく野外で組み立てる）椅子を担がせていたこと、生まれてはじめてビールを飲んだことを書き残している。(51)彼らへの土産にナウマンは横浜ビールを運んだのだろうか。

仰軒の従曾孫にあたる大塚敬節の書いた『漢方ひとすじ』（一九七六）によれば、大塚一族の祖は土佐藩主の山内一豊の家臣、北村という武家で、屋敷は山内公が参勤交代の際に休息所に用いていた。北村家は養子を大塚家からとったが、姓は大塚のまま変えなかった。そこに仰軒が生まれた。彼は、大学東校に在籍中、領石で石炭が出たと聞き「医者みたいな馬鹿らしいことはやっておれぬ。石炭を掘って石炭王になろう」(52)と、中途退学したという。

大塚と手島から石炭調査を依頼されたナウマンは、その場で快諾しても、成否には疑問をもって

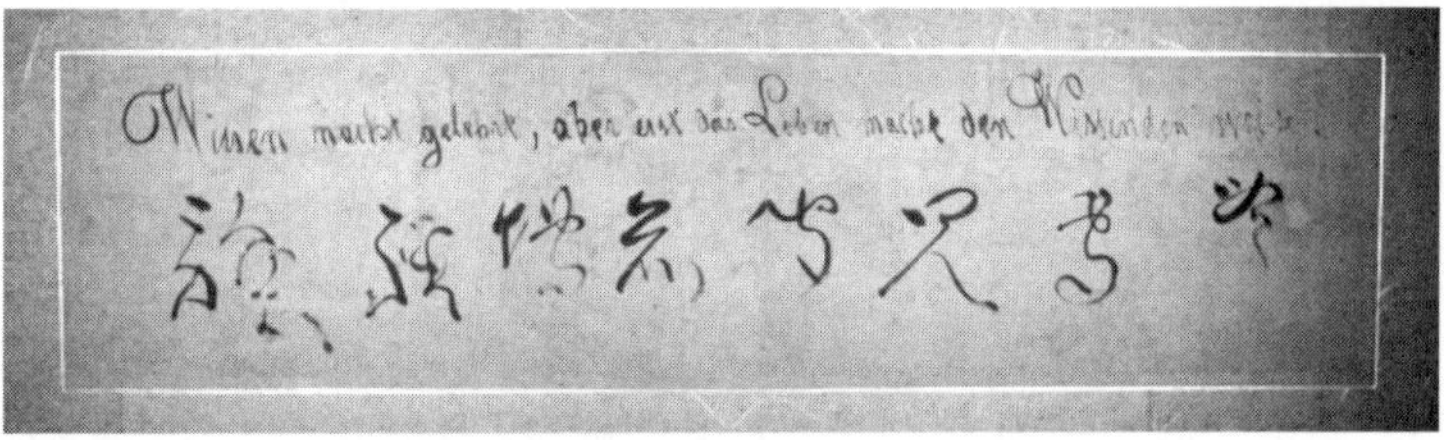

**図7–6**　ナウマンの書（大塚修琴堂医院蔵）

いたのではないか。四国の石炭は粗悪な泥炭で、埋蔵量も期待できないからだ。『地質調査所明治十七年報』の「本邦所産煤炭及鉄」でナウマンは「土佐国領石村に埋没する所の煤炭に就ては、主者［所有する者］嘗て一宝庫を開鑰《かいやく》［開錠］するの熱望を以て及《すなわ》ち急峻にして且広大なる斜抗等を穿《うが》てるも、惜《おし》いかな、宿志悉《ことごと》く画餅に属せり。然《しか》れば其消費せし資金も巨額を要せしならん(53)」と書いている。大塚は、のち炭鉱掘削を試みて大損し、巨額の借金と四歳の子を残して各地を放浪し、金山開発のためふたたび借金を作って没したという。

そんな未来を知らない大塚は、ナウマンと意気投合したらしい。ナウマンは求められて揮毫《きごう》している。大塚敬節が東京に開業した医院には、現在でも横一五〇センチ×縦四〇センチの扁額《へんがく》に、あまりうまくない墨蹟がある。ナウマンが、佐川榮次郎に「いたづらをした(54)」と笑ったもので、アート書道風の文字の上部に、ドイツ語の注釈を書いている。訳を「学は見聞を専らにし　命は経験を博《ひろ》す(55)」と記している。知識は経験の積み重ねからなり、その心がさらに実践を広げる、といった意味だろうか（**図7–6**）。

ナウマンは領石を去り、高知城を仰ぎ見ながら市内を通過した。おそらく大塚に紹介され、その夜は佐川村（現・高知県高岡郡佐川町）で、外山橋《とやまたかし》という若い男が営む旅籠《はたご》に宿泊した。外山も外国人にオープンだったらしい。四国でナウマンが、とりわけ領石と佐川に惹かれたのは、前者が四国平野の東端、後者が西端にあって、苦労して山地に分け入らなくても観察が容易という地理的理由だけではなかったろう。一八八六（明治一九）年、鷗外と論争を行ったドイツの新聞にナウマンは「私をこの島［四国］にひきつけたのは主として学門的な関心であったが、その他にも、私が以前の旅行のさいにここで特に親切な待遇をうけた思い出も、この土地が私にある種の魅惑をふるうようすがであった[56]」と書いている。

このときはやらねばならない大仕事が控えていて、あわただしく外山と別れ、須崎、窪川（現・高知県高岡郡四万十町）と西土佐の四万十川を渡って二日後、宇和島に入った。一夜明けると彼らは宇和島の港から、小船を借りて九州に向かっただろうと筆者は考えている。ナウマンの描き漏らしだろうが、ルートマップ（図7－3）では宇和島から先は、松山へ向かっている。

半年の雇傭延長

明治一七年に開催予定だった万国地質学会議が、インド地域でのコレラ蔓延のため、開催が一年延期された。地質図完成まで一年の余裕ができた。ナウマンは現職での雇傭継続を考えた。明治一六年一一月一三日付で、農商務卿西郷従道《つぐみち》が太政大臣三条実美にあてた伺書が残っている。

当省傭独乙人ドクトル、エドモンド、ナウマン義は予《かね》て地質調査事業委托致置き候者に有之《これあり》候処、来る十七年六月十五日傭期満期に付《つき》、約条書面に因り本年十二月十五日以前に傭継の有無同人へ通報可致筈に有之候。然る処当省地質調査所員之義、追々事業に熟達致候に付、最早地質調査担任の外国人傭使無之候も事業上に於て差支は無之見込に候へ共、同人着手中の事業未だ結了に至らざるもの有之。就ては事業中途にして解傭し結了せしめざるは遺憾の至に存候間、猶向ふ六ケ月と十五日間即ち十七年六月十六日より十二月三十一日迄傭継ぎ同人着手中の事業完結せしめ候様致度存候。前文期日も相迫り居候に付至急御指揮有之度此段仰御裁可候也。[57]

もはや外国人の援助がなくても地質調査は可能という農商務省の国策（建前）も見えているが、一一月二〇日には各参議の了解を得て、ナウマンには一七年一二月三一日までの傭継が伝えられた。

## 九州での石炭調査

九州の地質だけをまとめたナウマンの論文はない。南日本の調査成果はすべて、ドイツ帰国後に書かれた論文や講演に分散して発表している。特に一八八五年に出版された、ナウマンの主著『日本群島の構造と起源について』に記述が多い。ナウマンの一八八七年の論文についているルートマップ[58]（図7－3参照）には、九州で歩いた跡が記されているが、どのルートをたどって九州に入ったかは描かれていない。しかし、「四国と九州の間で大洋と内海がつながるところから西に入り込んだ内湾の中の別府で、東方から上陸することにする[59]」とも書かれているので、四国の宇和島から九州の別府に渡り、そこから九州の調査が始まったと思われる。

地質調査所としての九州での任務は、鹿児島の飛砂《ひさ》被害調査と石炭調査である。ナウマンの明治一六年の報告書に「余は本年の初め九州地質予察調査の際、鹿児島県令閣下の嘱托を領し[60]」とあるので、渡辺千秋県令（県知事）に迎えられ、現・南さつま市の加世田《かせだ》村の吹上浜を視察した。東シナ海に面する日本一長い砂丘のある浜辺は、その名のとおり、海岸から吹き上げられる飛砂が田畑に甚大な被害を及ぼしていた。帰京後に送られたナウマンの「改良按［案］」には、砂の流れを食い止めるため粗朶《そだ》の垣根を作り、イネ科植物を植えるよう丁寧に書かれている。報告書には、東京大学植物学教室教授矢田部（良吉）、横須賀製鉄所医師サバチャー（ポール・サバティエ Paul Amédée Ludovic Savatier 一八三〇〜九一）、オランダ人技術者マクター（勤務先等不明）に学んだと記している。ナウマンが農林業や治水にどれほどの知識があったか不明だが、無思慮な森林伐採が国土を荒廃させていると警告している。かつて日本は自然が豊かだったというのは現代人の思い込みで、当時は煮炊きや暖をとるために、森林を無秩序に伐採していた。

石炭の調査にはかなり力を入れている。ドイツに帰国してほどない一八八六年四月、ベルリンでの講演中にナウマンは、建築材料として鉄は重要なので、鉄と石炭は詳細に調査して一八八三年に日本政府に報告したと述べている。石炭の報告書でめだつのは、ナウマンは現地で実際に見たことのほかに、「在高嶋ブラオン氏より聞知したり」とか「ライマン氏測定の断面は」とか「ポッター氏の編述せる[61]」などと既知の報告を積極的に紹介していることだ。

石炭に関してはライマンの知見を多く引用して信頼に足ると認めているようだが、鉄鉱の部では厳しく批判している。ライマンが出雲や備後で、「砂鉄から製鉄するのは世界で日本だけになったが、新しく機械の購入など特別に資金をかけるより、これに改良を加えていけばよい」という一節

をとりあげ、

水力法（ハイドロリックメソット）が従来カリホルニヤの如き鉱場に如何なる大災害を及ぼせしか、是れ宜《よ》く注意す可き所なり。然るにライマン氏は偏《ひとえ》に此方法を慫慂《しょうよう》せり。果して然らば近傍の豊饒《ほうじょう》なる田土に損害を加ふる大なるべきは疑を容れず。故に予は此鉄層採掘の業を大にせんと云ふ同氏の説には、同意を表する能《あた》はず。(62)

として、高圧水で含鉄層を破砕して採掘する方法による環境悪化への心配を記している。
また、主著『日本群島の構造と起源について』でも、付録として石炭について詳細に記述し、九州の石炭産地として、高島、三池、天草、唐津、筑前〜豊前をあげている。

## 九州の中央構造線

ナウマンは、九州の地質調査をどのように進めたのだろうか。九州調査ではっきり日程が載っているのは、三時点、①明治一六年末に高島炭鉱にいたこと、(63) ②「肥後国の古い城下町の一つである人吉《ひとよし》を発ち、薩摩の首都鹿児島に向かったのは、［明治一七年］一月の初めのことであった。その前の日に雪がたくさん降り、惨めなほど寒かった」(64)、③「南日本を含む地域への旅行から帰ったのが、ようやく本年［明治一七年］の二月のこと」(65) しかない。筆者としてはこれらは次のように一回の行程と考えている。(66) ナウマンは四年の契約とその延長、一八八五年の万国地質学会議をひかえて、地質図の製作を非常に急いでいたと考えられるからだ。

明治一六年一一月ころ、一行は別府から九州全域の広域調査を始めた。九州は四国から連続した中央構造線が走る。九州の中央構造線にはどのような特徴があるか、中央構造線に沿った地層ではどのような特徴があるかを調べることが主要な目的となる。また、四国にはなかった火山が九州にはたくさんある。しかも、阿蘇はたいへん大きな裾野をもつ。火山と地層との関係を探ることが二番目の目的となる。急峻な火山鶴見岳や豊後富士（由布《ゆふ》岳）を見あげ、海岸沿いに南に進んで大分で休憩した。熊本まで一行は南西に向かい野津原《のつはる》台地、温見《ぬくみ》峠に立って九重《くじゅう》連山を望んだ。そして、「古風な町」竹田で泊まったろう。ナウマンは途中で見た岩の種類をすべて書き留めた。

「われわれが今立っているところは巨大な陥没火口《カルデラ》の底(67)」と、阿蘇火口を満喫した。

一行は肥後熊本に入った。熊本から長崎半島を迂回して長崎港に上陸する。長崎周辺は現在でも地質の判断の難しいところだ。長崎周辺の石炭についても調査したあと、ナウマンは西彼杵《にしそのぎ》半島を周遊し、諫早《いさはや》をめぐって大村湾に出た。大村から船で北上し、川棚《かわたな》へ上陸した。

以後、北九州全域をなるべくカバーするコースをとった。有田、伊万里を経て炭田のある唐津へ向かう。このあと、おそらく武雄あたりに下り、筑紫平野の中心佐賀に入ったろう。次に北上して博多に向かった。そののち、筑紫山地を経て大分中津、耶馬渓《やばけい》をめぐった。ナウマン一行はおそらく耳納《みのう》山地を経て、大牟田荒尾に点在する三池炭鉱に足を伸ばし、石炭調査をすませて、ふたたび熊本へ戻った。かくて北部九州一巡の調査は終わった。

熊本で一休みしたのち、一行は南九州調査に向かう。またもや九州中央山地を横断して宮崎県延岡へ向かった。延岡から日向を経て、ナウマンらはまた、中央構造線の一部をなす九州中央部を美《み》郷《さと》、椎葉《しいば》を通って横断した。湯山峠を越えて、人吉に着いたころは暮れも押しつまっていた。明治一七年の正月が明ける。ナウマンは一行を離れて、時にただ一人になることもあった。

肥後国の古い城下町の一つである人吉を発ち、薩摩の首都鹿児島に向かった（中略）。径《みち》は小さい谷に沿って上り、あまり長時間たたないうちに、私は、雪に覆われた高台に立っていた。供の召使と製図員とは荷物をもって後方にあり、私はただ一人で道をたどっていた。（中略）この高台は急な崖に終わっていたが、そのとき私は、有名な霧島火山群をとりまく巨大な火口の縁に自分がいるのを知った。（中略）はるか彼方には桜島と開聞岳《かいもんだけ》の円錐丘がそびえていた。（中略）薩摩半島の南部は日本全国でも最も美しいところの一つとして賞賛に値する。（中略）鹿児島湾や、近くの海岸や、琉球列島の火山島などの美しい眺めが素晴らしい。(68)

一行は鹿児島の飛砂被害調査を済ませたあと、串木野、川内《せんだい》、阿久根とめぐって天草諸島へと向かった。このあたりは確かな記載がないが、牛淵、上島《かみしま》、島原をめぐってふたたび熊本へ戻ったようだ。

おそらくナウマンは、船で西彼杵半島から外海へ出て、五島列島を左に見ながら、まっすぐ対馬《つしま》へ向かった。ナウマンは、北九州を一巡した印象とあわせ書いている。

九州の北部には、広大で連続的な、平らに横たわる第三紀層が存在する。したがって、この部分は、構造の点では大きな違いを示しているけれども、中国［中国地方］の延長と見なす方がよろしい。いずれにしてもこの地域では、朝鮮山地が日本群島に近接していて、特別な種類の力が繰り返して作用し、特別な種類の複雑さがあるものと期待される。（中略）対馬についてみると、ここには火山岩類、古生代の岩類、ならびに第三紀層がよく知られている。しかし、これだけでは何ともいいようがない。ともかく、対馬の彼方にあって、最近ようやく世界に門戸を開いた土地［朝鮮］の地質状況について、説明が得られるようになるのは、あまり遠くないことであろう(69)。

対馬はルートマップの外で、描かれてないが、地図外から関門海峡を抜けて瀬戸内海にのびる破線（航路）が記されている。ナウマンの描いた地質図には対馬の地質は書き込まれていないが、『日本群島の構造と起源について』には右の引用のように対馬の地質について記されている。また、いろいろな論文に散った断片を集めてみると、あきらかに対馬からの帰路、骨休めに安芸《あき》に寄って厳《いつく》島《しま》神社を見物している。

宮島という名の瀬戸内海の島では、人慣れした鹿がいる。ここでは、この動物は神聖なものと見なされていて、鉄砲で撃たれることもない(70)。

# 第八章　日本地質図の完成へ

一八八四―八五

## 原田豊吉、小藤文次郎の台頭

ナウマンが東京に戻ったのは、明治一七(一八八四)年二月のことだ。[1]東京にはもうゾフィーもライノルトもいない。ライノルトはナウマンの妹たちがドイツで養育した。およそ七カ月、留守にしていたあいだに地質調査所では大きな変化があった。ドイツ留学から帰った原田豊吉(図8-1)が、明治一六年一一月二日付の農商務省辞令でナウマンと和田維四郎の頭越しに農商務権少書記官として入所していた。ほぼ二年前(明治一五年六月)、東京地学協会で会った原田少将の息子である。役職は和田の部下となるが、形の上では技師長ナウマンよりも地位が高い。原田の略歴は後述するが、なかなか華やかである。原田は明治一六年に帰国後、明治一七年一月に東京大学講師となり、四月には教授になり、古生物学を専ら講じた。

その和田はといえば、ナウマン帰京とほぼ同時の明治一七年二月にドイツ留学に旅立って行った。

万国地質学会議が本来一八八四年に開催予定だったので、留学の出発日はあらかじめ決まっていたのだろう。万国地質学会議は明治一八年に延期されたが、和田は渡独時に、製作中の地質図類のうち完成した部分を持参した可能性もある。和田は、明治一八年二月七日、ベルリン地学協会で「日本地質調査所の製作した地質図類」を示し、講演しているからだ。ナウマンが精力的に調査・研究を続けた結果、明治一七年初頭に地質図類はほぼ完成していた。ところが、先に述べたように、万国地質学会議がインド地域で蔓延していたコレラのため延期されてしまった。ナウマンは雇傭契約を延長して、しばし日本に留まって補遺的な調査研究を続け、地質図類の説明書などを執筆したことだろう。二人はドイツで再会できると考えていただろうが、ナウマンと和田はこのすれ違い以後二度と会うことはなかった。

原田豊吉の帰国と和田維四郎の離日という出来事は、ナウマンの処遇や調査旅行とも密接に関わっているに違いない。ナウマン雇傭継続の公文書が出たのは、前述のように、一一月二〇日である。お雇い外国人を順次日本人に交代させるのは国家の大方針で逆らいようがない。外国人の数はこのころには最盛期の半分ほどになっていた。

図8-1　原田豊吉（産業総合研究所蔵）

原田が東大教授になった四月、小藤文次郎が四年ぶりにドイツ留学から帰った。彼はライプツィヒ大学で顕微鏡岩石学をツィルケル Ferdinand Zirkel（一八三八〜一九一二）から、地質学をクレドナー Rudolf Credner（一八五〇〜一九〇八）から学び、ミュンヘン大学ではナウマンの師チッテルにも学んだ。教え子の凱旋をナウマンはどう迎えただろう。

ヨーロッパから帰国した後であろうと思われるが、地質調査所を訪問した小藤先生に、ナウマンが地質図（二〇万分の一地質予察図と思われる）の色塗りの下図を見せて、良くできているだろうと得意気にいったそうである。そのとき先生は「オー、ビューティフル」といわれたという話が残っている。地史学についてはともかく、岩石学については自分が勝っているという自負がその言葉を吐かせたのではなかったかと思う。津和野藩武士の子息として育った小藤先生の気概を感ずるものである。(2)

「オー、ビューティフル」が伝聞だとしてもありそうなことだ。小藤は明治一七年五月に東京大学の地質学教授に就任する。ナウマンは教え子が帝大教授になるのをその目で見たのだった。

## 四国調査の不思議

ナウマンは論文で「私は四国を二度訪れている(3)」と記している。うっかり信じ込まされそうになるが、論文を丁寧に読んでいくと、たびたび帰京したと書いているから、とても二度とは思えない。佐川がいう「再三」どころか「再四」と考えられる。ナウマン論文と関連資料から洗い出してみると以下のとおりである。

（1）明治一六年夏〜一七年二月。富士登山から始まり紀伊半島を経た長期調査。九州調査が主目的で、四国は通過しながら銅山川と高知地域を調査。七章一九二ページ参照。
（2）明治一七年春〜夏。四国調査が主目的。ただし、四月以降に小藤と地質調査所で会っており、六月に自身の契約更改のため一時、単身帰京したと見られる。
（3）明治一七年八月に松山—神戸間で台風に遭遇した記録が残る。四国調査の継続か？
（4）明治一八年春、二カ月間に及ぶ。

（4）は調査でなく、私的な用事も多いからナウマンは計算に入れていないらしい。（3）は（2）とあわせ、ナウマンは連続したものと考えている。そうすれば、（1）と（2）＋（3）で二回になる。あるいは、（4）以外を一連と考えれば「二度」になる。

では（2）の四国の旅をたどろう。じつは、「四国山地の地質」（一八九〇）という独立した論文があるにもかかわらず、ナウマンがどのルートで四国の地に到着したかの記録はない。[4] 論文のどこにも、一八八四（明治一七）年と明示した四国の記録はない。それどころか突然「四月一日」に「足を痛めた」とも書かれている。おそらく明治一八年と思われるが、はっきりしない。それに続けて以下が記される。

土佐沖の海から近づく船上にあって上陸を待っている人、そして室戸岬から北西へ延びる岩石海岸が物部川の河口で平らになり、次いで波に洗われる緑の平野に替わるのに驚いている人は、下船してこれから踏みいれる大地のことを知りたくて緊張していることであろう。汽船は、物部川の西の、岸近くに位置している丘と山の間隙を目指して進む。狭くて危険な入口を通過すると、船は山々に囲まれた内湾へとわれわれを運び込む。驚くべきものは、この、海の隠れ家のような内湾である。（中略）その先で間もなく土佐の中心である高知に達する。

この描写は、まるで神戸から小船で紀伊水道を抜け、太平洋側からアプローチしているかのようだが、ナウマンのルートマップには、このような海路の破線が描かれていない。これからいくつかナウマンの四国での調査活動を記すが、これが明治一七年の調査である確証はない。

ナウマンは那賀川《なかがわ》流域で石英片岩や蛇紋岩を確認し、鶴越《つるごえ》、横瀬《よこせ》（現・徳島県勝浦郡勝浦町）へと至る。調査かたがた前述の石炭の鉱脈も調べたが、結果はまったく思わしくない。

横瀬の南では、農民が石炭を求めて試掘を行ったが、これは失敗に終わった。（中略）今も行われているのであるが、ほとんど望みない状態である。（中略）正木《まさき》村の古請《ふるけ》に多くの炭層が露出している。この炭層に対しては、人々は長いこと大きな希望を抱いて、試掘しないではおさまらないのであった。(5)

石炭のくだりは第七章で見た大塚仰軒を彷彿とさせる。大塚仰軒は一攫千金を夢見たのかもしれない。ナウマンはこれに続けて、同じ「四国山地の地質」で「一八八〇年には坂が炭田の調査を行った」[6]と記述し、それも参考にしながら観察している。坂市太郎はこの年に地質調査所に就職している。

## あと半年、雇い継ぎの交渉

前述したように明治一七年、ナウマンは滞日延長に動いた。六月末にナウマンは帰京したのだろう、農商務省との再度の契約更改交渉のテーブルについた。同年一二月三一日の解雇に対してナウマンは必死で食い下がったらしい。そのいきさつが、七月七日付の農商務省「伺」に見える。

当省傭独乙人ドクトル、エトモント、ナウマン傭継之義伺

当省傭独乙人ドクトル、エトモント、ナウマン義は予て地質調査事業を委托致し置《おき》、去る六月十五日傭期満期に候得共着手中の事業を完結せしむる為め本年十二月三十一日迄六ケ月半傭継之義、昨年十二月 伺《うかがいずみ》済に候処、右期限中には該事業完結候義無覚束《おぼつかなし》と存候。就ては半途にして解傭致し着手中の事業を完結せしめざるは遺憾之至に付、尚向六ケ月間即ち来る十八年一月一日より同年六月三十日迄傭継該事業を完結せしめ候様致度存候。尤傭継之有無は前以本人へ通報可致、予て之契約に候間、至急御指揮有之度此段仰御裁可候也。

農商務卿西郷従道

明治十七年七月七日

太政大臣三条実美殿[7]

あと半年では現在の事業が完成できず残念である、と主張するのが精一杯だったようだ。その主張をくんだ農商務省は、ナウマンを「向六ケ月間」「同年［一八年］六月三十日迄」傭い継いで事業を完了させたい、可否を早く本人に伝えねばならないので、至急ご判断くださいと願い出ている。彼は数年前から主著『日本群島の構造と起源について』を執筆していた。そこで「日本花綵《かさい》列島においては、何回も繰り返して大規模な縦走断裂［中央構造線］が生じた(8)」とし、極端に化石の少ない古生層を論じているが、その記述中、やや唐突な一節が出てくる。七月七日付の「伺」からすれば、この部分は明治一七年後半に原稿を書いたと思われる。

来年［一八八五年であろう］の中頃に予定されている私の日本帝国政府からの退職までには、これまでの調査によって得られた層序を、さらに徹底的に吟味して、この課題の一部なりとも達成できることを願うものである(9)。

四国褶曲の詩

傭い継ぎについてナウマンは、東京で長く回答を待たされることはなかったろう。要望どおり、もう半年追加して、来年半ばまであと一年延長と決まり、署名した。彼は七月末ごろには四国に戻ったはずである。

さて、地質調査所の権限が原田に集中したとはいえ、現場の指揮権限はまだナウマンにある。彼はチームを分けて明治一七年夏、西山正吾に小豆島の石炭を調査させている(10)。ナウマン自身は、こ

**図8-2**　四国のスケッチ。台ケ森から北の黒森山脈をながめる。中央より少し右に高知城がある。（Denkschriften der Mathematisch Naturwissenschaftlichen Classe der Kaiserlichen Akademie der Wissenschaften, Wien, vol. 57より）

のとき四国へどう入ったか。足跡を追っていこう（**図7−4**参照）。最初のときのようにナウマンは今治から入ったが、今度は銅山川と別子には向かわず、まっすぐ南に四国山地を越えた。主著『日本群島の構造と起源について』の「結晶片岩」の項に、「この系の岩石からなる山地は、南日本では九州、四国、紀州半島において著しい高さに達している」とし「伊予と土佐の間にあって、昨年私自身が越えた笹峰峠は、その上部は雲母片岩からなり[11]」とあるが、笹ケ峰峠を越える機会はこのときしかない。土佐に入ったナウマンは、本山《もとやま》（現・高知県長岡郡）を経て領石に下った。

この間に同行した大塚、手島たちとはすっかり懇意になっていたろう。今度の調査の最大の目的は、四国平野の東と西にあたる領石と佐川を徹底的に観察することだ。ナウマンは佐川盆地の景観を精力的にスケッチしている。ナウマンは四国に顕著に見られる大きな褶曲《しゅうきょく》を考えるためだろう、できるだけ外観を正確に記録した。これらのスケッチ（図8‐2）の多くが論文「四国山地の地質」に添えられている。

現在、佐川近隣の横倉山の頂上には、モダンな横倉山自然の森博物館がある。この博物館の安井敏夫学芸員がスケッチ地点の綿密な調査を行った[12]。筆者は、安井学芸員に案内されてその場所に立った。ナウマンはきわめて正確に佐川盆地周辺を写し取っていた。

安井学芸員との現地調査から見て、ナウマンの調査方法は次のようだったろう。まず、調査しようとする地域を見渡すことのできる最も高い地点に登る。その高所から、地域を見下ろし、スケッチし、地形を読み、その地域の地質を推測する。地質図を作成するためには地層を形成する岩石を観察するのが一番である。その高所から、どこへどう行けば地層や岩石を観察できるか目星をつける。今度は目星をつけた地点に直接行き、露頭（地層が露出して直接観察できるところ）を探し、岩石を観察する。もちろん露頭の多い海岸や河岸は集中的に調査する。ナウマン自身の調査とともに、重要な地域は学生に卒論の形で調査させる。四国佐川地域には奈佐忠行（旧姓・本多）を入れた。化石の産地は地元のコレクターに訊ねる。四国では大塚仰軒がよい情報源だった。

写実的な絵だけでなく、佐川盆地や領石に、広い範囲の年代地層が見られることを考える材料として、ナウマンは南北方向の四国断面図も描いている[13]。この期間、領石では大塚の家に泊まり、佐川では前述した外山の営む旅籠に滞在しただろう。高知大学の沢村武雄教授の調査によれば、外山はもともとの趣味なのか、ナウマンに影響されたのか、次のような人物だった。

地質にも興味を持ち、色々文献を集めたり、また多くの化石・鉱石を集めたようで、昭和二年に歿したが、遺言によつて高知県立図書館に寄贈した蔵書・化石・鉱石などが小型トラックに一ぱいあったといわれる。そのような熱心家であつたゞけに、Naumannを泊めたゞけでなく、とかくの世評にもかゝわらず、進んで案内役をつとめ、Naumannも感激して、一日雨降りのつれづれに、土佐半紙に毛筆で「ドイツ語の」詩をものし、外山氏に贈つたのである[14](図8-3)。

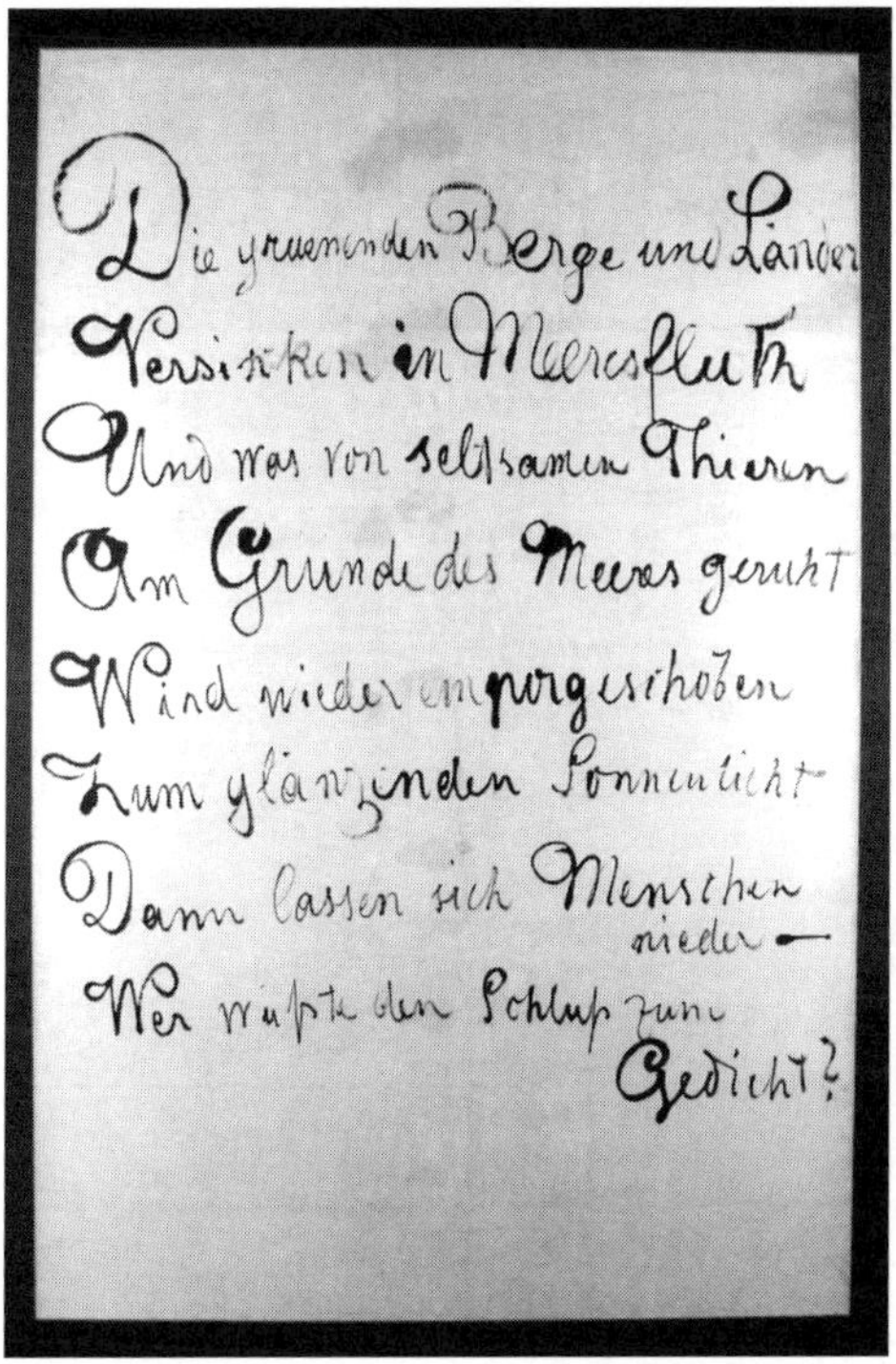
Die gruenenden Berge und Länder
Versinken in Meeresfluth
Und was von seltsamen Thieren
Am Grunde des Meeres geruht
Wird wieder emporgeschoben
Zum glänzenden Sonnenlicht
Dann lassen sich Menschen nieder —
Wer wüßte den Schluß zum Gedicht?

図8-3　佐川で記した詩(佐川地質館蔵)

沢村教授の訳によれば、ナウマンの詩は次のようだ。

緑なす山々・国原は
大海の中に安らい
奇しき動物の
海底に沈めるもの
再び輝しい日の光のもとに
持ち出され
人類はこゝに定住する
誰か知るこの詩の結論を(15)

後述するように、この揮毫は、一年後の佐川訪問の折のことかもしれない。この詩は、地殻が沈下や隆起を繰り返し、生命や人類が誕生する不思議を詠じている。最後の一節は未来への問いかけのようだ。

友人たちと別れたナウマン一行は、また四万十川を渡り、宇和島に立ち寄り、こんどは五十崎《いかざき》(現・愛媛県内子町)へ、現在の予讃線伝いに北上して八月末(16)、松山に出た。「そのとき(中略)あやうく溺死するところであった(17)」。ナウマンは台風の直撃という忘れられない体験を味わう。

松山で一隻の貧弱な日本の汽船に乗り、神戸へ帰ろうとした。お昼どきになって空が曇りはじめ、やがて気味悪い風が吹きはじめた。私は日本人の船長に、私のバロメーターが著しく低下していることを注意してやった。四時ころ、今治にやってきたとき、われわれの小さな老朽船は、大変強く揺れて（中略）弓削島《ゆげとう》のそばの島々に囲まれた隠れ家［船の待避所］へ向かったが、その途中、波にひどく翻弄され、もみくちゃにされた。（中略）次の朝、荒れはてた岸を見たとき、驚いたことに、家屋はひっくり返り、漁船はごみの山と化していた。（中略）弓削島から神戸への航行においては、嵐がもたらした身の毛もよだつような破壊を見た。（中略）神戸は全くごちゃごちゃした悲惨な光景を呈していた。（中略）一隻のドイツの帆船は、大波によって突堤の上に打ち上げられ、つぶれた残骸をさらしていた[18]。

九死に一生を得た思いのナウマンは、一週間後には東京に戻ったはずである。台風の経験は強烈だったようで、ナウマンの講演でなんども語られた。

## 国土地理という機密

明治一七年一〇月三一日、秩父困民党と名乗る農民一団が武装蜂起して、埼玉県秩父郡椋《むく》神社で決起集会を行った。農民軍は翌日には秩父郡内を制圧し、高利貸や役所の書類を焼き捨てた。明治一〇年代に全国で頻発した民衆の蜂起事件のなかで最も名高い秩父事件である。

ナウマンは日本人が地質調査所をどう認識していたかを論じたなかで、参謀本部の様子を述べている。

地質調査所によるこの地図作成の資料の価値が最も強烈なかたちで証明されたのは、二年前に起こった内乱の折のことであった。軍の参謀本部は、大変詳細ではあるがごく限られた地域の調査資料しかもっていなかった。一方、地質調査所は全国ほとんどすべての地域において自由に地図作成の仕事ができ、それだけによく資料がそろっていたのである。そこで、陸軍省の最高当局は、地質調査所がもっている暴動地域の資料を借りて、大至急で写させるほか何とも仕方がなかったのである。(19)

問題の一帯はナウマンがなんども歩いた地域で、地質調査所には縮尺二〇万分の一図が揃っていた。四〇メートル単位の等高線地形図である。高度差が激しい山岳地帯では、等高線が詳細に表せるほうがいいが、平坦な地域ならこの程度の荒い縮尺図で構わない。ナウマンは「参謀本部はすでに永年の間地形調査を実施しているが、これは大変大きな縮尺を用いているので、そのスタイルを早急に中止しないかぎり、次の世紀の末まで続く見込みである」(20)と記している。

ナウマン採用のときから、国土地理という機密に外国人が関わること自体、政府にとって大問題だったかもしれない。ベルツのように日本高官に頼られた医師は別として、在留外国人は目に見えて減っている。地質調査所でも、ナウマンの後任の日本人が周到に準備されていた。

原田豊吉

後任とは本章冒頭に述べた、原田豊吉（一八六〇〜九四）である。原田は、万延元（一八六〇）年に江戸小石川竹早町で生まれ、先に紹介したように、非常に若くして海外留学した。

ペリー来航後、文久三（一八六三）年、幕府は池田筑後守長発《ながおき》を団長とする「第二次遣欧使節団」三四名をフランスの軍艦で派遣した。随員のなかに豊吉の父、原田一道がいた。ナポレオン三世に拝謁したのち、使節団が帰国しても原田は留学生としてオランダのライデンに四年間とどまり、ヨーロッパの軍制や兵法を学んだ。同じライデンには航海術を学ぶ榎本武揚、法学を学ぶ西周《にしあまね》がいた。原田一道が日本に帰ると同時に明治維新となる。長男豊吉には、岡山藩士で時の陸軍軍医監だった長瀬時衡《ときひら》に漢学を学ばせ、のち、大阪開成所、東京外国語学校（東京外国語大学の前身）にてフランス語を学ばせ、一八七四年、わずか一三歳でドイツに留学させた。

三年後、豊吉はザクセンのフライベルク鉱山学校に入学し、地質学や古生物学をシュテルツナー Alfred Wilhelm Stelzner（一八四〇〜一八九五）に四年間学ぶ。一八八〇年にハイデルベルク大学でローゼンブッシュ Karl H. F. Rosenbusch（一八三六〜一九一四）の顕微鏡岩石学を学び、さらにミュンヘン大学に入学してナウマンの恩師チッテルから一八八三年に同じ古生物学を学んで博士号を授与された。ナウマンの学歴よりはるかに輝いている。帰国直前にはオーストリアの国立地質調査所に短期在籍し、当時最先端の地球理論を展開していたウィーン大学教授エドアルト・ジュース Eduard Suess（一八三一〜一九一四）の知遇も得た。人格形成期の九年をドイツで過ごした豊吉は、帰国したときまだ二二歳という若さで、日本語を忘れてしまい、はじめは和田に通訳してもらった。東大教授として授業はドイツ語で通したが、日本語論文は口述筆記で書いた。

ミュンヘンやウィーンの学問文化に思春期を捧げた目に、日本は異様で、文化的衝撃は大きかったろう。その戸惑いは、自分が勤めることになる地質調査所を訪れ、ナウマンに会ったときにはっきりしたのではないか。

このときの豊吉の反応の手がかりは、息子が伝えているのみだ。長男の原田熊雄は、西園寺公望《きんもち》首相の秘書官や外交官を務めた人物で、岩波書店版『鷗外全集』月報に、「思出づるまゝに」と題し、森鷗外を偲ぶ文中に父のことを書いている。

父は明治十六年には既に帰朝して大学教授となり、又農商務省地質調査所長となつた。十数年経つて日本に帰つて見ると、日本の学問等頗《すこぶ》る物足らず、又雇《やとい》の外人なども実質の甚《はなはだ》悪く、低調さに驚き、日本政府の恥辱なりとして差詰《さしづ》め地質のお雇のナウマンと言ふ独乙人を免職し、帰国させた。(21)

注目すべき証言である。原田豊吉は地質調査所の次長で所長になったことはない。熊雄は六歳のとき父豊吉を失っている。地質調査所の事実上の支配者としてナウマンを「免職し」「帰国させた」という話は、成長して家族から聞かされた「原田家にとっての事実」であったろう。

原田の父一道はユダヤ系ドイツ人バイル(Bair)と親密だった。加賀屋敷のドイツ人、シュルツェ夫人エンマは、バイルの家のパーティで、「私は初めて夫人同伴の田中文部大輔と原田将軍に会いました」[22]と書き残している。ナウマンやベルツの友人バイルは、英語風にベアともよばれていたようである。彼は明治一〇年に代理店・ベア商会を創業して、ドイツの武器や工業生産品を輸入した。三年後、「外商」が制限され、日本人経営の「内商優遇策」により立ち行かなくなると、ベア商会の番頭だった高田慎蔵がこれを買い取り、高田商会が創立される。日露戦争で活躍するクルップ榴弾砲《りゅうだんほう》などを輸入し、三井をおびやかすほどの商社となった。

高田は、ベアが日本人妻に生ませた娘の照子を養女として育てていた。その照子の嫁ぎ先が、原田豊吉なのである。高田と原田一道による政略結婚だろうか。あるいはドイツ語を解する配偶者を豊吉が選んだのだろうか。豊吉の娘信子は白樺派の有島生馬に嫁ぎ、有島は照子の肖像画を描いている。

## 最後の四国旅行

明治一七年一二月二三日、ナウマンはOAG東京例会で「富士山の高さについて」講演した[23]。短い話だが、シーボルトの弟子である二宮敬作の業績（富士山の高さをはじめて観測した）を掘り起こしたものだ。来日したときに見た富士山に感激し、その富士山がフォッサマグナに関係していると考えたナウマンは、富士山についての資料を集めていた。この講演もその一つだった。

満期解雇が一八年六月三〇日と決定したナウマンにとって、残された時間は多くない。最後の時間をあてたのはふたたび四国だった。「朝日新聞」（大阪）三月二〇日付の、雑報、神戸通信欄に短い記事がある。

農商務省地質調査所御傭独逸人ドクトルノウマン氏は、同省準奏任御用掛西山総《ママ》吉氏と共に四国境界道路調査の途上、昨朝肥後丸便にて来港、海岸通常盤舎《ときわしや》に投宿。

ナウマンは西山惣吉だけを連れて神戸港に着いた。随行の惣吉は「同省準奏任御用掛」と書かれた。ナウマンがもしほかに正規の所員を連れていたら、惣吉が活字になることはない。ナウマンの随員はたった一人になっていた。彼らは神戸で一泊したあと、小船で瀬戸内海を渡り、丸亀に上陸した。そして、「四月一日、それまでの日々と同様、吉野川の岩だらけの一支流をよじ登っているときに、私は足を痛めたので、駕籠——一平方フィート［三〇センチ四方程度］よりあまり大きくない運搬台——の中から観察しなければならなかった(24)」。

私の到着は前以て知らせてあって、その夜には私は医師の大塚氏の家で近隣から集まった多勢の友人たちにかこまれて坐り、酒と日本料理の饗応をうけた。その料理はと言えば、雉の焼肉、魚、蟹《かに》、茸《きのこ》の汁、その他私の友人［大塚］の母刀自《ははとじ》なる、親切な女主人がととのえてくれた山海の珍味であった(25)。

四国の旅のこの記述は、のちドイツで「アルゲマイネ・ツァイトゥング」紙に掲載される「日本列島の地と民」（一八八六）の、土佐の風土を伝える一部だ。大塚との他愛ない会話も活写されている。

翌朝私が宿の主人［大塚］と向かい合って朝食の座についたとき、私は冗談に「かご」を買い取りませんかと切り出してみた。私にはお宅の居心地はすっかり気に入ったので、又足が立つようになるまで此処に逗留して待っていましょう、と言うわけなのである。友［大塚］が答えて言うには、十二銭はらいましょう、あなたもそれ以上高い金を出しはしなかったでしょうね、というのである。私はそれまであの乗物を極めて安い金で買い取ったことをひそかに得意に思っていた。ところが私はそれに二十銭はらっていたのだったから、ここで私はうまく鴨にされて暴利をむさぼられた外国人の気持がどんなものか味わわされる破目になったわけである。(26)

ナウマンは「土佐は恵まれた国である。此地におけるほど百姓たちの間に裕福さと正直さとが漲《みなぎ》っている土地はない(27)」として物産や伝説や女性の美しさなどを書き連ねる。このときナウマンは手島家でのコナミさんの結婚式(28)を目撃したと思われる。ナウマンのこんなエピソードも残っている。

外山氏に依るとナウマン氏は帰国前高知に来り、大塚氏を同伴して独逸に帰えらんとしたが大塚君の母の反対に遇うて果たさなかつた(29)。

大塚はのちドイツへ渡ったが、このときナウマンに誘われたことが動機となったのかもしれない。別れに際して、ナウマンはまた揮毫した。ドイツ語を草書風に崩して——もちろん横文字で——粗い半紙に巻かれた書（図8–4）が、いまもナウマンにゆかりある「佐川地質館」に保存されている。

日は照らず

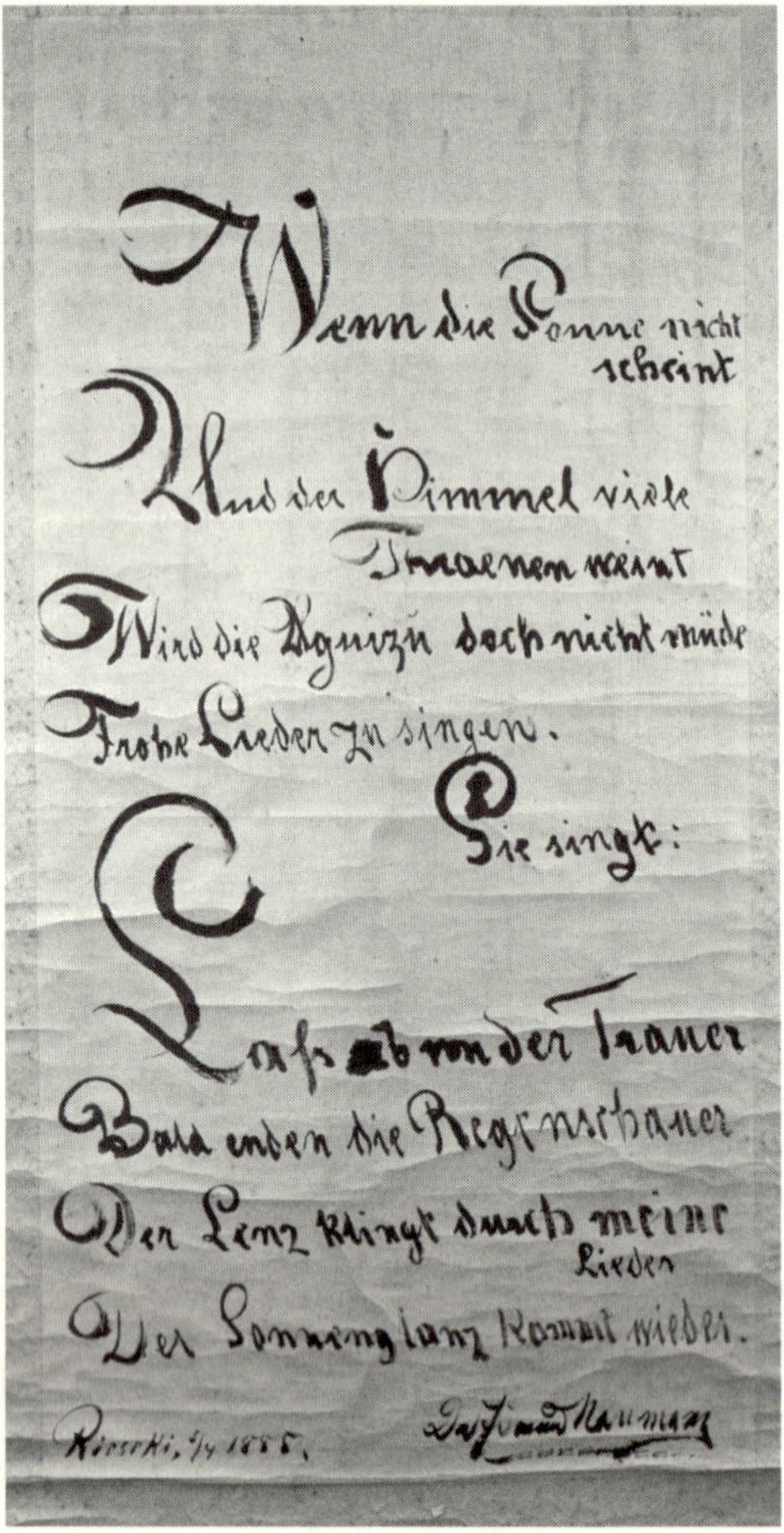

**図8–4**　領石で記した詩（佐川地質館蔵）

天は涙多く泣けど
鷺は倦むことなからん、嬉しき歌を歌うことに
その歌は
悲しみを棄てなさい
やがてこの大雨もお終いです
春は私の歌中をひびき通り
日の輝きもまたやってくる
一八八五年五月四日　領石にて　エドムント　ナウマン（桜井国隆訳[30]）

このとき本当に雨が降っていたのだろうか。それとも、ナウマンは沈みがちな心を励まそうと自分にいい聞かせているのか。

領石を去ったナウマンの行程は記録が残っていない。しかし西に向かったのは確かで、宇和島で遊ぼうとしたらしい。離日が迫っているナウマンは早々に帰京した。

## 地質図の完成と叙勲

長い、血のにじむような努力の末、全国日本地質図は完成した。この地質図は一八八五年秋にベルリンで開催された万国地質学会議で展示された。計画の二〇万分の一に近い二一万六〇〇〇分の一の縮尺で、伊能図の中図を使ったのである。この地図の精度を上げていくのは弟子たちの仕事と

して残された。

六月三〇日の満期解雇にともない、ナウマンは勲五等双光旭日章を受章した。このころはこの程度の叙勲では天皇拝謁はなかった。大蔵卿松方正義の上申によるが、通常、お雇い外国人の待遇は給与も栄誉もほぼ一律で、ヒルゲンドルフは三年滞在で一階級上の勲四等旭日小綬章だった。東京大学に勤務してナウマンと同月に満期となったネットーも勲四等である。なぜナウマンは一級下だったのだろう。

ただちにナウマンの勲等が政府内で問題となり、一年後に勲四等が改めて贈られる。外務省次官青木周蔵の強硬な抗議があったとされる(31)。ドイツに赴任していた青木がナウマンを日本に派遣したともいえるからだ。青木はギュンベルの書いた日本の地質に関する論文を読み、ギュンベルに若い地質学者の派遣を依頼したと考えられる。選ばれたナウマンは、明治八年来日の前にベルリンで青木周蔵に会っている。青木の風貌について、第一章で、森鷗外の小説「大発見」を引用したが、その「大発見」には青木の日本観、時代観が語られている。森が衛生学を学びにドイツに来たというと、青木は次のように述べた。


なに衛生学だ。馬鹿なことをいい付けたものだ。足の親指と二番目の指との間に縄を挟んで歩いていて、人の前で鼻糞《はなくそ》をほじる国民に衛生も何もあるものか。まあ、学問は大概にして、ちっと欧羅巴《ヨーロッパ》人がどんな生活をしているか、見て行くが宜しい(32)。

池森清吉の調査(一九九三)によれば[33]、青木の抗議を受け、井上馨外務卿は、「権衡其適を得ず。当時其筋の具状は取調方の不充分なるに外ならざるが如し」と上奏している。ナウマン叙勲から一年にあたる六月三〇日直前の明治一九年六月二八日、賞勲局は以下の文書を発令した。

農商務省元雇独逸人ドクトル、エドモンド、ナウマン勲位進級議案
右は農商務省の申請に拠り、十八年六月中、勲五等に叙したる以来日猶ほ浅しと雖《いえど》も、其功績の事業、著書に顕はる者明確にして、他の外国人の叙勲者に比し不倫を覚《ママ》ふ旨を以て、外務大臣勲位進級を上奏せり。即ち勲等を擬議する、左の如し。
勲四等 旭日小綬章[34]

当のナウマンはといえば日本の勲章などどうでもよかったろう。地質調査所でのこの数年の冷遇にもかかわらず全国日本地質図を完成したのだから。あとは荷をまとめて帰国するだけである。離日は七月と決まった。

## 踊るナウマン

帰国直前のナウマンについては唯一、横山又次郎の記録が残るのみだ。横山は後年、『世界の反響』(一九二五)を書いて「ケンペルの踊り」の話題を持ちだし、ことのついでにナウマンの思い出を披露している。離日から四〇年後の回顧だが、描写はいきいきとしている。

それに就いて、こゝに面白い話がある。明治十八年であつたかと思ふ、農商務省地質調査所の技師長をしてゐたナウマンといふ独逸人が満期帰国するに際して、氏の指導を受けた吾々一同は氏を両国の亀清《かめせい》に招待して、送別の宴を開いた。(35)

師弟だけの集まりで、芸者をよんでの無礼講である。相撲好きの一人が大達《おおだて》（羽左エ門《うざもん》）と柏戸《かしわど》（宗五郎《そうごろう》）の二関取を招いた。本所回向院《えこういん》で小屋掛興行していた相撲は、前年の天覧試合で国技に認定されたばかりで、安政元（一八五四）年創業の「亀清（現在は亀清楼）」は、角界と花柳界の縁の深さを偲ばせる老舗だ。このころの料亭は、力士が芸者のように宴席によばれ、関取たちは相撲甚句《じんく》を歌ってはご祝儀を稼いでいた。

上座のナウマン先生は杯を重ねるうち、部下の心遣いに胸に迫るものがあったのか、喝采とともに甚句が終わると一同をびっくりさせた。横山は詳細に書いている。

するとナウマン先生は自分も一つ踊つて見ようと言つて、座敷の一方に突つ立つて、両手を腰に当て、且《かつ》その肘を突つ張らして、左《さ》の如く言つて踊つた。

オランダ、キンライ（近来《きんらい》か）、滑り足、滑り足、滑り足

ジヤンガホースイジヤン、ジヤンガホースイジヤン。

オランダ、キンライ、重ね足、重ね足、重ね足

ジヤンガホースイジヤン、ジヤンガホースイジヤン。

オランダ、キンライ、もぢり足、もぢり足、もぢり足

ジヤンガホースイジヤン、ジヤンガホースイジヤン。

ジヤンガホースイジヤンとは月琴《げつきん》の流水《りゆうすい》の譜中の一節である。滑り足の時には滑べる真似して飛び、重ね足の時には一方の足を他の足に乗せて然《しか》る後飛び、もぢり足の時には左右の足を交叉して、然る後飛び跳ねた。之《これ》を見た一同は皆腹を抱へて大笑《たいしよう》した。(36)

爆笑した横山たちが、皆で歌詞を確認したのは意外中の意外だったからで、こんな歌や踊りをどこで覚えたのか、みなが知りたがった。ナウマン先生答えていわく、

是れは自分が伊予の宇和島に出張した時、土地の芸妓《げいしや》を揚げて宴を張ると、その芸妓が自分の外国人なるを看《み》て、さういふものを踊つて見せたが、察する所、昔ケンプフェルが将軍の面前で踊つたといふ踊はこんなものであつたかも知れぬ。(37)

と。みなが知らなかったのも道理で、先だっての四国の旅は、ナウマンと西山惣吉だけだった。二人は宇和島芸者から手取り足取りで習ったに違いなく、それで唄の文句まで正確に覚えていたのだろう。弟子たちの前ではたえず指導者の威厳を意識していたナウマンだが、記憶も鮮やかな宇和島でのどんちゃん騒ぎを懐かしみ、弟子たちに見せたことのない姿を披露したらしい。ケンペル自身

は徳川綱吉の前で踊らされたことを屈辱であったと記しているため、ナウマンもケンペルにことよせて、この踊りで日本での屈辱的な思いを吐露したと解釈する人がいるかもしれない。横山もその一人だ。しかし、筆者は、ナウマンの気持ちのなかには屈辱感などなかったと受けとめている。「明十羈旅」以来、ナウマンの行動や発言には「陰」や「裏」ばかりか、駆け引きや取引の跡が微塵も認められないからだ。

明治一八年七月一二日、ナウマンを乗せたボルガ号が横浜の桟橋を離れ、香港に向かった[38]。見送りの顔ぶれの資料はないが、重要な二人が欠けている。ベルツは昨年秋から一時帰国中で、また和田維四郎はこのとき留学先のドイツを船出したか、その準備中で、師とは洋上ですれ違うことになる。

出航後、夕方、四国沖にさしかかった船は、中国大陸に沿うため、九州南端をかすめて西へ向かう。デッキに立つ胸中をナウマンは率直に語っている。

帰国の途次、四国の海岸を通ったとき、ちょうど太陽が沈んでいくのに出会いました。紅く映える夕焼けの空のもと、かつて自分がハンマーとコンパスと野帳を手にして歩き回った山々が黒くたたずんでいました。私の思いは、かの山々もまた島々も、多くの秘密が解明されるのを待っているのに……、そして、短い年月ながら苦労にみちた仕事の成果は、つまるところ、ささやかなものにすぎなかった……、と沈んでいくのでありました。次の朝、九州の一角「大隈半島」が長く海に突き出ている上に、朝日が輝いているのを見ました。それから船は海流に乗り、多様な形をした海岸は急速に海の彼方に沈んでいきました(39)。

これは、帰国して一年後、ドレスデン国王臨席のもとに行ったナウマンの講演の一節だが、いつも陽気で磊落《らいらく》な彼にしてはきわめて珍しく感傷と自己憐憫《れんびん》が見られる。それを隠すかのようにナウマンは聴衆に笑顔を作る。

こうして私は、この美しい土地に悲しい別れを告げたのですが、他方ではしかし、故郷へ帰る嬉しい期待をも抱いていました。さて、皆さん、いま話を終わるにあたり、皆さんを日本群島地域から、再びこの第六回ドイツ地理学者記念日の会場にお連れするのですが、これは四国の落日の場合のような悲しいことではありません(40)。

# 第九章　帰独、凱旋講演、森鷗外との論争

一八八五－八八

## ベルリン万国地質学会議

ナウマンが長年目標にして準備してきた万国地質学会議は、一八八五(明治一八)年九月二九日から一〇月四日までベルリンで開催された。同年七月一二日に日本を離れたナウマンは八月末ごろ、ようやくドイツに着いた。万国地質学会議まで幾日もなく、故郷マイセンにもゆっくりしていられなかっただろう。

[万国地質学会議に] 日本が参加したのは明治一八年(一八八五)にベルリンで開かれた第三回会議からである。このときは「全国地質略図」「全国山脈略図」「全国火山温泉位置及近代地震図」「全国海浜古今沿革図」「全国 鑷力《じょう》[地磁気] 図」「甲斐国土性予察図」を出品したが、ベルリン滞在中の和田維四郎が出席するはずのところ病気のため帰国したので、日本からはベル

リン駐劄《ちゅうさつ》青木全権公使が代わって出席した。またこの年ドイツに帰ったナウマンも出席している。(1)

万国地質学会議で発表された「全国地質略図（地質図）」は発見されていないが、縮尺は違うものの「日本群島、その地理学的—地質学的概要」（一八八七）としてウィーン帝室地理学協会会報に掲載されている地質図と同じものだったと考えられている。ウィーン会報に図版は二枚あり、一枚が地質図で、他の一枚は薄い紙に印刷された地質構造図で地質図に重ね合わせてある（口絵参照）。

この万国地質学会議は、二二カ国から二六二名の出席があった。(2)一万人を超える出席者がある最近の万国地質学会議とは、大違いだ。青木周蔵公使は内閣制度発足のため九月二六日付で帰国命令を受けており、万国地質学会議出席がドイツでの最後の仕事になった。ナウマンは、日本地質調査所の創設者として日本の地質や地形を紹介した。青木とは一八七五（明治八）年以来、一〇年ぶりの再会だった。青木は明治一二年から一三年にかけて日本に一時帰国しているが、ナウマンのドイツへの一時帰国とほぼ同時期だったので、すれ違っていた。

ところで、日本代表として出席するはずだった和田維四郎は、どうして欠席したのだろうか。彼はそれから三五年後、六四歳で没するが『和田先生追悼会記事』で、和田の留学中に連絡しあっていた巨智部忠承が病気について秘話を明らかにしている。

留学中の諸生と同様に伯林《ベルリン》の大学に通学せられ、（中略）勤労せられたる［まじめに勉強した］

結果一時不健康に陥り喀血せられたること今夕御遺族の方に進呈せる先生在留中の信書の内容に見る如くにして、素より留守宅に病気の事を漏《もら》し呉れぬやうと申越されました。(3)

和田は軽い結核にかかり、早めに帰国したようだ。その後、和田は回復し、明治の人としては長生きした。

## 『日本群島の構造と起源について』の刊行

ナウマンの最も重要な著書『日本群島の構造と起源について』(4)は「ベルリンにおける万国地質学会議のために日本地質調査所が作成した地形図ならびに地質図への付言」という長い副題がついている。ベルリンのフリートレンダー社から出版された。九一ページの単行本である。著者は「エドムント・ナウマン博士　現　日本地質調査所所長」とある。

その本文中に自身の退職と国際会議にふれた記述がある。「この日本地質図は、本文の著者が日本地質調査所の所長の職にあった時に完成の喜びを得たものである。不十分なところについては御容赦を願うことにして、万国地質学会議の尊敬する参加者の皆様に御覧にいれる」(5)とし、地質調査所の日本人職員名を列記し、東大教授時代の休暇中の調査結果も含まれていると記した。「尊敬する会議に提出する地図を作成し、またこれまでの調査をまとめるために、もっと多くの時間が欲しかったのであるが、南日本を含む地域への旅行から帰ったのが、ようやく本年［一八八四年］の二月のことであったので、思いどおりにならなかった」「［万国地質学」会議を間近にひかえて、それを十分に扱うだけの観察が急にはできなかった(6)」と、けっして満足した結果ではないことも述べている。

『日本群島の構造と起源について』は全体として理路整然というわけではなく、また、書き残した多くの観察事実はその後の「四国山地の地質(7)」や「フォッサマグナ(8)」（一八九三）の論文中に書かれていて、ナウマンとしては不十分な気持ちが大きかったのだろう。

とはいえ、この書は日本の地質構造を真正面から論じた世界で最初の本である。

まず概論があり、その後、四章の各論が並ぶ。概論では、日本列島は、非常に深いタスカロラ海淵(9)に接しているので、海の水を取り除いて見れば、ヒマラヤにも劣らない大山脈と考えることができ、また、日本は海中から出現した新しい火山島ではなく、基本的に非常に古い基盤の上に火山が載っている、とした。ナウマンは日本列島を花綵《かさい》（はなづな）列島とよぶ。花綵とは「植物の花・実・葉などを綱状に編んだ飾り」（『大辞林』）のこと。美しく独特な表現だ。それに伊豆七島や小笠原諸島が衝突しているし、中央部で裂けているようであることなどを述べている。

第一章「国土を形成している諸系［地層］」で、日本列島の地層を記載する。日本の最古の地層は長崎の彼杵《そのぎ》半島や天竜川上流に分布する片麻岩で、その時代は正確に決定できない。その次には結晶片岩（三波川変成岩）が各地に分布し、地質構造上、中帯（のちに内帯に含まれる）と外帯の境界となっている。日本列島は化石をあまり産出しないが、なんとか示準化石を発見して、古生代、中生代、新生代の地層がどこに分布しているかを記す。

第二章「火成岩」では、古生代の末または中生代の初めに花崗岩が貫入したこと、火成岩は帯状に分布していると記している。

第三章「群島の構造」では、それぞれの地層が複雑に分布し、さまざまな構造を示すので、その歴史を解くのは難しいが、列島中央の断裂地域の運動が大きく関係して、日本列島は南日本と北日本に分かれていると説く。「フォッサマグナ」という語はまだ現れていないが、その大意は書かれている。

島弧が最も強く曲がっている地域には、(中略)横断方向の大きな裂け目が存在し、この裂け目の外にも、さらに、巨大な低地があり、その境界も同様に横断方向に走っている。(中略)この地域に対して、特に傷痕と傷の間にある部分に対して、私は「断裂地域」(Bruchregion)という名称を提案する。さらに、その内部に富士、八ケ岳、蓼科山等が存在している長い低地を、「断裂地域の大溝」(grosser Graben der Bruchregion)と名づけたい。また「断裂地帯の大傷痕」(grosse Narbe der Bruchregion)という名をもって、恵那―駒ケ岳およびその北方と南方の延長の花こう岩山地を表すことにしたい。(10)

第四章「群島の起源」で、調査は未完なので群島の起源を述べるのはたいへん難しいがと躊躇しながら、これまでの調査結果から、列島の形成の歴史を読み取ろうとしている。地震や磁気の研究も試みたことや、北上山地、阿武隈《あぶくま》山地、関東山地、三国山地、赤石山地という名をナウマンが与えたことなども書いている。現在、山地や山脈として普通に使われているこれらの地名が、ナウマンによって命名されたことは、近年ではほとんど知られていない。

現在、日本列島の地質構造は、糸魚川静岡構造線によって東北日本と西南日本に分かれ、中央構造線によって内帯と外帯に分かれると学界では意見が一致している。日本の地質学者たちは、厚い著書『日本群島の構造と起源について』を必死に読み、和訳して、後世に伝えてきた。完訳は刊行されていないが、筆者も、そのように習った。その基本形はナウマンがはじめて提唱したのだが、ナウマンが提案したということは伝えられなかった。フォッサマグナについては、この時点ではナウマンもまだ悩みを抱えている。

## 帰国後の多忙

万国地質学会議でのナウマンの発表は大成功だった。一八七九(明治一二)年に一時帰国したときに小さな講演を行ったが、今回は本格的な凱旋講演だった。ナウマンはどれだけ嬉しかったことだろうか。日本全国での過酷な野外調査、地質調査所における多くの桎梏《しっこく》、特に同じドイツ人研究者のあいだの反目、日本政府との駆け引き等々を乗り越えて、日本での苦労がようやく実った、この成功によってナウマンは学者として生きていけると確信したに違いない。

年が明けた。万国地質学会議が終わって、ミュンヘンに居を定めたナウマンは、一八八六年一月、ロンドンの王立地理学会に出席し、万国地質学会議で展示した地図類は学会地図室に展示された。講演をしたかどうかはわからないが、ナウマンの論文「日本の自然地理および日本人についての短評」は翌一八八七年二月に『王立地理学会会報』に掲載された[11]。

二月九日、ナウマンは、ウィーン帝室地理学協会で講演「日本群島、その地理学的―地質学的概要」を行い、一八八七年に論文として協会報告誌に掲載された(12)。

三月六日、ドレスデン地学協会の年次総会で、主賓格として講演を依頼された。晩餐会と舞踏会をともない、男女三〇〇人余りの聴衆が集まった。講演内容「日本列島の地と民」は「アルゲマイネ・ツァイトゥング」(13)紙付録(日曜版のようなもの)の六月二六日・二九日号に掲載された(14)。

その後も、ナウマンの忙しい講演生活が続く。四月三日はベルリン地学協会で「日本列島とその住民」を講演し、会報に掲載された(15)。ナウマンは、一八八〇年一月にもベルリン地学協会で講演しているから、ベルリンでの講演は六年ぶりである。

翌四月二八日から三〇日にかけて、ドレスデンで第六回ドイツ地理学者記念日の大会が開催された。出席者は三三三名だった。ナウマンは日本の地質図類を展示して高く評価され、それゆえ、主要演者として「日本の地形・地質に関するわが国土調査について」を講演し(16)、第八章に述べた「日本との悲しい別れ」を最後に語った。「この講演の終了後、万歳三唱のなか、国王陛下とゲオルク王子殿下は、大会議場から退席され、少時の休憩の後、会議が再開された」と、大会当事者は、会報に掲載されたナウマン論文の末尾に加えた。王族を迎えての講演で、ナウマンの故郷への凱旋の頂点だった。

講演はまだ続く。五月二七日には、ミュンヘン地理学協会で「日本の文化状態」を講演し、六月二九日にはミュンヘン人類学協会で「日本及び日本人」を講演した。講演内容は「アルゲマイネ・ツァイトゥング」紙付録の六月三〇日号に掲載された(17)。そして七月九日には日本政府から勲四等旭日小授章が授与された。式典等の記録はない。

ほぼ一カ月に一度の講演だ。講演はおよそ二時間、今日のようにパワーポイントなどなく、長い文章を朗読した。ナウマンも毎月異なった原稿を書くのは大変だったろう。講演の内容は似通ってくる。日本へ行った経緯、日本の地質調査所の創設、発展、業務の概要、日本の地質構造、磁気現象などは学問的な話だ。そこで富士山、四国、伊豆大島、立山、鳥海山などの調査のおりにふれた、日本の自然や民俗学的な経験談が話の中心となる。このような講演の記録は、筆者にとってナウマンが滞日中にどう行動したかを復元するのに大いに役立った。一般市民の聴衆が多い講演会では、あまり学問的な話をせずに、民俗学の話題や日本の歴史や文明にふれることも多い。人類学協会の講演会では、人種としての日本人の身体的特徴や民俗学上の特徴の話が多かった。

### フォッサマグナの提唱

ナウマンの一八八六年二月のウィーン講演「日本群島、その地理学的―地質学的概要(18)」の内容は『日本書紀』にあるイザナギとイザナミの国生みの話から始まり、日本の自然、調査所の発展、作業の方法、地質構造、磁気現象、火山と地震、山地の地形、気候、嵐（瀬戸内海や伊豆大島など）、船の難破（カーナボンセーア号など）と海流、風景（鳥海山など）、動物の生態（蚊や蚤《のみ》など）など多岐にわたるが、ナウマンにとって記念すべき講演となった。それは、ナウマンは地質構造のところで「私がフォッサマグナと名づけたこの窪地(19)」とはじめて明言したからだ。四月のベルリン、ドレスデンの講演でもフォッサマグナという語が使用されている。出版物での公表はドレスデンのほうが早くなってしまったが。

日本人は、フォッサマグナと聞けば日本の中央部の窪地を思うが、筆者は欧米の地質学史家から、ラテン語 Fossa magna は一般に解剖学用語として使われ、頭骸骨にある大きな穴をさすと教えてもらったことがある。「ひよめき」のことかと思うが、fossa は辞書には溝、運河、掘割などと出ている。magna は大きい意。いずれにしろ、フォッサマグナはまだ地質学での国際的な学術語にはなっていない。

一八八〇年代後半、ウィーン大学には地質学の重鎮エドアルト・ジュース（図9–1）がいた。ジュース教授は著書『アルプスの起源』[20]で世界の造山運動を論じ、全三巻の大著『地球の相貌』[21]を執筆中だった。この大著でジュースは、かつて地球には一つの大陸ゴンドワナだけがあった、という大胆な説を提案していた。地球が火の玉のような状態から冷えて収縮しつつあるという前提に立ち、地殻が浮き上がったり沈下したりして海陸が塗り変わってきたと考えた。地球収縮説とよばれている。巨大なテチス海の名残りが地中海で、アルプスは地殻の収縮過程によって隆起したとする。

**図9–1**　ジュース

二〇世紀になって放射性元素の存在が確立すると、地球の内部はずっと熱いので、ジュースの地球収縮説の前提である、冷えつつある地球説は崩壊し、現在では地質学史のなかで引用されるだけの過去の理論である。日本で、『地球の相貌』はついに翻訳出版されなかった。

ナウマンもジュースから強い影響を受けていて、一九世紀の地質学者だから、地球が冷却にともなって収縮している説には全面的に従っている。だが、第四章で述べたように、江戸平野の成因を考え、ゾウの歯の化石を調査していくなかで、ジュースの海水準変動説には疑問を抱きはじめていた。そして、自分が見つけたフォッサマグナの成因について考えていくなかで、ますますジュースから離れることになった。

〔ジュース〕先生は、フォッサマグナの両側における諸現象の同一性について私に教示された。事実、これらの褶曲山脈は、フォッサマグナのところにおいて、大きな山地が普通に示すような関係、すなわち、それらが前進する際に互いに相手の前進を妨げたかのように、凹角をなして出会うという、そういう関係を示している。ジュース〔先生〕はこの関係を対曲（Scharung）と呼んだ。彼はフォッサマグナを、対曲の場所における大きな崩落、したがって対曲の結果と解釈した。ところが、私は、フォッサマグナは対曲の原因であるという見解を表明せずにはいられない。[22]

ドレスデンの講演ではこのように語っている。また、ウィーンの講演は一八八七年に論文化されるときに、「ジュース教授からは、日本に見られる諸現象の意味について、多くの親切な御教示を賜ったのであるが[23]」と始まり、ドレスデン講演と同じような文章が付け加えられた。対曲という言

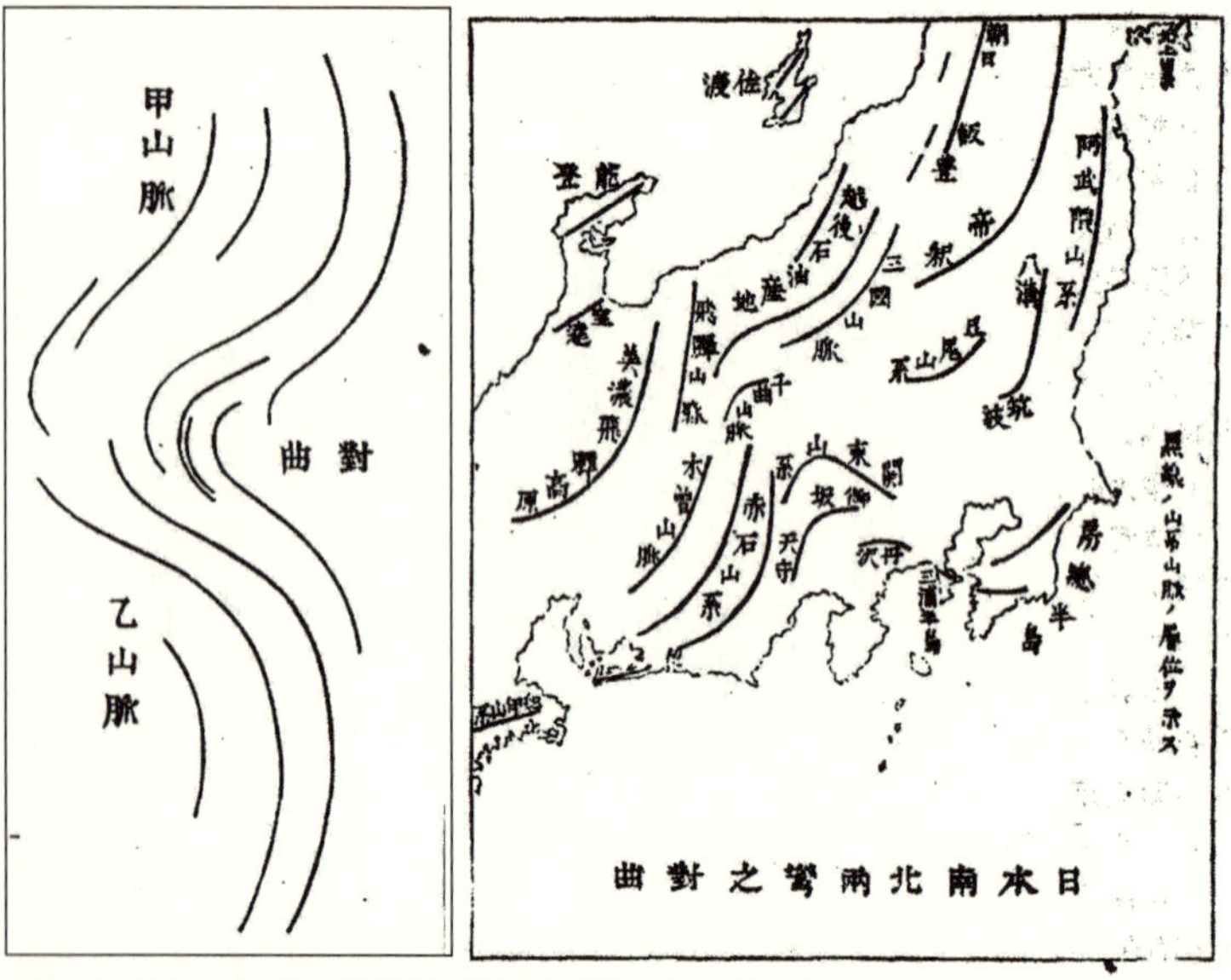


**図9-2**　原田の対曲の説明図（『地学雑誌』第1巻より）
**左図**　2つの異なる弧の形をした山脈（甲と乙）が、ある角度をなして接することを対曲という。接した部分は鋭い入れ込みができることが多い。
**右図**　ナウマンのいうフォッサマグナは、本州中央部の、三国山脈と足尾山系（東側、甲山脈）と赤石山系と木曽山脈（西側、乙山脈）が、天守山地（口絵1の天子山地と同じ）や御坂山地や関東山系のところで接している対曲と考えた。

葉は、現在の地質学でほとんど使われていない。筆者も学生時代に授業で習わず、この言葉に出会っても、よくわからなかった。のちにナウマンと原田豊吉との論争が始まるが、原田は対曲（図9-2）を図入りで説明している。昭和一〇（一九三五）年に発行された渡邊貫編の『地学辞典』では次のように説明されている。

弧状の褶曲山脈は時にその両端が自然に消え失せることもあるが、屢々《しばしば》他の弧状山脈に連結する。同時期に形成された褶曲弧が或る一線を界として急に方向を換へてサイソ［ク］ロイド曲線状をなし両弧の間に多少の鋭い入込みを作る現象。Himalaya（ヒマラヤ）山脈とHindu Kush（ヒンズークシ）山脈との会合点の如きはその一例。(24)

対曲は、ジュースの地球収縮説に立って、世界の大山脈が花綵（はなづな）のようにつながっていることを説明したものだ。ジュースの基本概念の一つなのに、ナウマンはそれに疑義を唱えた。ナウマンの思考は自由だった。大家の意見よりも自分の目で見た大地の情報に大いに耳を傾けた。ジュースとの見解の相違は、一八九三年の論文「フォッサマグナ」にも続いていく。論文「フォッサマグナ」でナウマンはついに断言している。

フォッサマグナに比較できるような現象は、地球上の他の山地のどこにも認められない。(25)

## ナウマン・鷗外論争

ナウマンの凱旋講演ともいえる一八八六年三月六日のドレスデン講演を目撃していた若い日本人がいた。森林太郎、のちの文豪鷗外である（図9-3）。森は、陸軍省派遣留学生としてドイツに渡って約一年半たち、ドレスデンに滞在していた。森は当時、日本びいきのヴィルヘルム・ロート軍医監の世話になっていて、この宵のことを『独逸日記』[26]でふれている。

**図9-3** 森鷗外。ドイツ留学のころ（日本近代文学館蔵）

講演ののち、晩餐会となった。正面に日本人が座っていた。ナウマンは食事の前の軽いスピーチで、「長く東洋にいたけれど、私は仏教には染まらなかった。なぜならば、仏は女の人には心はないといっているので、仏教を信じることはできなかった」と語った。それに対し、目の前の日本人が突然「私は日本人だけれど、仏教では女の人も立派な悟りを開いている。ここにいるすべての女性に乾杯」と述べ、会場から拍手があったと記す。森の側から見ると、森はナウマンの講演「日本列島の地と民」にたくさんの屈辱を感じたが、招待講演なので反論できなかった。宴席ならば反論してもいいだろうと考え、ロート軍医監を通じ会長の許しを得てコメントした。多くの賞賛に森は快かった。ロート軍医監も笑いながら「Immer verschmitzt! [いつものようにやったな]」といったと、森は日記の形で記録に残した。ただし、『独逸日記』が公表されたのは鷗外死後、昭和一二（一九三七）年のことである。

ナウマンの講演の記録が「アルゲマイネ・ツァイトゥング」紙付録に掲載されてから六カ月たった一二月二九日に、森の投稿「日本の実情」[27]が、同じ新聞紙上に掲載された。ナウマンの講演が現在の日本を侮辱しているという指摘であった。これに対し、ナウマンは『森林太郎の『日本の実情』』[28]を一八八七年一月一〇日と一一日に発表した。ナウマンはけっして日本を侮辱しているのではなく、日本のよさを紹介したものだと反論した。ついで森の「日本の実情・再論」[29]が翌月一日に掲載された。森としては、批判が受け入れられたと結論した。これらはまとめて「ナウマン・鷗外論争」といわれている。その内容は二五〇ページで紹介する。

## 鷗外論争はどのように日本に伝わったか

現在のようにインターネットで世界がつながっている時代ではない。ヨーロッパと日本とのあいだの手紙のやりとりは片道一カ月から二カ月かかる。ドレスデンの会場での賞賛や居合わせたロート軍医監の反響が良かったのに気をよくした森は、自分の反論が載った「アルゲマイネ」紙付録を日本に送った。家族はそれを大学や軍に渡し、当時東京大学医学部生で、のち精神科医になる呉《くれ》秀三《しゅうぞう》が、「アルゲマイネ」紙付録の森の駁論を大学で大声で朗読した。その反響は「同学皆髪立ち眦《まなじり》裂け、彼狂言を罵《ののし》（り）、此蓋世の文を賞し、全級を震動せり」[30]とある。

石黒忠悳《ただのり》軍医監は、森の医学部の同級生でのちに陸軍軍医総監になる小池正直に記事の翻訳を命じ、その訳文は「東京日日新聞」四月六、七日そして九日の三回に分けて第一面に掲載された。小池はその序文を書いている。

> 左の一編は、在独国医学士森林太郎君が「日本の実事《ママ》」と題し独逸国の普通新聞社に投じて（第三百六十号千八百八十六年十二月廿九日）ナウマンなる者の妄説を弁ぜしものなり。（中略）今其論文の大意を訳し以て独文を読み能はざる者をして、君は孜々《しし》謹学の儀尚此の義挙あるを知らしむ。嗚呼欧米に在る日本人幾千百人ぞ、憤然国威を護するに篤志なる森君の如きもの果して幾人かあるや。(31)

そして「日本の実情」中にある森の間違いや勘違いもそのままに全訳が新聞に載った。鷗外は文章の最初で、マルコ・ポーロが来日したと間違えてとられる文を書き、ナウマンの名前をエヂュアルトと間違えた。ナウマンの文章は載らなかったから、読者はナウマンがどう言ったのかを知ることはできなかった。森は「日日新聞」をドイツに送らせ、一八八七（明治二〇）年五月三〇日に確認している。(32)

## 横山の証言？

『若き日の森鷗外』（一九六九）を書いた小堀桂一郎（森鷗外の娘に小堀杏奴《あんぬ》がいるが無関係）は「両者の論争には、もう一人まことにうってつけの目撃者が居た」として、ナウマンの東京大学教授時代の弟子だった横山又次郎（図9－4）が書き、『文藝春秋』昭和三（一九二八）年四月号に載った

「森鷗外・ドクトル、ナウマンを凹ます」[33]を紹介した。ただし、「目撃者」は小堀の間違いで、横山は一八八六（明治一九）年から一八八九年にミュンヘン大学に留学したものの、ドレスデンには行っていない。

五ページに満たない小文は、昭和初期の風説がよくわかる。内容は、一　怪しからぬドレスデンの演説、二　鷗外とナウマン先生との大論戦、三　何故の悪口ぞ、四　ナウマン先生の頸敵の出現、五　ナウマン先生の失意、六　ナウマン先生と原田ドクトルとの其の後、となっている。見出しからいって、あたかも目撃談のようだが、ナウマンのドレスデンの演説について森はなにもいっていないのに、まさに演説に反論したように書いてあるし、ドレスデンのことは森から聞いたとしか考えられない。実際、森は一八八六年八月三〇日に、ミュンヘンで横山に会ったことを『独逸日記』に記し、その後も頻繁に横山に会っている。ミュンヘンを離れてベルリンに向かうときには、横山だけが見送りをしている。相当付き合いが深かったのだろう。

ただし、横山の文章には一つだけ、有力な目撃録が含まれている。森の「再反論」が出た夕べ、横山はたまたまナウマンのミュンヘンの住居を訪れた。こんなタイミングでは、たまたまの訪問だろうかと不思議に思うところもあるが。

図9-4　横山又次郎

先生はいつにない不機嫌で、且「森が復《また》書いたな」と言つた。余は此の事には初めから無関係であつたから、黙つて返答しなかつた。そして機嫌の悪い時に長居は無用と思つて、そこそこにして帰つてしまつた。(34)

横山はなぜ、この文章を四〇年以上過ぎた昭和三年になって『文藝春秋』に発表したのだろうか。ナウマンは前年の一九二七年に亡くなったが、横山はナウマンの死去を知らないで書いている。森のほうは大正一一（一九二二）年に亡くなっている。巷ではナウマン・鷗外論争が知られていないので、記録として残そうとしたのかもしれない。

## 『独逸日記』の公表

『独逸日記』は前述のように、鷗外の死後一五年して、昭和一二年に発表された。鷗外の『舞姫』などの初期の作品はドイツを舞台にしているため、多くの読者は『独逸日記』を作品の資料と錯覚してしまうことが多い。『独逸日記』は日記形式ではあるが日記そのものではなく作品である。『独逸日記』は、はじめ漢文で書かれ、その後、現在の形に書き改められたという。しかも大半が他人の手によって毛筆で浄書されているという。作り事はないとしても、日記原文に手を加えて差し障りある部分は削除し、加筆されたところもあるだろう。

［三月］六日。夜地学協会の招《まねき》に応じ、その年祭に赴く。この夜の式場演説は日本と云ふ題号

にて、その演者はナウマンなり。この人久しく日本に在りて、旭日賞を佩《お》びて郷に帰りしが、何故にか頗《すこぶ》る不平の色あり。（中略）日本の地勢風俗政治技芸を説く。(35)

三月六日の記載はほかの日に比べて数倍長い。おそらくあとからかなり手を入れたに違いない。この「何故にか頗る不平の色あり」の一文がナウマンへの誤解を巷間にもたらしたと筆者は考えている。論争に限っていえば、ナウマンの来歴をナウマン側から見た資料は、これまでなかった。本書では、けっしてナウマンは「何故にか頗る不平の色あり」ではなかったことを示してきた。森が横山と会って、ナウマンはおそらく勲位について不平をもっていると、入れ知恵されたためだろう。

## 『若き日の森鷗外』の刊行

昭和四四年に小堀桂一郎の『若き日の森鷗外』が刊行されてはじめて、ナウマン・鷗外論争の全貌が広く知られるようになった。ナウマンと森の間でなにがそんなにもめたのか。詳しくは、同書を読んでいただきたいが、簡単にまとめておく。ナウマンがドレスデンで講演した「日本列島の地と民」は、専門用語が並ぶ硬い内容ではなく、地質よりも民族学あるいは民俗学的な話題に及んでいる。冒頭から、日本の自然美への賛辞を揚げ、一三世紀のマルコ・ポーロによるジパングの紹介によってヨーロッパが日本を知ったとして、歴史の叙述に入る。そして、近年の日本開国の衝撃へと移る。「この国は内から開国したのではなく、外からの力で開国させられたのである」とし、「無批判的模倣という原則は今でもなお一般に通用している」と述べた。歴史と国土の概観のあと、ナウマンは聴衆を日本への旅にいざない、日本の歴史習俗を語る。四国での体験が多くの部分を占めている。

森との論争となったのは、既婚婦人たちのお歯黒、侍の一夫多妻制、女性が霊魂をもたないという説があることなどである。ナウマンは、最後に「ある時日本人一隻の輪船《りんせん》［蒸気船］を買ひ求めたり。新に航海の技を学べる日本人は、得意揚々之に上りて海外に航したり。数月の後、故郷の岸に近づきしに、憐むべし、この機関士は機関を運転することを知りて、之を歇止《けつし》［停止］するを知らず。近海を逍遥《しょうよう》して機関の自ら休む時を待てり。日本人の技芸多く此の如し。余は他日その弊を脱せんことを望む(36)」と話を終えた。

この講演の最後の部分に対し、森は「余はこれを聞きて平《たいら》なること能はず」と『独逸日記』に記し、「アルゲマイネ・ツァイトゥング」紙では、次のように批判している。

皮相性を衝《つ》くためにはまことに見事にも考え出されたたとえ話である。しかし要するにつくり話たるにすぎない。ナウマンはあれほど自信ありげに主張してはいるものの、彼の言分を立証するに足るような、議論に値する事例は結局何一つ揚げ得ていない。最近における数多くの近代化の動きの中には、多分はナウマンのつくり話に似たような二、三の事例も実際に起ったであろう。しかし有史以来、日本が成し遂げたような急激な改革にさいして、いくらかの不手際やへまを全然しなかった国がいったいあったろうか？　近代日本国家は未経験な少年のような振舞をしたことはあるかもしれぬ。（中略）そして、物のわかった、何よりも好意的な物の見方ができる人ならば、勤勉な少年が若い時の企ての二、三に失敗したからといって、彼が有能で才幹逞《たくま》しき大人になりえまい、などと軽々しく口に出したりはしないであろう。

ミュンヘン人類学協会での講演「日本及び日本人」のほうで、森が反発したナウマンの発言は、やはり既婚婦人たちのお歯黒、子供の乳離れの遅さ、アイヌへの虐待、粗末な食事、夏はほぼ裸の人びと、不潔な下着や衣服、伝染病や寄生虫の著しい発生、盲人の多さなどである。

たとえば、日本に裸の人が多いというナウマンの指摘に、森は紙上で「日本人の食事に関して特に興味を持たれる方はボートトー・ショイベの論文『日本人の栄養』それから私の小さい論文『日本兵士の食餌』（中略）を参照されたい」と述べた。またナウマンは「日本の奥地へゆくと、人が「ほとんど裸で」歩いている」というが、「膝より上の下肢を露出すれば罰金を科せられるという日本の法律（違式詿違《いしきかいい》）を知らないのであろうか(37)」と反論した。

それに対し、ナウマンは反論し、「粗末な食事と日本人の体力は矛盾するが、それは見かけ上だと私は述べた。裸を禁じた法律も知っている。私の車を引く汗だくの車夫が大きな町に入るとき、車を止めて丁寧におじぎし「自分たちは急いで上着を着なければならぬ」ということが幾度もあった。私は、暑い時期は労働者や苦力《クーリー》は少なくとも田舎へ行けばふんどしの裸で歩いていると述べた。あるレストランでボーイがふんどしと襦袢《じゅばん》だけなので私は「その安直な夏ズボンはどこで買ったのか」と尋ねた。客もボーイもほがらかに笑った(38)」と反論した。

森が反発したような日本についての発言内容は、明治初期にやってきた多くのお雇い外国人の書簡や著述を読むと、頻繁に登場する。本書第五章、第六章で多く引用した『ベルツの日記』やシュルツェ夫人の書簡にも多く見られる。ナウマンはごく当たり前のこととして発言したようである。

森がナウマンの講演に反発して書いた「日本の実情」に対して、ナウマンは降りかかった火の粉をはらうように、あるいは、森の誤謬をいくつか指摘して、歯牙にもかけないような態度で反論を書いた。それに対し、森は一カ月後、さらに「日本の実情・再論」として再反論した。裸の理由については森も「暑いから裸になるのはどこでもあること」とナウマンが言い逃れをしたのだと言いたげにして許した。そして相手が過ちを認めたとして、「私はナウマン氏と主要な争点において意見の一致を見たことを心からなる喜びとし、これを以て論争は終結したとみなしてよいであろう」と、勝手に幕を引き、次の一節を添える。

事実、私のごとき見ず知らずの人間が、十年間も日本に滞在してその間この国を学術的観点から隈なく見て歩いたという高名なるドイツの学者に反論を唱えようというのは、なるほど大胆な仕業というものではあろう。しかしながら何故にこの反論は書かれたのか、それも多分に激しい調子で書かれたのか。——以下の事情を考慮してみられるなら読者諸賢にもよく理解して頂けるであろう。すなわち日本人の心も、その愛する祖国のために熱く鼓動しているのである。そして祖国に関して、誤った、悪意ある見解が横行しているのを耳にするときは、それも多くの日本人にとってすでに精神的に第二の祖国になった国においてそれが横行しているのを聞く

ときは、日本人は憤慨するのである。(39)

## ドイツで暮す日本人の心境

論争はこれで終わる。この事件は日本の近代文学史では有名である。しかしながら、双方の発言を注意して読んでみると、扱われている内容は一方的に森鷗外から提起されたものであり、それを他の方向から実証するものはない。ナウマンの意見は、「アルゲマイネ」紙付録で述べられているものしかない。こちらを読んでみると、ナウマンが鷗外を罵っていることはない。ましてや、日本への「不平」を述べたものもない。勲章に関しても一言もない。明治一九年七月にナウマンは勲四等旭日小授章を受章した。昭和一二年発行の『独逸日記』に「何故にか頗る不平の色あり」と書かれ、横山又次郎が「先生が我が国を去る時には、不平がその胸中に充ち満ちてゐた」(40)と昭和三年に書いているが、離日直前の送別会で踊ったナウマンを思い出してほしい。(41)「不平がその胸中に充ち満ちてゐた」であろうか。当初の不公平に見える叙勲を周囲が忖度《そんたく》して「ナウマンは不満だろう」と考えたかもしれないが、亀清で踊ったナウマンにはそういう雰囲気はなかったと筆者は思う。森の『独逸日記』には、森が苦境に陥った場面はまったく書かれていないが、ドイツで、遅れている日本を嘲笑されていると感じることがあったに違いない。森のほうがもっと切羽詰まった状況にいたのではないだろうか。

筆者は森の「大発見」(42)という小説を思い出した。第八章でもふれたが、知る人ぞ知る、ヨーロッパ人も鼻糞をほじることを発見したという話だ。その要旨は、森がドイツに留学したときに、青木周蔵公使に挨拶に行った。衛生学を学びにドイツに来たと青木に告げると、「人の前で鼻糞をほじる国民に衛生も何もあるものか」といわれる。ドイツに四年いたが、たしかに鼻糞をほじるドイツ人に会ったことがなかった。それどころか、挨拶の仕方がおかしいとか、化学実験中にガラス棒を器用に扱うと見世物にさせられたり、ドイツ人の嘲笑をあびた。そうした森の苦境が少し書いてある。森は、必死にヨーロッパの文献を調べて、ついにヨーロッパ人も鼻糞をほじることを発見した。森のナウマンとの論争も鼻糞ほじり探しの一環ではなかろうかと筆者は思う。森は日本という新興国家を背負って、ヨーロッパに負けまいと必死になっていたに違いない。

## 教授にはなれず

一八八七年二月にロンドン王立地理学会誌に掲載されたナウマンの「日本の自然地理および日本人についての短評[43]」の論文中の「彫刻家が人間の体の内部の構造を知らなければ、素晴らしい彫像を作れないように、地質の構造を知らなければ、地形は論じられない」という一文を、イギリスの著名な政治地理学者ハルフォード・マッキンダー Halford J. Mackinder（一八六一〜一九四七）が、一八八七年三月の王立地理学会講演で肯定的に言及した[44]。この講演はマッキンダーの地政学の創始宣言でもある。地政学の創始者マッキンダーに肯定的に評価されて、ナウマンは得意に思っただろう。五月二三日には、王立地理学会の名誉通信会員に推挙された。

ナウマンは帰国直後の凱旋講演が終わると、ミュンヘン大学に近い、市内のトルケンシュトラーセ（トルコ人通り）に居を構えた[45]。また、ミュンヘン大学で教授職が得られるかどうかも調べ始めた。まだ三一歳だった。だが、やがて教授職獲得は難しいことがはっきりしてきた。第一の困難は、ミュンヘン大学評議会から、教員資格の条件として人文系ギムナジウムの卒業証明書に欠如があることが指摘されたことだ。かつて、ナウマンがミュンヘン高等工業高校を一学期だけ過ごし、人文系の単位なしにミュンヘン大学に入学したことが障害となった。

それでもナウマンの指導教官であるチッテル教授は、一八八七年二月、大学評議会に、ナウマンの業績を特記した「教員資格条件の免除願い」を申請した。それを受けてナウマンは、誕生から帰国するまでの四ページに及ぶ「履歴書」とともに、一八八七年に出版した地磁気に関する論文も用意して、地質学および自然地理学の大学教員資格《ハビリタチオン》を申請した。三月には「古典語ギムナジウムの卒業証書の提出の免除」が認可され、ハビリタチオン試験を受け、チッテル教授からは「教員資格の支持声明書」が提出された。

大学評議会は、提出された論文を高く評価し、「大学教授資格申請」を承認した。しかしそれは資格を得ただけのことである。第二の困難は、教授の椅子の空きがなかったことだ。ナウマンが四月に受け取ったのは「私講師任用通知」だった。私講師は無給だ。受講したい学生がいればたとえ数名でも授業し、学生からわずかな受講料を得るだけである。

## 地磁気について次々と発表

ナウマンは、滞日中に日本の『地震学会誌』用の論文を一八八三年に書いたあと、クライルの「南東ヨーロッパおよびアジア海岸地域の若干の地点における磁気的ならびに地理的測定」[46]（一八六二）という論文を読んでいた。この論文は地磁気研究の基礎となるもので、地磁気の方向（方位磁石の向く方向）には場所によって違いがあるのは磁石に影響を与える地磁気異常のせいであり、磁北が真の北極からずれている数値（偏角）を結べば等「高」線ならぬ等「偏角」線図として描くことができるとまず述べ、地磁気調査が「将来、地質学的研究と結びついてその実際的応用を見出すことは疑いない」とクライルは、断言している。日本においても偏角の測定が地殻を考えるうえで重要なことにナウマンは気づいた。

ナウマンはドイツ帰国後、一八八七年に、『地磁気現象と地殻構造の関連性[47]』という冊子をシュツットガルトのエルク社から出版した。前述の、大学教員資格のために提出した論文である。自費出版と思われる七八ページの本は、東京大学理学部地球惑星科学図書室にも架蔵されていた。弟子の関野修蔵、神足勝記らによる全国磁気調査（一八八二〜八三年）のデータにもとづいて、日本列島の磁気図（等偏角線・等伏角線、等水平分力線、図9–5）を作成し、ナウマンが佐渡屈曲（第七章一七九ページ参照）とよんだ中部地方における等偏角線の北方向への湾曲が、フォッサマグナの地質構造と密接に関係していることを主張した。ナウマンはどうしてもフォッサマグナ成立の理由づけをしたかったようにみえる。

日本では、小藤文次郎が一八八七年に「本邦地体構造ト地磁力ニ関スル顕像[48]」として、一八八七年のナウマン論文をすぐ紹介しているが、佐渡屈曲は存在しないと葬った。ナウマンの一八八七年の論文を訳した山田直利は、ナウマンの地磁気観測データにもとづいて、自ら等磁気線を描いてみたところ、佐渡屈曲を描かなくても等磁気線は描けるという。

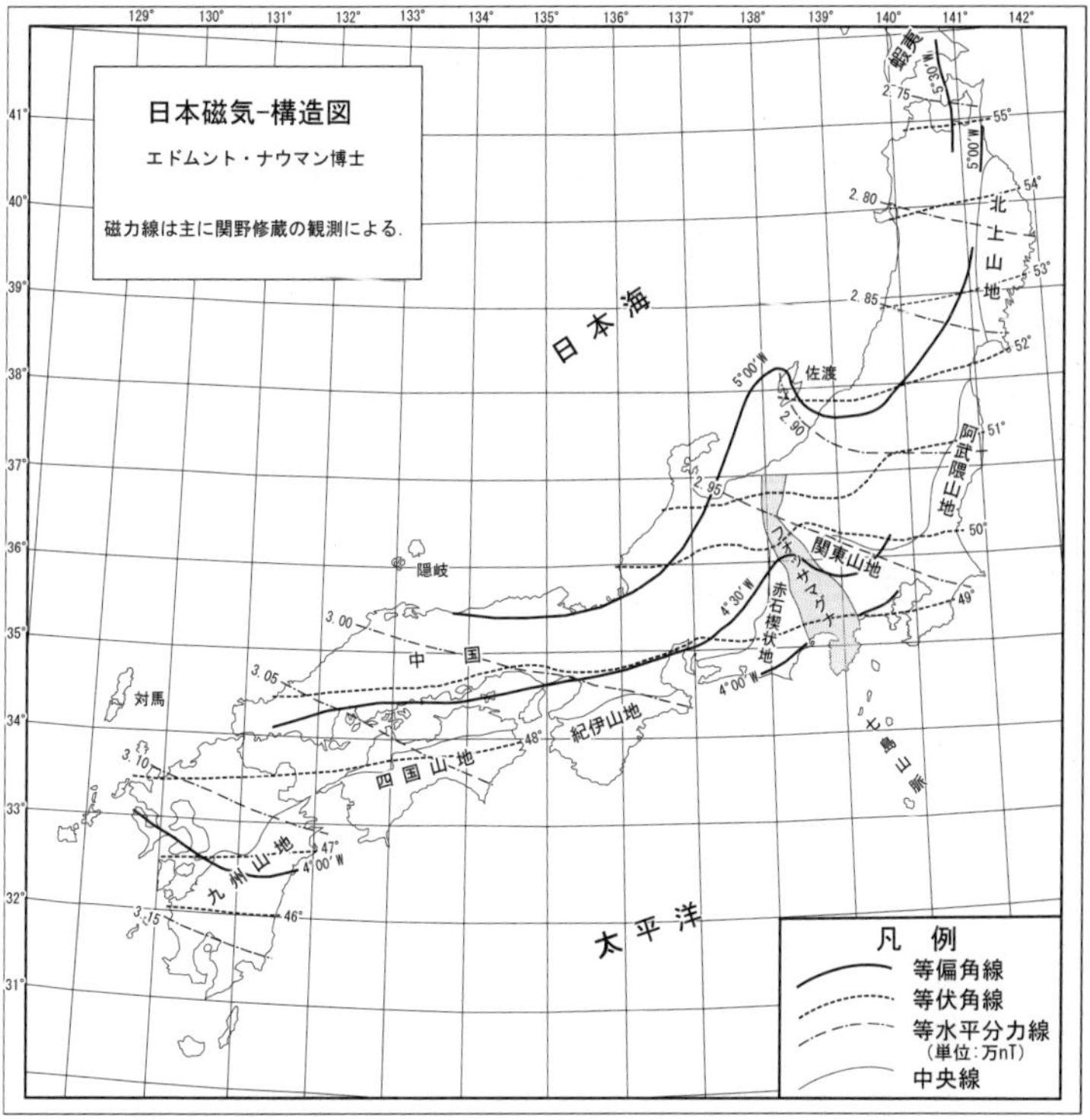


**図9–5** 日本列島の磁気構造図。ナウマン作成の図に日本語訳を付して複製した（『GSJ 地質ニュース』Vol.4, No.2 より。https://www.gsj.jp/data/gcn/gsj_cn_vol4.no2_37-51.pdf）

ナウマンの地磁気研究のその後を記す。ナウマンは一八八九年九月、イギリスのニューカッスルオンタインで開かれた英国科学振興協会の年会で「地殻の構造によって影響される地磁気　付：全地球磁気調査の提案[49]」を講演した。その概要は年会のレポートに掲載されたし、また、『ジオロジカルマガジン』誌にも掲載された。論文の前書で、フンボルトによる世界中の調査から地球物理学的研究が始まったが、岩石の違いによる地磁気の違いの研究も同時に始まったとし、まずアメリカのロックの研究を図入りで紹介し、二枚目の図でヒマラヤでも地磁気の研究が行われていることを紹介した。本論に入り、日本で一八八〇~八五年に行った地磁気の研究から、等磁気曲線と地質構造が関連しているという予見をナウマンは示した。二〇〇地点の観察をし、クニッピングの解釈と関野の解釈とナウマンの解釈を比較している。ナウマンの解釈では地磁気の佐渡屈曲はフォッサマグナと大いに関係しており、富士山の影響と考えられるという。そして地磁気の研究は重要であるから、今度のロンドンで開かれる国際地理学会で地磁気のセッションを作って、もっと研究を進めようと提案した。一八九〇年には同じ内容のドイツ語訳を発表した。

一八九五年に国際地理学会がロンドンで開催されたときに、ナウマンは学会の役員の形で出席し、マケドニアやアナトリアの地理の発表もしているが、地磁気の調査をさらに提案している。なお一八九七年四月にナウマンは、イエナで開催された第二〇回ドイツ地理学会で「地殻構造と地磁気[50]」についての討議に加わっている。地理学界でもナウマンは評価されていたといえるだろう。

一八九九年九月一六日、ナウマンはベルリンで開催されたドイツ地質学会例会で「鉄鉱床の評価に対する地磁気観測の応用[51]」を講演した。なお、一九〇〇年九月一三日のドイツ地質学会通常総会

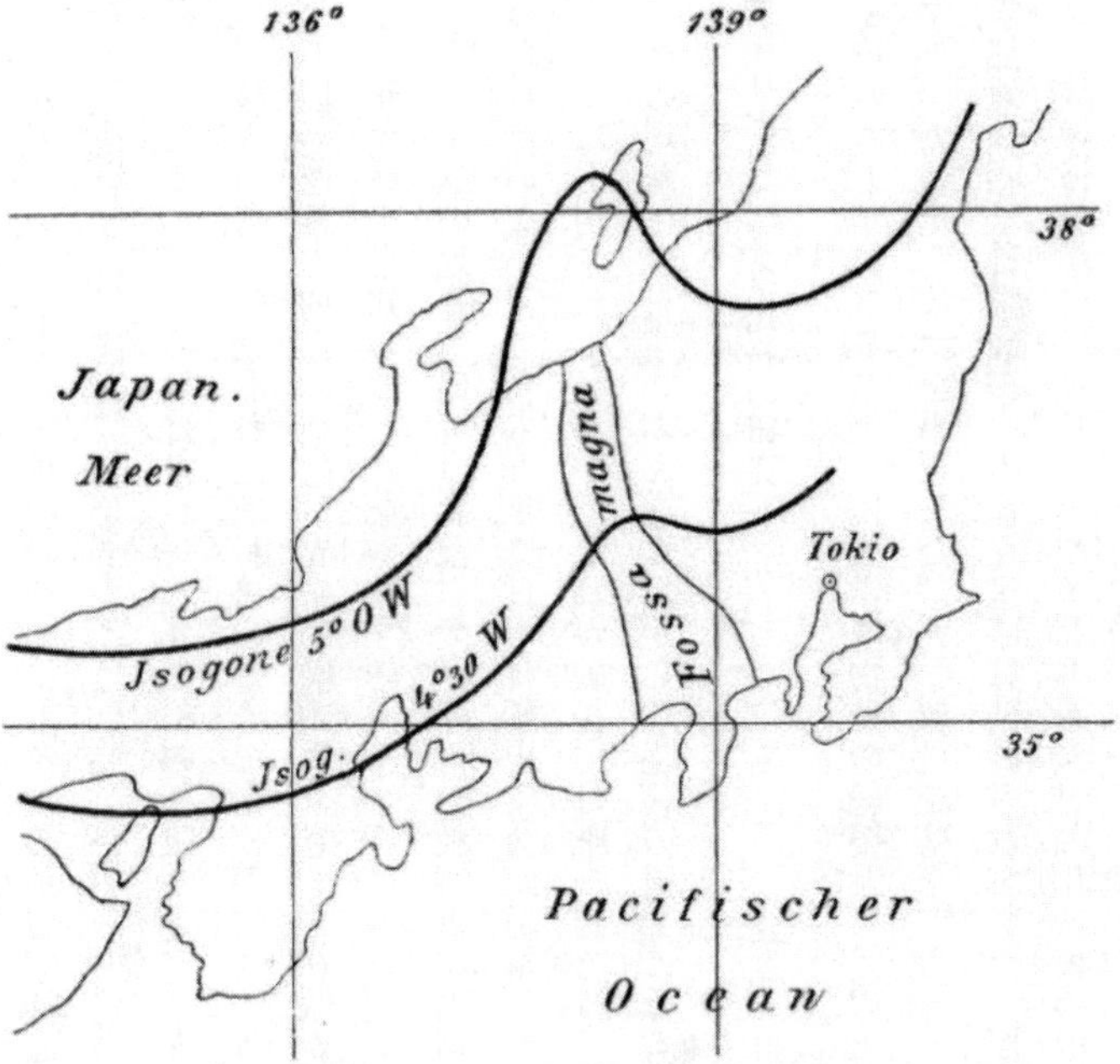


Fig. 6. Kartenskizze eines Theiles der Insel Nipon mit ihren Isogonen. Nach E. Naumann.

**図9–6** カイザーの『地質学概論』に載ったナウマンの地磁気異常の図
（Allgemeine Geologieより）

ではフランクフルト部会の設立から今日までの歴史を概括した講演をし、一四日には座長を務めた。一九世紀後半から二〇世紀の初めにドイツの地質学徒はカイザー Friedrich H. E. Kayser（一八四五〜一九二七）の『地質学概論』[52]の教科書で勉強した。東京大学理学部地球惑星科学図書室の保存書庫にはカイザーの教科書が一八九三年の初版から、一九二一年の第六版まで合わせて二三冊あって、日本でもよく使われた教科書のようであった。このカイザーの教科書『地質学概論』にナウマンの描いた日本列島の地磁気異常の図（図9-6）が初版から掲載され、世界中の人がナウマンとフォッサマグナを知ることになった。

ナウマンの地磁気研究は戦前、カイザーの教科書に引用されたほどだったが、現在はほとんど顧みられていない。一九六五年に日本科学史学会が編纂した『日本科学技術史大系一四　地球宇宙科学』[53]には引用されているが、それが戦後では唯一だろう。ナウマンの時代と比べて、地磁気そのものへの理解は今日ずいぶん進んだから、現代の研究にはもうナウマンの名は出てこない。

## フィリピンのゾウ化石の研究

一八八七年にドレスデン民族学博物館の紀要として、ナウマンは「ミンダナオ、スマトラおよびマラッカの化石象」[54]を出版した。大学教員資格を取ろうとした年の出版だ。この冊子も東京大学理学部地球惑星科学図書室の保存書庫に架蔵されていた。厚手の立派な表紙がついている。ドレスデン民族学博物館にフィリピンやインドネシアの化石象の標本があり、それを研究したものだ。フィリピンの標本（図9-7）を、ライデン地質学博物館の古生物学者カール・マルティン Johann Karl.

L. Martin（一八五一〜一九四二）が新種として提唱したジャワ産の種に同定している。

ところが、一八九〇年にもう一度ナウマンの「マストドンの変異した一新種、ステゴドン・ミナダネンシス」[55]という短い論文が『ドイツ地学協会会誌』に掲載された。マルティンからこの同定に対して批判が出され、調べ直し、フィリピンの標本を新種として提唱し直した内容だ。この論文以降、ナウマンの古生物学研究は見つかってない。地磁気研究が忙しくなったのだろうか。

ナウマンは、大学生だった一八七五年に、哺乳動物化石の記載を含む博士論文[56]を書き、古生物学者として出発したようだが、その後、古生物学の論文は少ない。ただ明治一三（一八八〇）年に、ライマンが北海道で集めたアンモナイト標本をヨーロッパ種に同定し、地層の時代決定に応用している[57]。しかしながら、東大では、アンモナイトの古生物学的研究は横山又次郎、矢部長克、松本達郎まで続いて、戦後になって、松本によりようやくアンモナイトの系統分類学的研究は安定したといえる。一八八一年にナウマンは日本産のゾウの歯について、『パレオントグラフィカ』誌に論文を寄せている。これがナウマンゾウに関する原論文[58]で、日本の化石をインドの現生のものに同定した。ナウマンの残した古生物学に関する論文は全部で五本なので、

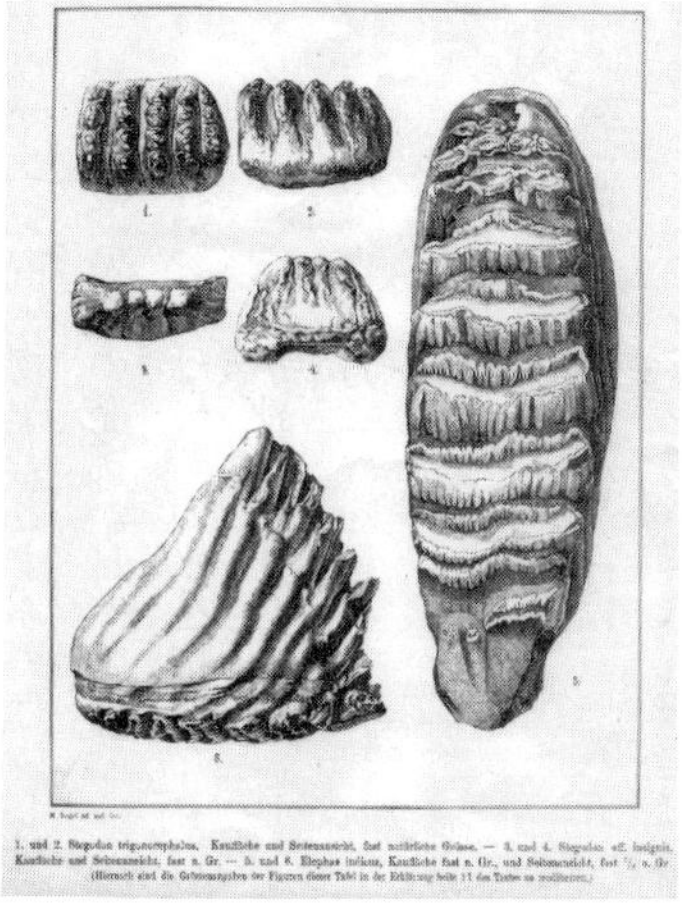

**図9–7**　フィリピンゾウ化石図
（Abhandlungen und Berichte des K. Zoologischen und Anthropologisch-Ethnograohischen Museums zu Dresden, 1886 / 87より）

ナウマンを古生物学者とよぶのは少しはばかられるかもしれない。

現代では恐竜の発掘が日本のあちこちで行われているが、ナウマンゾウ発掘の話はあまり聞かない。長野県での野尻湖の水を抜いた春の発掘は、一年おきにずっと行われているが。日本ではナウマンゾウのほうが恐竜よりたくさん見つかるはずだ。ナウマンゾウがもっと発掘されて、ナウマンゾウの研究が進むことを願う。

## ナウマンの日本コレクション

有名なロンドンの水晶宮は、一八五一年に第一回万国博覧会の会場として建てられたが、それをまねて、ミュンヘンにも一八五四年に水晶宮が建てられた。一九三一年六月六日の火事で崩壊し、再建しようとしたが、ナチの台頭で、その地に「ドイツ芸術の家」が建てられたので、ミュンヘンの水晶宮のことは日本人にはあまり知られていない。ナウマンは帰国して二年後の一八八七年、ミュンヘンの水晶宮で、日本画の展覧会を開催した。ナウマン著の展覧会のカタログ[59]（図9-8）が東京大学文学部美学教室の図書室に架蔵されている。ナウマンは七百点以上の絵画、巻物、漆製品、青銅の亀、木版画、写真、そして自分で描いた水彩画などを展示した。ナウマンは日本滞在の間、せっせと骨董品を収集し、展覧会を開催できるほどごっそりとドイツへ持ち帰ったのだ。後述する論文「富士山」[60]（一八八八）に出てくるF・モリカゲという謎の人物も骨董の斡旋者の一人だろう。

ナウマンのカタログには、数人の日本画収集家のことが紹介されている。大英博物館の日本画コレクションは、ウィリアム・アンダーソン William Anderson（一八四二～一九〇〇）が蒐集した三千点以上の資料から成っている。アンダーソンは医者として来日し、一八七九年六月から一二月に工部大学校で展覧会を開き、一八八六年に『日本絵画芸術』という著書を刊行した。フランス人ルイ・ゴンスLouis Gonse（一八四一〜一九二六）は一八八三年にパリで大規模な「日本美術回顧展」を企画し、『日本美術』という著書を出した。またアメリカ人のフェノロサErnest F. Fenollosa（一八五三〜一九〇八）は、一八七八年に来日し、一八八二年に内国絵画共進会の審査員を務め、一八九〇年に帰国した。ナウマンの一八八七年の展覧会は、これらの日本での動きに遅れていない。

カタログにはリストといくつかの図が掲載されるのみで、実際にどのような絵画が展示されたか、確実にはわからないが、フォッサマグナミュージアムに寄贈され、そのデータブック(61)に「ナウマンゆかりの品」として掲載されている四枚の日本画は、少なくとも展示されたものの一部だろう。また、展示場の見取り図（図9-9）を見ると、おもしろい展示をしたことがわかる。展示場の外側に美しく刺繡された長い絹織物を並べた。地質調査中のスケッチや地質図や地形図もふくめて地図を五一点も展示している。展示場の入り口には宮島に似せた鳥居を建て、奥の突き当たりに大きな仏像を置き、展示場を寺社の参道に見立て、赤い花飾りと赤い提灯で両側を飾った。そこに絵画が展示されたのだ。絵画には、狩野派や四条派の作品もあるが、小品、習作、模写が数多く含まれ、七福神や鍾馗《しょうき》や布袋《ほてい》など、あるいは桃太郎物語や、義経・弁慶の闘いの図など、当時の庶民のあいだに出まわっていた図像が多かった（図9-10）。この展示が、一八九〇（明治二三）年の「日本の絵」(62)のエッセイにつながっていくことはのちほど述べる。

一九九二年に山下昇の書いた論文(63)では、ナウマンはミュンヘンの民族学博物館に就職する機会が

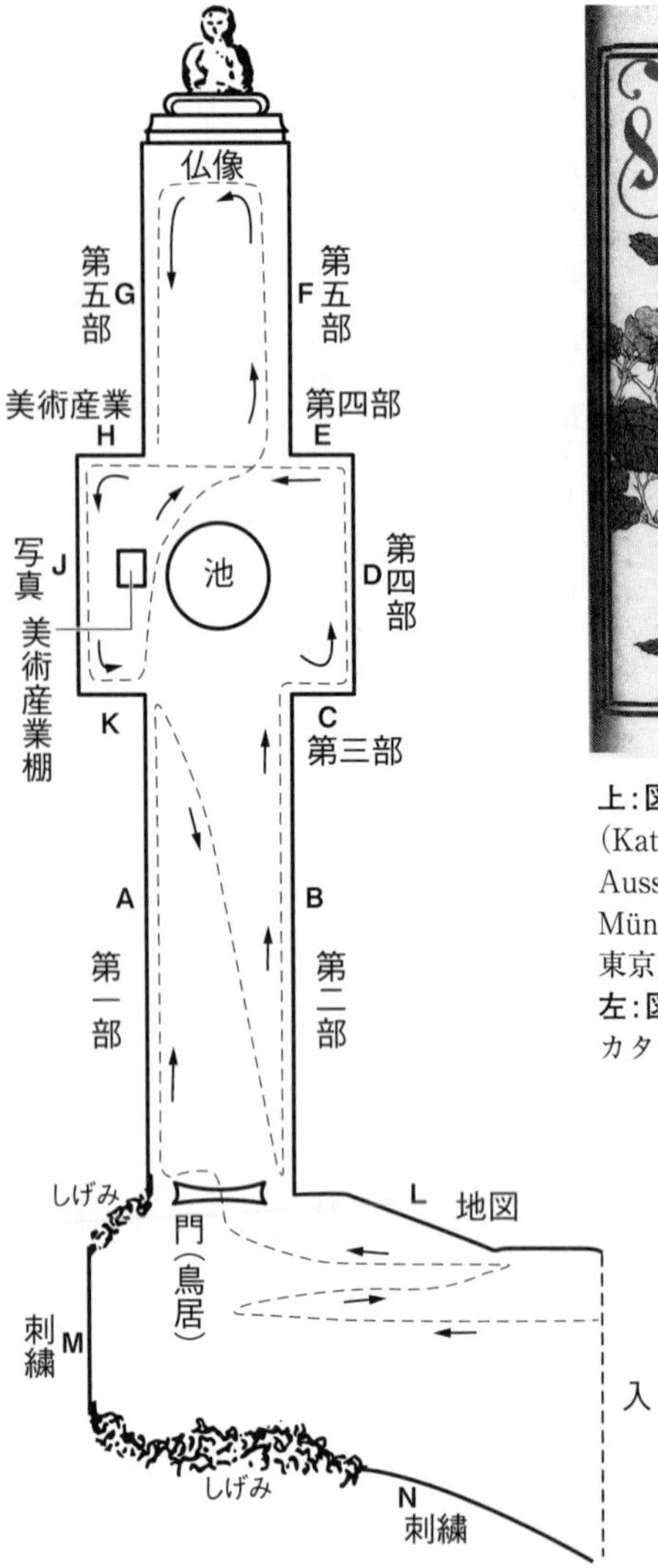

上：図9–8　展覧会カタログの表紙（Katalog der japanischen Kunst-Ausstellung im KGL. Glaspalast zu München / Knorr & Hirthより。東京大学文学部美学研究室蔵）
左：図9–9　展覧会場平面図（上のカタログをもとに作成）

図9-10　ナウマンが集めた絵画のうちの1枚（フォッサマグナミュージアム蔵）

あったという。フィリピンのゾウ化石論文を投稿した先だ。日本絵画の展覧会は、まさに就職運動でもあったようだ。ナウマンはマックス・ブッフナーMax Buchner（一八四六〜一九二一）と職を争って負けたと山下は書いている。ブッフナーは医者で、アフリカを探検し、アフリカの民族学的研究を続け、一八八七年に民族学博物館に採用された。一八八六年から、ライプツィヒ大学の地理学教授リヒトホーフェンの後継の教授になっていた、政治地理学者フリードリッヒ・ラッツェルFriedrich Ratzel（一八四四〜一九〇四）が、ナウマンではなくブッフナーを推薦した手紙が残っているとも書かれている。人事は常になにが起きるかわからないし、背後でなにがどう動いているかもわからないものだ。また、ミュンヘン大学内に地理学講座の新設があったとき、ペンク（あるいはペク）博士にポストをとられたという話も、フォッサマグナミュージアムのデータブック[64]にはあるが確認に至ってない。

アルゲマイネ紙の連載

若き森鷗外との紙上論争について、ドイツ国内での評判はどうだったのだろうか。地理学史家島津俊之は、その後の「アルゲマイネ・ツァイトゥング」紙付録にナウマンが「地理緊要問題」を連載しているのを見つけた。一八八八年八月一〇日に「地理緊要問題　第一回　黄河の氾濫」[65]が掲載されている。その後、一カ月か二カ月おきに、「イラワジ川の源泉の問題」[66]「架空の国フサン」[67]「地球の形」[68]「流木の堤と水草の浮島」[69]「世界時間　日付変更線」[70]「アビシニア（エチオピア）」[71]「気候と海水面変動」[72]と続き、第九回は「学問としての地理学」[73]として、一八九〇年一月二三日に掲載された。連載は第一〇回以降も行われた可能性がある。掲載は新聞の付録一面のトップで、編集者は鷗外論争を扱った編集者と同じであり、ナウマンの意の赴くままに記事が書かれていることがわかる。ドイツでは、ナウマン・鷗外論争がナウマンの評判を落とすことにはならなかった結果だろう。

新聞紙上でナウマンが「地理緊要問題」を連載していることは日本にも伝わってきていた。明治二二年七月二五日発行の『地学雑誌』に次の記事がある。硯山生は小藤文次郎である。書き出しは、

「流木の堤と水草の浮島」　硯山生

嘗て東京大学地質学教師たりしナヲマン氏は今は帰国して独国ミューニック（Munich）府大学の地理学（Geography）教員となり、時々随筆ものゝ地理緊要問題と号する篇を新紙上に載せり、今左に表題の如き一篇を得し故、之を摘要し自分の談をも加え同臭諸君の一餐《ママ》を博せんとす。[74]

と始まり、湖に見られる浮島の成因の話が続いている。小藤はナウマンがミュンヘンで職を得たと思っていた。私講師でも一応教員といえるからだろうか。

## 「富士山」論文

ミュンヘン地理学協会から一八八八年に論文「富士山」が発表された。ナウマンは、フォッサマ

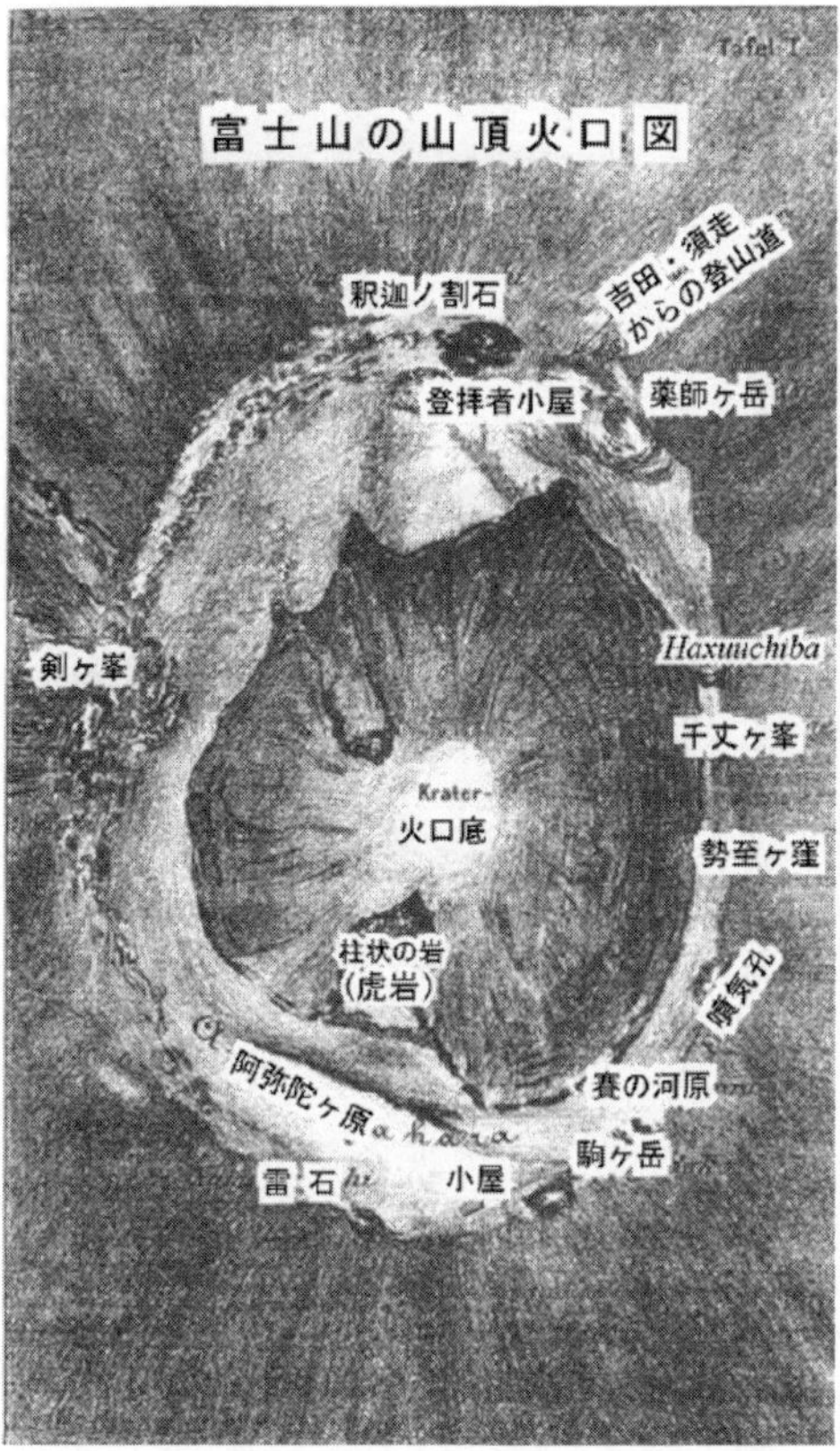


**図9-11**　富士火口図（Jahresbericht der geographischen Gessellschaft in München für 1887, 12を元に日本語訳を付した。『GSJ 地質ニュース』Vol.2, No.10より。https://www.gsj.jp/data/gcn/gsj_cn_vol2.no10_293-314.pdf）

グナの成因に富士山が大いに関係していると考えていたから、ナウマンの知っている富士山の知識をすべてここに書き込んだ。図は二枚あり、富士山の山頂火口図（図9-11）は、スチルフリート男爵 Raimund von Stillfried（一八三九～一九一一）の撮影した写真がもとになっている。

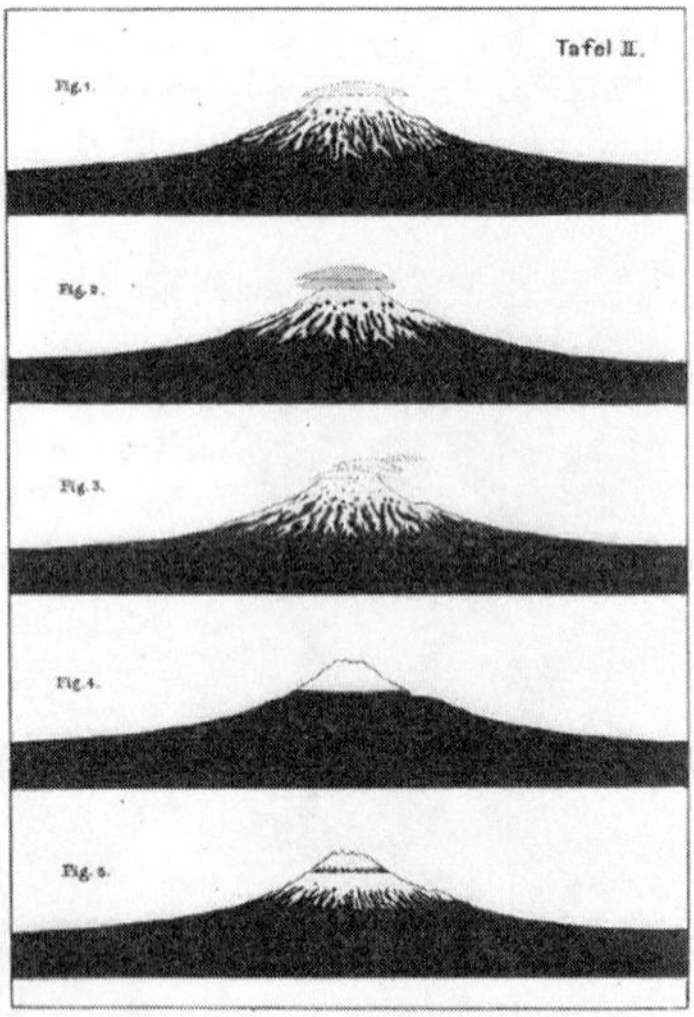

図9–12　富士山にかかる雲と雪（Jahresbericht der geographischen Gesellschaft in München für 1887, 12より）

　富士山にかかる雲と雪の図（図9-12）は前述のモリカゲの富士山の絵のコレクションにあり、駿府《すんぷ》の絵師、大石周我の筆になる。スチルフリートの写真も大石周我の絵も水晶宮で展示されたに相違ない。論文の内容は、富士山に対するナウマンの畏敬の念とともに、富士山の規模、高度、地質学的位置、地形、植物帯、噴火史、伝説、宗教、絵画、詩歌、物語など、富士山に関するあらゆる自然科学上、人文学上の知識が詰め込まれている。ナウマンの富士登山のようすは、第七章で述べた。

　富士山の規模や高度について、ナウマンは、もしもミュンヘン市に富士山と同じ大きさの火山を置いたら、その裾野がどれほど広いか、山頂から南はアルプス山脈、西はシュバルツヴァルト、北西はヴュルツブルクまで見渡せると、読者に具体的に示し、「江戸切絵富士見十三州輿《よ》地全図」から、富士が京都の愛宕山《あたごやま》からも見えること、フンボルトが著作『コスモス』のなかで「ケンペルはすでに富士山をテネリファ（カナリア諸島のテイデ山）と比較している」と書き、またシーボルトが鳴滝塾の二宮敬作に水銀気圧計で山頂を測定させ（二宮はそのために捕縛された）、三七九三メートルという非常に正確な値を得たことを紹介した。ナウマン自身は三七八〇メートルを提案しているから、現代の数値にさらに近い。そして『竹取物語』を紹介し、『万葉集』の「不尽山《ふじやま》を詠《うた》ふ歌」の独訳までした。残念ながら、この論文はナウマン研究者にしか知られていない。

# 第一〇章　日本は遠く

一八八七－一九二七

消された足跡

日本では、ナウマンの影響のない、日本人の考えた日本の地質学を確立していく計画が周到に進んでいた。最終的には未完に終わったが。ナウマンが帰国してから、原田豊吉の地質学がまとまりつつあった。まずは一八八七（明治二〇）年、原田はウィーンの『学士院報告』に「原田豊吉博士からの手紙」と題する短報を載せた。[1] そして明治二一年、ドイツ語で著書『日本群島の地質構造区分試論』[2] を農商務省地質局から出版し、国内向けには論文「日本地質構造論」[3] として発表した。ドイツ語タイトルと日本語タイトルは少し異なっている。そのときの原田の肩書は農商務省地質局次長である。この日本語のほうの文章とまったく同じものを、一年後に『地学雑誌』に発表した。[4] 日本でもドイツでも、日本人が日本の地質学を確立しつつあることを明示する必要があったのだろう。

原田の『日本群島の地質構造区分試論』では緒言で、ナウマンの『日本群島の構造と起源について』の出版についてふれているが、日本語の「日本地質構造論」の緒言では、日本の地質調査の事業はいまだ始まったばかりではあるが、現在わかっているところの地形・地質について議論すると(5)述べた。日本の山脈等の名前については、ナウマンが命名したものを北上山系、赤石山系などいくつかは踏襲し、なお不足しているものは飛驒山脈、木曽山脈など新しく命名していった。

緒言のあと、「日本の地勢」「日本地質沿革」「日本地質構造」と続く。「日本の地勢」では、日本群島は花彩《ママ》列島といわれていて、北彎《ほくわん》すなわち樺太山系の一部と南彎すなわち支那山系の一部よりなり、そのあいだに富士帯が位置すると述べ、当時入手していた海底地形の情報についても述べている。北彎、南彎、富士帯と、言葉は違っているが、地質構造区分はナウマンの『日本群島の構造と起源について』と同じである。「日本地質沿革〔日本の地質発達史のこと〕」では最も古い地層は、片麻岩と結晶片岩よりなる太古大統（始生代の地層）、太古元（原生代）の花崗岩、古生元（古生代の地層）として、秩父古生層、小仏古生層、その上に中生元（中生代の地層）、新生元（新生代の地層）が載ると簡単に記載した。

「日本地質構造」では、まず、全地球の山脈や山系の造山力を考える際に、造山力の異なる二つの山脈が接合するところには特別の現象が見られ、それを対曲とよぶと述べ、富士帯は日本南北の両彎対曲地帯であると述べた。つまり、ジュースの唱える「対曲説」を解説し、「富士帯」という新しい言葉を導入して、ナウマンのいうように列島が裂けたのではなく、列島の北部と南部が「接合」したとして、成立をジュースの対曲説で説明しようとした（図9-2参照）。

旧地質調査所傭ナウマン氏は富士帯［Fuji zone］の本州に属する部分を以て大なる地溝帯となし之をFossa magna（大溝）と名《なづ》く。蓋《けだ》し彼の噴火脈の北西北に向《むかい》て連《つらな》り且其西辺の絶壁の如き山岳を一目すれば此想像を起す宜《むべ》なりと云ふべし。然れども富士帯の構造を熟視するときは其地溝帯にあらざること明《あきらか》なり。（中略）ナウマン氏の富士帯を以て本州に於ける所謂大溝なりと発言せしに当り、澳国の地学士ジウス氏曽《かつ》て異議を唱へて曰く、是れ南北轡の対曲地ならんと。此意見たるや果して今吾輩を欺かざるを知る(6)。

## ナウマンの原田批判

原田の短報(7)をナウマンはドイツで読んで、原田が「関東とその周辺地域の地質の詳細な調査に従事している」ことを知っていた(8)。これ以後ナウマンの地学論文に、原田批判が必ず盛り込まれるようになる。まず、「四国山地の地質(9)」（一八九〇）を発表した。冒頭からアルプス山脈の構造を丁寧に説明し、その後、四国の詳細な記述に入る。そして最後に、原田が「一つの試論、すなわち『日本群島の地質構造区分試論』を発表している(10)」とふれて、フォッサマグナの普及解説を兼ね、ナウマン自身の考えの変遷も述べ、最後に原田を批判している。

原田は「北日本と南日本との間の地質上の境界線と考えられる重要な構造的攪乱帯《じようらん》」について述べている。それから彼は、この帯——わがフォッサマグナはその一部である——を「この国最高の聖なる峰にちなんで富士帯（Fuji zone）」と名づけている。名づけられるべき何もの

かが存在する、ということについては、われわれは完全に一致している。異なるのは名称だけである。(中略)
私は一〇年という年月の後になって(一〇年間にわたって日本の地質を調査した上で)はじめて、また全国を調査し終わってからはじめて、区分の試みを行ったのであった。私は、目的にかなった名称がすでに存在しているときには、新しい名称を提唱しても科学にとって何の役にもたたない、といいたい。そしてまた、それとは別に、私から見ると、原田の論文——それは、私がつくり上げた基礎の上に立脚しながら、しばしば全く唐突に私の考察に依存し、またその中では、私が用いた名称の代わりに新しい名称をもってくるといった傾向が明白なのであるが——のような論文においては、解釈のやり直し以上のことはできなかった、としか見えない。[11]

原田のほうは、同じ明治二三年、ドイツ語版で一二五ページ、五図入りの著書[12]を刊行した。発行所は日本帝国農商務省地質局だが、ベルリンで出版と書いてある版と、東京で出版と書いてある版が現存している。本文の内容はまったく同じである。原田はドイツにいるナウマンを意識したのかもしれない。日本語版は原田豊吉述、脇水鉄五郎・石井八萬次郎訳で、「日本群島」として、『地学雑誌』に明治二三年~二五年に連載された。[13]
ナウマンは一八九三年に「日本の地質と地理への新貢献」として三件の論文を発表した。そのうちの一つで前述した「日本の火山、白根と磐梯の蒸気噴火」には原田批判は載っていないが、二つめの「フォッサマグナ」[14]では、ジュースとの意見の相違を述べ、また、自説を整理する意味もあったのか、原田と自説の構造区分図を並べ（図10―1、図10―2）、項目別に「対照表」を作ってその違いを示した。ナウマンの主張を一言で述べた「フォッサマグナに比較できるような現象は、地球上の他の山地のどこにも認められない」[15]が書かれた論文だ。三つめの「日本山岳誌大要」では、「原田は日本の山岳の地質構造区分を行ったが、それは私がもっと早い時期の論文によって識別したものであり、それをより詳細に行ったにすぎない」[16]と一言だけ、原田を批判している。

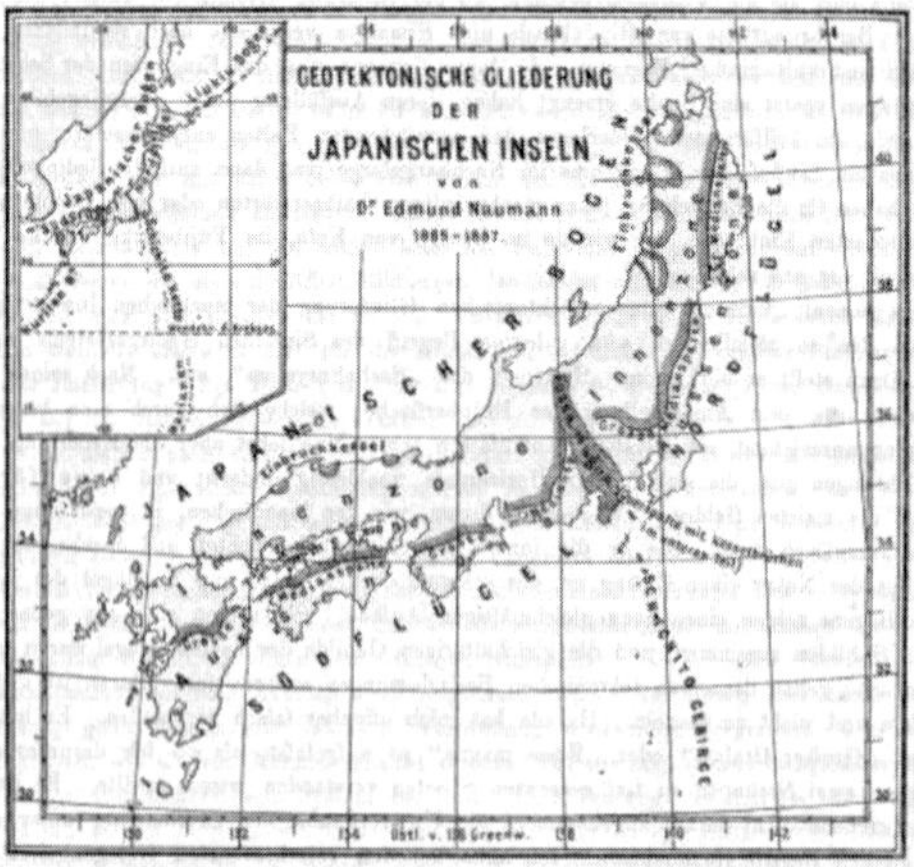


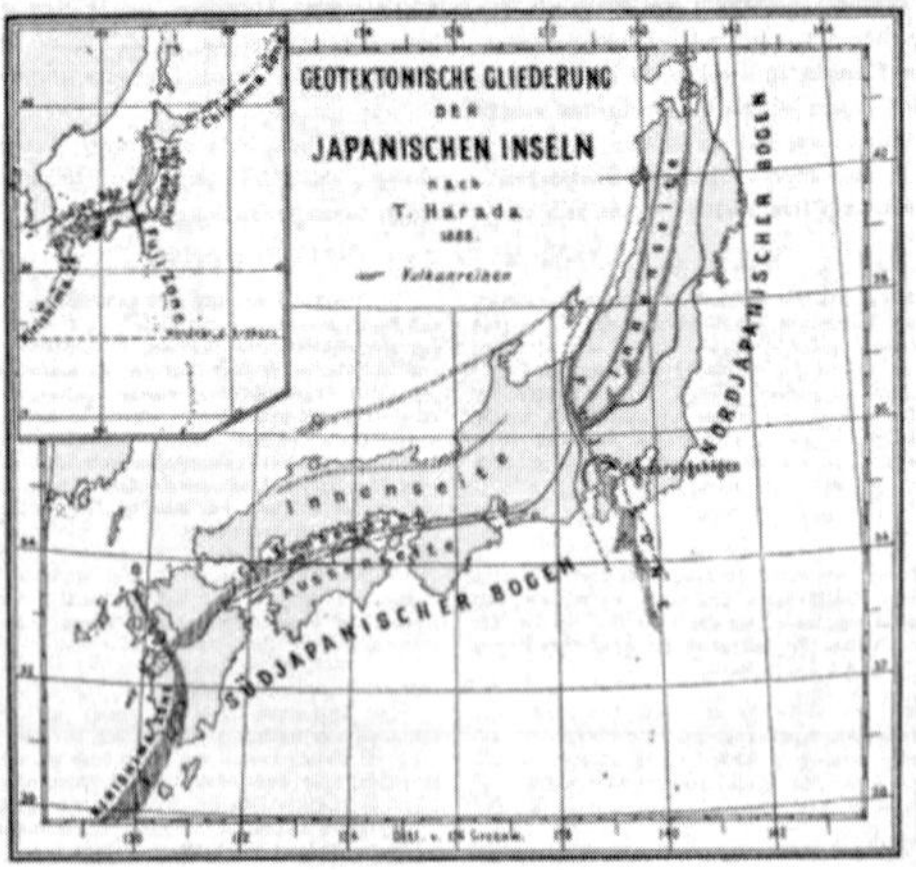


上：図10–1　ナウマンのフォッサマグナ図
（Petermann's Mitteilungen ans Justus Perthes' Geographischer Anstalt, Ergänzungsheft, vol. 108 より）
下：図10–2　原田のフォッサマグナ図（同上）

## 原田・ナウマン論争のその後

日本の地学研究者たちはこれらを学史上、「原田・ナウマン論争」とよんできた。当時、地質調査所や日本の地学界は原田説をどう見ていたのだろう。ナウマンが日本を去って四年後の明治二二年、『地学雑誌』に「日本地質構造論」と題した記事がある。原田の出版物を紹介したのち、

> 嚮《さき》にナウマン氏の Ueber den Bau und die Entstehung der japanischen Inseln[17] の著あり。其材料も亦等しく地質局の調査に基くと雖も、事業の進歩せる今日に在ては玆《ここ》に前者の誤謬《ごびゅう》を改修して全く其観を異にするあり。幸に此著あれば後来の地質調査に一大着目点を与へ、我輩後進者を裨益《ひえき》する、実に莫大なり[18](中島理学士)

中島理学士すなわち中島謙造は、東京大学地質学教室の第四回の卒業生で地質調査所に勤務した。この記事は原田の著書への賛辞になっているが、ナウマンがその基礎を据えたことを確認しているように読めなくもない。

さらに明治二三年には同誌に、堂々とドクトル・ナウマン述、山上萬次郎抄訳で「四国地質一斑[19]」が発表され、ナウマンが推奨した四国の地層の多様さが述べられている。日本を去って五年、彼の論文がこうして掲載された事実は、論争はともかく、ナウマンを否定しないグループがいたことを示すだろう。

前述したように、ナウマンは帰国ののちも、日本地学の状況を和田維四郎や、他の地質調査所員から手紙で知らされている。一世代あとの佐川榮次郎はナウマンの論文を読んで「茲には同氏が地塊大移動論の先駆として裂開グラーベンとも云ふべき説を提唱し、此動力として七島山脈の運動を捕へ来つた其炯眼《けいがん》を称揚したい(20)」と深く尊敬を表している。

ナウマンの地質図を称賛した日本の地質学者もいる。小藤文次郎が明治二七年の『東洋学芸雑誌』に書いた原田豊吉追悼文のなかの一節である。

ナヲマン氏は本邦の大部を巡回し、予察測量を為し本邦に於て初めて地形図と称す可きものを発刊し又地質の書を著す。此書実に日本地質書の嚆矢《こうし》にして、我国地質学者之を顧《かえりみ》るもの寡《すくな》きは実に怪しかる次第なり(21)。

小藤は原田への追悼文に、ナウマンの地質学を高く評価していることを書いた。フォッサマグナ批判に関して、小藤文次郎は原田に数年先んじていた。小藤の『金石学――一名鉱物学』のなかの「地球察相学浅釈」で、「日本諸島嶼《とうしょ》は要するに支那及樺太の二山脈、集合し成れるが如し、其故は島嶼中少しく疆域《きょういき》の広濶なる所必ず二脈の湊合点《そうごうてん》にして著名の噴火山又爰《ここ》に聚合《しゅうごう》するが如し(22)」として対曲とはいわないまでも、そう読めるように論じている。これらについて『黎明期の日本地質学』(一九六六)で紹介している今井功はいう。「こうしてみると、原田の対曲説もあながち彼の独創とはいえず、むしろ、当時のかなり一般的な考えであったことがわかる。後年、小藤は日本弧

(Japanese Arc)について、自分が『金石学』のなかではじめて提唱したのが、原田(一八八四)によって一般化されたのだとして、そのプライオリティーを主張している」[23]。小藤のプライオリティーの主張はのちの原田・小藤論争につながっていく。

ナウマンの原田批判に原田は反応しなかった。その理由の一つには病気があったかもしれない。彼は明治一六年に帰国し、翌年には東京大学理学部古生物学教授になった。故国に順応する期間は元気だったようで、同年八月にはナウマンに命じられるまま横山又次郎、中島謙造とともに第二次赤石横断踏査を行っている。このときを横山は短く回顧している。

私は先づ鳳凰山へ登つて周囲の地形を大観したいと思ひ、丁度同じく地質を出た原田豊吉君と行を共にした。何でも原田君は山中で野宿をしたいのだと言つてゐたやうだ。[24]

原田に結核の兆候が出始めたのはこの後、おそらくナウマンがドイツに帰る前後だろう。『日本群島の地質構造区分試論』を仕上げたころには、病は悪化していたようである。

原田にとって、フォッサマグナのように二つの地層の流れがぶつかって見えるのは、ジュースの提唱する対曲そのものだと思われた。フォッサマグナなど、ドイツ人の若造が勝手に提唱しているだけで邪道だと主張したかった。原田は当時の学界主流の考え方に則ってナウマン批判をしただけである。それほど独創性はない。原田の一連の論文は、日本人が日本の地質構造論を説いた、そのことに意義があったとだけはいえるが。

原田の強力な反対は次第に消えていき、ナウマンの地質学の多くは受け入れられたが、ジュースの影響は強く、東北日本と西南日本の接し方はジュースのいうような対曲だろうという解釈で日本の地質学が作られていった。そして、ジュースの主張した対曲説が学界から消えてなくなっても、ナウマンの主張する独自のフォッサマグナの形成説はなかなか受け入れられなかった。

## 鉱山会社へ、そして再婚

ナウマンは帰国後、大学の教授職に就けなかったが、学界との接触を断ちたくなかったのだろう。帰国以後一二年間も私講師を務めることになる。私講師の薄給でも暮らしていけたのは、日本時代の蓄えもあり、民間企業から地質調査の仕事が舞い込んだりもしたからだろう。外国での地質調査に時間を割くため、彼が大学に提出した「休暇申請書」がたくさん残っている。

私、署名者はフランクフルト鉱物《メタル》会社から、小アジア西部視察の委託を受け、契約を交わす所存でありますので、夏学期の期間の職務休暇を申請致します。一八九〇年四月一四日(25)

ナウマンはフランクフルトに本社のある世界一、二を争う鉱山企業メタル社で、社員ないし委託社員になっていたと考えられる。メタル社にはナウマンと同年同月に日本で解雇となったクルト・ネットーが、遅くとも一八八九年から勤めていて、メタル社に創設された金属技術部門の初代部長になっている。ネットーはナウマンの実力を知っており、仕事を依頼したようだ。一八九七年、ネ

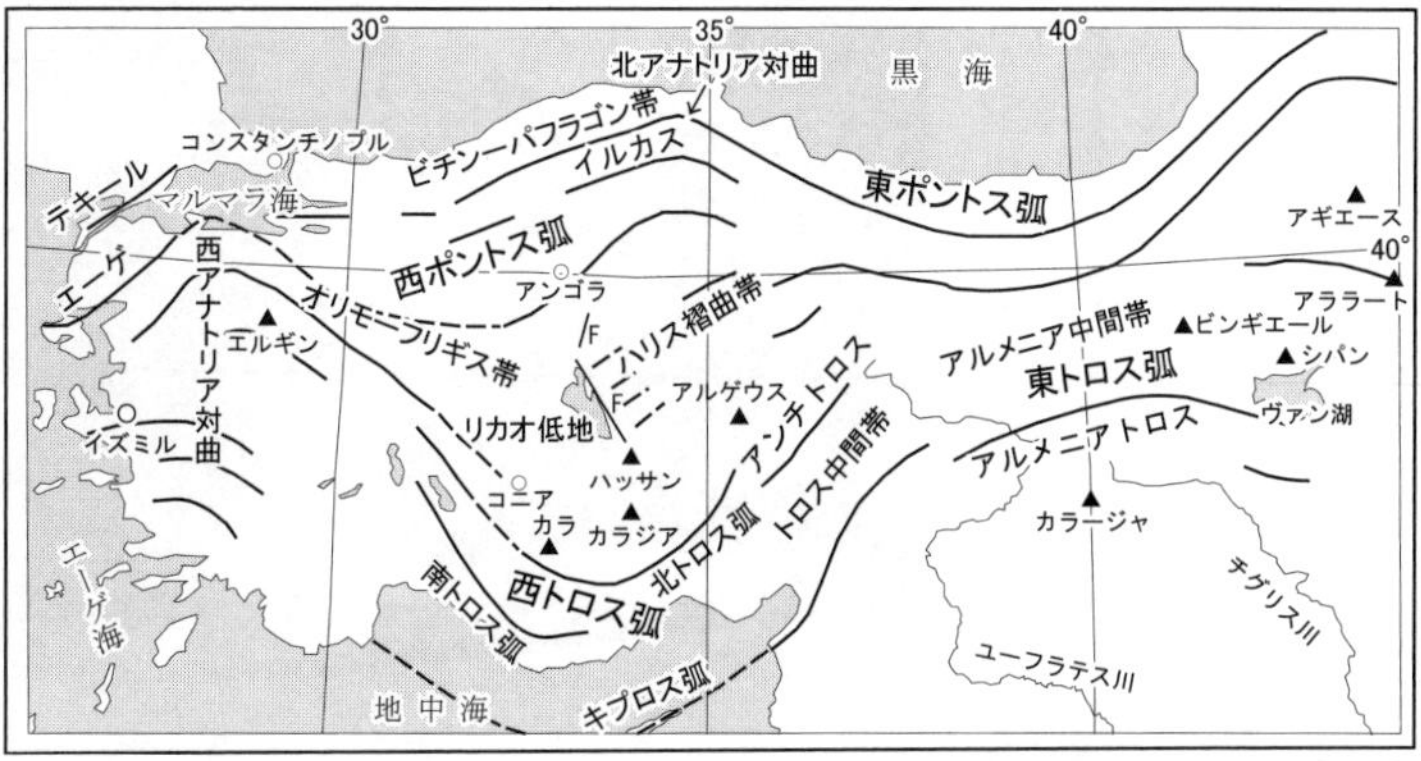


**図10-3**　トルコの地質図（Report of the Sixth International Geographical Congressを元に日本語訳を付した。『GSJ 地質ニュース』Vol.3, No.7より。https://www.gsj.jp/data/gcn/gsj_cn_vol3.no7_208-218.pdf）

ットーはみずから社長となってメタル社の子会社（のちのルルギ社）を設立するから、このころナウマンもその子会社に入社し、しかるべき要職についたことだろう。報酬も大学教授にけっしてひけをとらぬ額だったろう。

　メタル社時代、ナウマンは一八九〇年に、業務でアナトリア（トルコ）鉄道地域の資源調査を六カ月間、また一八九三年にトルコ北部黒海沿岸の石炭資源調査を行っている。一九世紀末、ドイツは反英仏の立場を共有するトルコに接近して、インフラ整備に巨額の投資を行った。重要な投資の一つがイスタンブールとクウェートを結ぶ鉄道敷設およびそれにともなう資源開発である。

　このころに書かれた研究論文「アナトリアと中央アジアの構造基本線」[26]（一八九六）はトルコ地域の地質構造を論じ、その構造地質図（図10-3）は詳細をきわめ、フォッサマグナ研究のナウマンの面目躍如である。またナウマンは一八九七年にメキシコに行き、現地の地質調査所とともに資源調査をしている。メキシコではすでにアメリカの地質学者が大幅に関与していて、ナウマンがメキシコの地質学にどれだけ寄与したかは明らかではない。

一八九一年に、三七歳のナウマンは二二歳の女性と再婚した。妻になったのはバイエルン王室会計委員の娘ヨハンナ・エルネスティーネ・ハウポルトJohanna Ernestine Haupold（一八六九〜九五）で、大学への婚姻届出書が残っている。ナウマンは居をフランクフルトのクレッテンベルク通りに移した。市内の高級住宅地である（図10－4）。彼は若い妻を「ヤンカ」（図10－5）と愛称で呼び、

上：図10-4　ナウマンがフランクフルトで住んでいた家（筆者撮影、2010年）
下：図10-5　ヤンカ（フォッサマグナミュージアム蔵）

夫妻はすぐに二人の子、次男ロナルトと長女ヒルデ・マリアに恵まれた。

彼は執筆にも力を注いだ。二度にわたるメタル社の業務、西アジアの調査結果を『金角［トルコ、イスタンブールにある湾］からユーフラテスの源流まで』[27]（一八九三）と、『マケドニアとその新しい鉄道、サロニカ－モナスティル線』[28]（一八九四）という書物にしている。佐川榮次郎によれば『金角』は、「好評を博し忽《たちまち》にして売切となつたと云はれる」[29]。

だが、喜びだけではなかった。一八九五年五月二〇日、結婚五年目にしてナウマン夫人ヤンカが没した。ほとんど母親の記憶をもたない子供たちの養育は、ナウマンの末の妹マリーに頼むことになった。マリーはすでに先妻ゾフィーの子ライノルトを育て、ちょうど手離れするころだった。幼いロナルトとヒルデ・マリアは、マリーを「リー叔母さん」とよんで育ったという。ナウマンは早くからライノルトをゾフィーから離し、その養育のために、マリーを自宅に住まわせていた。

ヤンカが没した一八九五年に、ロンドンで国際地理学会が開催された。ナウマンは四〇人いる副総裁の一人として出席した。物理地理学のセッションで「アナトリアと中央アジアの構造基本線」[30]の論文を発表した。座長の一人はドイツ地理学界大御所のアルブレヒト・ペンク Albrecht Penck（一八五八～一九四五）だった。東京大学の初代地理学教授山崎直方《なおまさ》はペンクのもとに留学し、のち日本に氷河が存在していたと主張したことが知られている。ナウマンは地形学のセッションで座長を務め、ここではペンクが発表している。ナウマンが中央アジア調査の際の地図、スケッチ、機材を展示したことも記録に残っている。この一八九五年は、ジョン・ミルンが滞日二〇年を終え、トネ夫人とともにイギリスに帰国した年でもあった。そのミルンをナウマンは妹マリーとともにイン

**図10–6**　ワイト島のミルン夫妻とナウマンたち。中央に立つナウマンの左横に妹マリー（ディッター・ナウマン提供）

グランド南部のワイト島に訪問したらしい。ナウマン、マリー、ミルン、トネ夫人の並んだ写真（図10−6）をナウマンの孫が保管していた。二人の交友の深さを感じさせる。

二人の妻を失い、相次ぐ調査旅行で三人の子とも接することの少なかったナウマンは、いきおい仕事に集中するほかなかったろう。業務は多岐にわたり、ミュンヘン大学での私講師は休講することが多かった。一八九八年に大学により、私講師から助教授への昇格が認められたが、助教授にはならなかった。そのころには大学にかかわる意味も薄れ、ナウマンは翌一八九九年六月に正式に「私講師辞職願い」を提出した。

私は専ら、当地の金属工業会社の鉱

山および地質部の指導に従事することになりましたので、誠に残念ながら、今後さらに大学のために勤務を続け得る状態にないと判断し、よって、恐縮ながら私講師としての職務を解除されるようお願い致します(31)。

ナウマンは学界から去った。それはルルギ社からフランクフルトのテルス社に転職したころだろう。「先生が日本で結交した同国人の子《ネ》ツトーといふ鉱山技師の世話で、メイン「マイン」河畔に在るフランクフルト市の、テルスといふ鉱業会社に入つて、其の地質技師となつた(32)」と横山は報告した。

「日本の絵」

弟子の一人佐川榮次郎は、ナウマンの文学的・芸術的側面について語っている。

氏は達筆であつた。（中略）氏は音楽に長じ、又日本の銅器・象牙・彫刻・木版・漆器の蒐集及鑑識は、郷国に於て重きをなして居た(33)。

ナウマンの歌声は、日本でエンマの日記に記されていることからもわかる。蒐集・鑑識眼は水晶宮での展覧会で披露したことに示されている。一八八九年にはミュンヘン建築技術者協会で「日本の建築技術と建築業」を論じたこともある(34)。フォッサマグナミュージアムはナウマンの蒐集した絵画を一〇点ほど預かっている。ナウマンの子孫は七四五点もの絵画を所有しているそうだ。
「日本の絵」[35]は、一八九〇年、『ドイツ絵入り月刊ジャーナル』誌に依頼されて書いた一回限りの二五ページほどの日本印象記事だ。水晶宮での展覧会に展示した絵がふんだんに入っている。ナウマンと同時期に日本に滞在したフランス人画家ジョルジュ・ビゴーの挿絵も用いられている。絵は、文章と直接には関連しないまま掲載されている。浅草の寺、宮島、姫路城などの絵はナウマンの趣味で選んだようだ。日本人についての寸描はナウマンの地質論文中に散見されるが、地質ぬきに日本人の習俗のみを書いた著作はこれだけである。

ナウマンがメンツァレー号に乗って日本に到着する様子から、「日本の絵」は始まる。ナウマンの記述した日本の風俗を少し並べてみよう。浅草の露店に並ぶ安価な土産、ヨーロッパの女の子たちを大喜びさせるだろう着物を着た可愛い人形や「子供たちの喉を鍛えるだろう」風車《かざぐるま》や笛や吹き矢の玩具など。ナウマンはむしろ身分の低い階層の人びとに目を向けている。三味線で門付けをして銅貨をもらう少女には「エタ」[ナウマンの記述のまま]と記し、赤ん坊を背負った多くの子守娘たちも描く。ナウマンはローマ字で、いまでは忘れられた子守唄を音写する。「ねんねのもりはどこへ行った。山の越《ママ》えてさとへ行った。さとのみやげに何もちこう。でんでん太鼓にしょうの笛[36]」。吉原の遊女たちの空色の着物や金襴緞子《きんらんどんす》の帯、油で固めた髪が日の光に輝くさまを愛でる。旅館では野菜中心の料理を食す。ふすま越しに隣室の男女の声がすっかり聞こえるのに驚き、その会話から遊女に売られた哀れな娘と貧しい家族の話を脚本のように紹介する。話題は日本における結婚に移る。日本人の男女は互いに愛がなくても結婚する。そして互いを愛することを培うように周囲が協力する「儒教共同体」についてふれる。都市を離れ、ナウマンは旅に出る。駕籠の旅行の大変さも述べている。

ナウマンは神社の杉の幹にかかった祈願成就の絵馬を見て、鎮守の森の丑《うし》の刻参りも紹介する。福井鯖江村（現・鯖江市）の松の幹に鉄釘が打ち付けられているのを目撃した教師グリフィスの例を引いて、恋敵を呪い殺そうとする女性について、ナウマンは「抑制されているがゆえの激しい愛と憎しみと嫉妬心の現れである」[37]と感嘆している。

## 原田豊吉の病没

病が嵩《こう》じた原田は明治二四年に地質調査所を退職した。そして森鷗外が学んだコッホ博士の発明したツベルクリンに望みをかけてふたたびドイツに渡っている。翌年に帰国したものの、ツベルクリンは結核治療には効果がなく、症状は改善しなかった。明治二七年一二月二日、原田豊吉は三三歳で没した。

前述したように、明治二六年に吾妻山が噴火し、地質調査所員の三浦宗次郎とナウマンの信頼厚い従者だった西山惣吉が遭難し殉職した。原田が明治一六年に帰国した直後は、国内旅行の際にやはり惣吉をお供に従えたという。原田も惣吉の能力を高く評価していたらしい。殉職した二人を悼んで肖像画が描かれた。三浦を洋画家の浅井忠が描き、惣吉を描いたのは原田豊吉の弟の洋画家、原田直次郎だった。この肖像画は上野の帝国博物館に収蔵されたという。豊吉の死の五年後に、直次郎も兄のあとを追うように死去した。

## 第八回パリ万国地質学会議

一九世紀が終わる一九〇〇年、パリ万国博覧会の会期中に、市内で第八回万国地質学会議が開催された。日本からは二代目の地質調査所長となった巨智部忠承が鈴木敏、山崎直方、小川琢治らを連れて参加した。四六歳のナウマンはパリに出向き、前年もドイツ地質学会で旧交を温めた巨智部と合流し、一緒に万博を見物した。ナウマンは、巨智部から最新の一〇〇万分の一の日本地質全図(一八九九)を贈られ、翌一九〇一年、それをゼンケンベルク博物学協会で聴衆に示した。

昨年、私はパリの万国博覧会を観覧したときに、日本の地質調査所による最新出版の総図を、私の尊敬する友人巨智部氏——数年来日本地質調査所を指導し，昨年我々がドイツ地質学会の会員として歓迎した——と一緒に熟視することができたのは大きな喜びであった。(中略)私は何よりもまず最新の総図が、私が日本を去って以来一六年間に達成された非常に顕著な進歩を証明していることを指摘したい。私が当時創設と発展に尽力しなければならなかったこの組織がかくも立派な発達を遂げたことをここで確かめることができるのは、私の喜びである。[38]

万国地質学会議に参加した小川琢治(一八七〇〜一九四一、図10-7)は、東京帝国大学地質学教室を卒業し、地質調査所に勤めたのち、京都帝国大学理学部地質学教室を創設した。戦後ノーベル物理学賞を受賞する湯川秀樹の父だ。ナウマンが日本退去の恨みも見せず、弟子や孫弟子たちに囲まれ、思慕されていると感じて嬉しそうだった、と後年、半分不思議そうに書いている。

大統領のマチネ招待に行つた時に名を聞き写真を見て風采を想像したエドムンド《ママ》・ナウマン先生に遇つた。これは案外我々に反感を懐《いだ》いたとも見えず、小藤・横山の近況如何、巨智部・鈴木〔敏〕は来てゐるかなどといふ懐旧の一端を露はした話を聞き、気の毒な日本退去の事情を追憶せざるを得なんだ。先生はブロンドの頭髪未だ二毛を交へず〔白髪がなく〕、血気も未だ衰えず当時既に五十近い人とは見かけなんだ。これは我々両人〔小川と山崎直方〕の先生に対する虔敬の態度に、自分が今も本邦少壮地質家間に景慕されてゐると感じて、気持ちがよかつた為めでもあらう。(39)

図10-7　小川琢治

この文章が発表されたのは昭和一六（一九四一）年であるが、小川は、鷗外論争がまだ巷間には明らかになっていない一九〇〇年に、ナウマンは日本に「反感」をもっており、「気の毒な日本退去の事情」のせいだと考えていることがわかる。一八八六～八七年の鷗外論争から一九〇〇年までの少なくとも一三年のあいだに、日本の地質学界ではすでにナウマンは日本への不満でいっぱいであるという風説がつくられてしまっていたのだろう。一階級低かった勲章が引き起こした波紋が、国内では大きかったようだ。

### フランクフルト講演

一九〇一年九月で四七歳を迎えるナウマンは、勤めるテルス社のあるフランクフルトに転居したことで、ゼンケンベルク博物学協会から講演を依頼されたらしい。本書では、「はじめに」など数カ所で、この年次総会講演を引用しているが、ナウマンはその講演を結ぶにあたり、自身の最大の業績と信じるフォッサマグナへと話を導いた。

我々は今日すでに、褶曲山地を根底とする裂け目［フォッサマグナのこと］が地球上に存在するということを完全な確かさで知っています。裂け目は褶曲する地層の圧縮、大規模な衝上断層、沈降、陥没、深い深部からの溶融物の湧出と共に進行します。直接の観測ができない地球内部領域に関しては、将来おそらく物理学的研究が光を当てることでしょう。そしてわが惑星の多くの部分を震動させる地震の研究が地下の世界の性質に関して多くの教訓を与えるでしょう。重力測定はこの方面においてますます多くの意義を獲得するでしょう。さらに磁気調査が全地球へ拡大されることにより、我々が地球内部に関してますますはっきりと解明することが期待されるでしょう。とくに磁気現象に関しては、地殻の地質構造と磁気曲線網との間の関連性がいかに密接であるかを、私は世界のさまざまな地方で実証しました。私が最後に強調するように、地球の山脈を成立させている法則の探究は実用的意義をも持っています。山脈に根底を持つ裂け目はすなわち運鉱岩[40]であり、我々が裂け目の全過程をそのすべての性質に従ってより正確に知ることができれば、我々は鉱床分布を支配する大法則の判断ならびに鉱床探査の助けとなるような判断のために非常に重要な拠り所を手に入れるのです。[41]

聴衆は、壇を降りるナウマンに拍手を送った。

### オペラと戯曲

どんなオペラ好きも知らない未完の作品を紹介しよう。『神の啓示』[42]というメルヘン・オペラの台本である。四八歳のナウマンが『竹取物語』をかなり忠実に脚色した作品だ。『竹取』原典では、昇天するかぐやから、不老不死の霊薬を贈られた帝《みかど》が、「死なぬくすりも何にかはせむ」と、天に最も近い山の頂きで焼かせ、

その山を「富士［不死］の山」とは名づける。その煙《けぶり》、いまだ雲のなかへたち昇るとぞ、言ひつたへたる。[43]

と、地名由来譚で終わる。ナウマンの台本は、舞台を富士のすそ野の村に据え、かぐやを引き止められない帝の悲しみに呼応するかのように、富士山が大爆発する。ナウマン論文集『日本地質の探

究』[44]にこの台本が収録されているから、興味ある読者は同書でお読みいただきたい。
『竹取』は、日本最初の平仮名による物語として、OAGが発行した論文集にドイツ語全訳が掲載されていた。[45]翻訳者は東京医学校ドイツ語教師、言語学者ルドルフ・ランゲだ。ナウマンの台本『神の啓示』は手すさびの筆稿ではなく、印刷稿にしている。実演する気がなければやらないことだ。だが、ナウマンのメルヘン・オペラ上演は実現していない。
もう一つ、ナウマンは短い戯曲を書いている。この『アビゲル』は、はるかに古い時代設定になっているが、このほうが彼らしいかもしれない。

人知れぬユーフラテス源流の湖に暮らすかつての王が、娘アビゲルを育てている。無垢な彼女は老父の留守に、放浪の若い狩人と恋に落ちる。アビゲルが地中の宝の秘密をもらすと、矢も盾もたまらない若者は宝を求めて地中に墜落死する。アビゲルもあとを追い、老父は娘の遺骸を抱いて悲嘆にくれる[46]――

地中の宝とは大地の秘密を解く地質学のことではないかと筆者は思う。そして、アビゲルは、ナウマンのもとを去った最初の妻ゾフィーを思わせる。

### 日本人地質学者との付き合い

ナウマンと日本人地質学者との付き合いは、細くはあったがずっと続いていた。東京大学理学部地球惑星科学図書室の保存書庫にあった小藤文次郎の集めた抜き刷り集（通称小藤文庫）の入っている書棚の引き出しから、一九〇三（明治三六）年一二月一五日消印の封書（図10－8）が見つかった。小藤は一九〇三年の暮れ、ハイデルベルクに滞在していたようで、一二月初め、ナウマンを訪問したが留守であった。それを知ったナウマンが不在をわび、もう一度来られたい、楽しい時間を過ごそうと誘っている。一九〇八年一月一五日付ナウマンの絵葉書（図10－9）も発見されている。こちらは一九〇七年一一月一三日付で小藤がなにかを贈ったようで、それへの礼状である。

東北帝国大学地質学助教授の矢部長克は一九〇八年から一九一二年に欧米に留学した。東京大学地質学教室二代教授ブラウンスはすでに死去しており、三代教授ゴッチェとは一九〇八年に会えたが、一九〇九年に急死。同じころにナウマンを訪問したとき、ちょうどロシアに旅行していて不在だったという。[47]

横山又次郎はナウマンを一九〇九（明治四二）年に訪問している。[48] また、これまで多く引用してきた佐川榮次郎も、同じ年にナウマンを訪れている。佐川はナウマンの論文を読み込み、日本地質学の恩人として表敬訪問した。

私はフランクフルトにナ氏を尋ねて慇懃《いんぎん》なる待遇を受けた。当時氏はテルスと云ふ鉱山会社に勤めて居て其処で技師長格の職務に在つて時々旅行もなし忙しいと云ふた。氏はドイツ領南洋に人を遣りたいが日本からなれば近くて便利だが、誰か岩石のわかる適当の人はないか、誰某はどうだ等の話をした。今から思ふと燐鉱かアルミ鉱かに関係の事であつたと考へられる。氏

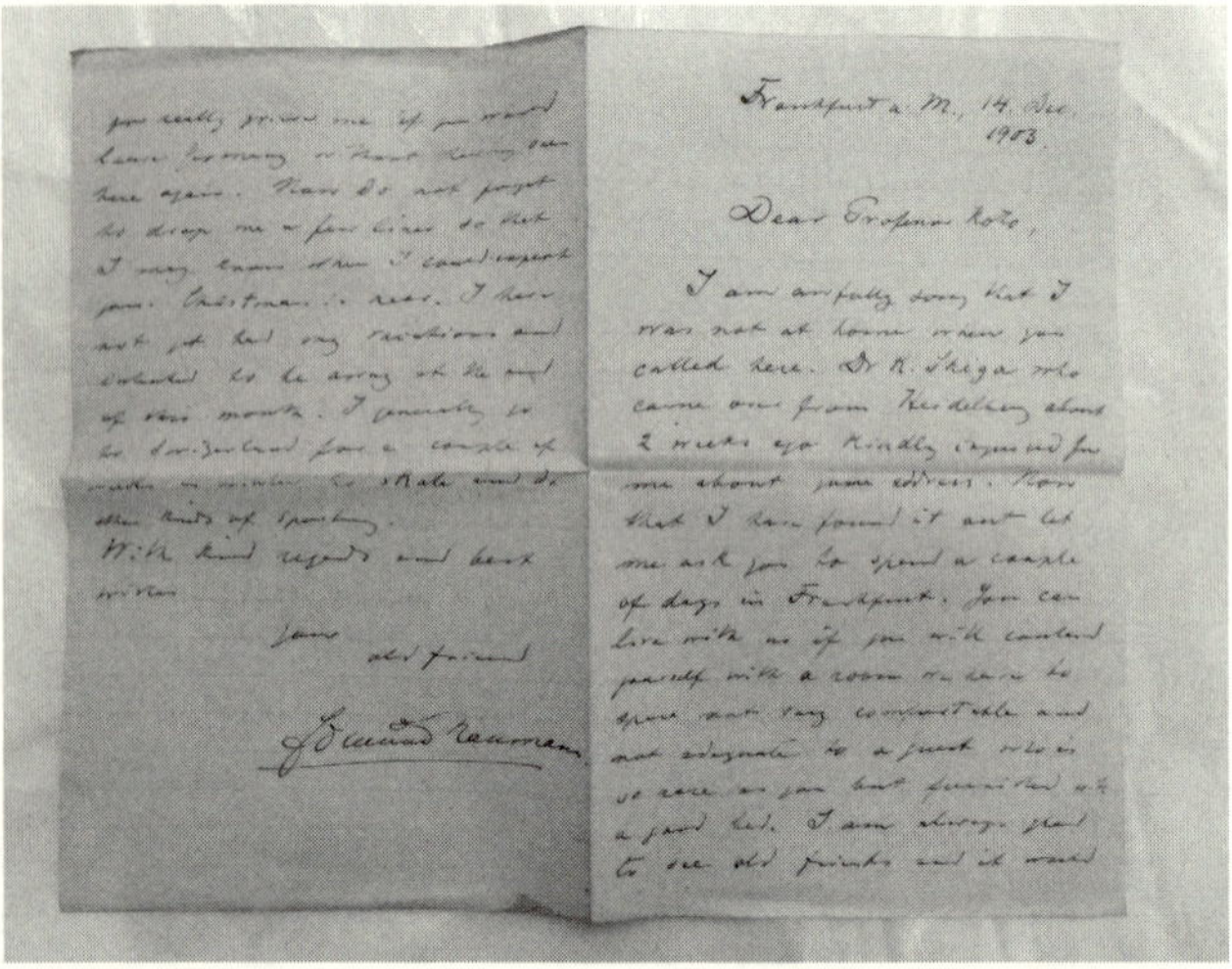

Frankfurt a. M., 14. Dec. 1903.

Dear Professor Koto,

I am awfully sorry that I was not at home when you called here. Dr K. Shiga who came over from Heidelberg about 2 weeks ago kindly inquired for me about your address. Now that I have found it out let me ask you to spend a couple of days in Frankfurt. You can live with us if you will content yourself with a room we have to spare not very comfortable and not adequate to a guest who is so rare as you but furnished with a good bed. I am always glad to see old friends and it would

you really grieve me if you would leave Germany without having been here again. Please do not forget to drop me a few lines so that I may know when I could expect you. Christmas is near. I have not yet had any invitations and intended to be away at the end of this month. I generally go to Switzerland for a couple of weeks in winter to skate and do other kinds of sporting.

With kind regards and best wishes

Yours
old friend

Edmund Naumann

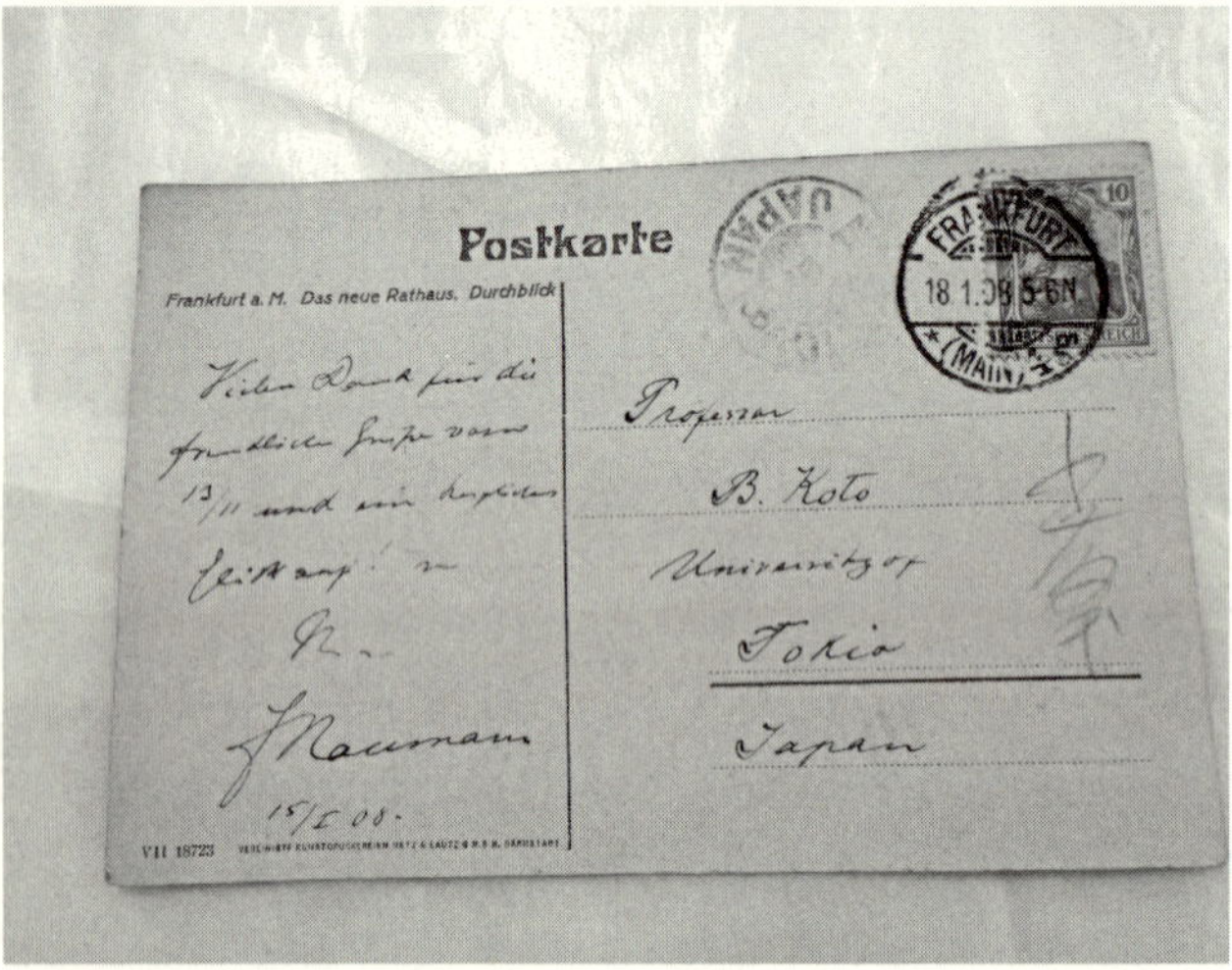

Postkarte

Frankfurt a. M. Das neue Rathaus, Durchblick

Vielen Dank für die freundlichen Grüße vom 13/11 und ein herzliches Glückauf!

E Naumann
15/I 08.

FRANKFURT (MAIN) 18.1.08 5-6N.

JAPAN

Professor
B. Koto
University of
Tokio
Japan

VII 18723

上：図10-8　ナウマンから小藤への封書
下：図10-9　ナウマンから小藤への葉書
（いずれも東京大学理学図書館蔵）

は軽快なる青年の次男［ロナルト］に市中を案内させた後宅へ招待した。氏は郊外のタウヌス山脈を眺める景色の好い新式アパートに次男の外に画に長ずると云ふ少女［ヒルデ・マリア］と妹［マリー］と共に住んで居た。夫人［ヤンカ］は先年歿し、長男（ライノルト）はドレスデン市工業大学の土木科の助手をして居た。(49)

## ジュースの慶賀記事

一九一一年、「フランクフルター・ツァイトゥング」紙に、地学界の長老ジュースの慶賀記事（図10‐10）が掲載された。記事を書いたのはナウマンである。その昔のフォッサマグナについての意見の違いなどどこにも書かれていない。これが、確認できるナウマンの地学に関する最後の著述で、もはや時代遅れになりつつあるジュースの業績を七ページにわたって称えている。

本日一九一一年八月二〇日は、エドアルト・ジュースがこの世に生をうけてから八〇年後にあたる。彼はいつも元気はつらつとして私たちの目の前におり、いまなお観察し、探究し、十分な研究計画をもって前進している。世界のすみずみから、学生や友人たちばかりでなく、皆、心から師のことを思い、本日、彼に熱烈なお祝いのことばを伝えた！　彼は限界を打ち破り、突破口を開き、新しい道を切り開き、そして自慢の巨大な建築物を打ち立てた。彼の『地球の相貌』は真に古典的な著作であり、それはどの時代でも知の泉であり、すばらしい楽しみの泉でもあり続けるであろう。(50)

Sonderabdruck
aus der
Frankfurter Zeitung

Erstes Morgenblatt vom 20. August 1911. Nr. 230.

Eduard Sueß.

Zu seinem 80. Geburtstag.

Von Dr. Edmund Naumann (Frankfurt).

Heute, am 20. August 1911, sind achtzig Jahre verflossen, seit Eduard Sueß das Licht der Welt erblickte. In rüstiger Frische steht er vor uns, immer noch schauend, ergründend, vorwärtsstrebend, voller Arbeitspläne. Wo läge der Winkel der Welt, in dem nicht Schüler oder Freunde in inniger Dankbarkeit des Meisters gedächten und ihm heute ihre begeisterten Glückwünsche brächten! Er hat Schranken niedergerissen, Breschen geschlagen, neue Bahnen eröffnet und einen stolzen, riesenhaften Bau erstehen lassen. Sein „Antlitz der Erde“ ist ein wahrhaft klassisches Werk, und es wird für alle Zeiten eine Quelle des Wissens und des herrlichsten Genusses bleiben.

Vor etwa dreißig Jahren sagte der Kaukasusforscher Abich zu seinem Freunde Sueß, der damals immer tiefer in den politischen Kampf hineingerissen wurde: „La science c'est une femme jalouse.“ Abich war wohl selbst etwas eifersüchtig; indessen er behielt recht. Die Wissenschaft siegte über die Politik. Mögen die glänzenden Reden, die Sueß während der Jahre 1873—96 im österreichischen Reichsrat als einer der Führer der Linken gehalten hat, einen noch so vornehmen Beitrag zur Zeitgeschichte bilden, mit den vier in den Jahren 1883—1909 erschienenen Bänden Erdgeschichte des „Antlitz der Erde“ können sie sich noch nicht messen. Diese Zusammenfassung der geologischen Erkenntnis ist so großartig und so geistvoll, daß sie auch die früheren Leistungen auf dem Fachgebiet, die wahrlich keine geringen gewesen sind, übertrifft.

**図10–10**　ジュース80歳慶賀記事が載る1911年8月20日付フランクフルターツァイトゥング日曜版（東京大学理学図書館蔵）

この慶賀記事は、やはり小藤文庫から偶然に二〇一二年に発見された。記事の表紙に赤字でNの文字が見られる。これは小藤の筆跡と思われる。ナウマンはこの記事を小藤に送っていたのだろう。

一九一二年一月六日、フランクフルトでドイツ地質学会が開催され、三一歳の若い気象学者アルフレート・ウェゲナー Alfred Wegener（一八八〇～一九三〇）が講演で大陸移動説を提唱した。ウェゲナーの大陸移動説に出てくる古大陸ゴンドワナや古海洋テチスは、ジュースの研究成果である。ウェゲナーは地球収縮説にもとづくジュースの地球観に異説を唱えたのだ。ウェゲナーはナウマンの書いた慶賀記事を読んでいたかもしれない。ジュースはそれから三年近くして、八二歳で没した。

## その死

ナウマンは晩年、持病（病名は不明）に苦しみ、それでも明るくふるまっていたというが、[51]発表物については長い沈黙が続き、やがて彼の最期が訪れる。

このころの証言がある。ナウマンの娘ヒルデ・マリアの長女で、結婚して姓の変わったエディット・ライアー夫人が、ドイツを訪れた山下昇に「祖父は私が三歳のときに亡くなった。一緒に暮らしていたわけではないが、いつもポケットに真っ赤な林檎を入れていて、それを呉れたことを覚えている」と語った。幼女のおぼろげな記憶である。

横山又次郎は、ナウマンの亡くなったことも知らずに、昭和三（一九二八）年に『文藝春秋』誌で次のように書いている。

先生は長命の人である。既に古稀を四つばかりも越えてゐる。三年前余に通信をして、自分が昔地質調査所で使つた人々の生死如何といつて来た。それで調べて見ると、過半は杳々《ようよう》たる地下に向つて、既に此の世を去つてゐた。(52)

一九二五年ころまで手紙のやりとりがあったのだろうか。

一九二七年二月一日、ナウマンはフランクフルト・アム・マインの自宅で倒れ、息を引き取った。脳梗塞だった。七二年の生涯だった（図10-11）。ナウマンの葬儀案内が新聞に出た。そこには、ナウマンの晩年を取りまく一族の名前がある。ライノルト・ナウマン（先妻ゾフィーとの長男、正式名はラインホルト）、ローラント・ナウマン（後妻ヨハンナとの次男、正式名はロナルト・カルル・エドムント・ナウマン）、ヒルデ・マリア・フリーデリッヒ（後妻ヨハンナとの長女）、ゲルトルート・ナウマン（ナウマンの四番目の妹）、マリー・ナウマン（ナウマンの五番目の妹）、エニー・ナウマン（ライ

図10-11　ナウマンの墓（2012年。筆者が指しているところがナウマンの銘）

ノルトの妻、旧姓ボーン）、マリア・ナウマン（ローラントの妻、旧姓グレタック）、ウィリ・フリードリッヒ（ヒルデの夫）、孫三人（ヒルデ・マリアの長女エディット、ローラントの長男ディッター、そしてライノルト・ナウマンとエニー・ナウマンのあいだの一人息子ヴォルカー・ナウマン）。ナウマンの墓はフランクフルト中央墓地にある。

ナウマンの妹たち、子供たちは、現在ではすでに没したが、先述したように孫のディッター・ナウマンとエディット・ライアー夫人らは、それぞれ結婚して現在ミュンヘンとフランクフルトに健在である。

先妻ゾフィーは八〇過ぎまで、長生きした。ゾフィーの父シューベルト教授の先妻には子供がなく、後妻の五人の子供のうち、ゾフィーが一番長く生きていたため、教授の写真などの遺品は全部ゾフィーが引き継ぎ、教授の記念式展などに、ナウマン姓であったが、シューベルト一族の代表として出席した。ゾフィーの息子のライノルトはドレスデン工科大学で職を得たのち、大学から独立してコンサルタント会社を経営したが、ニュルンベルクで没した。エニー・ボーンと結婚して子供ヴォルカーも生まれた。ヴォルカーは非凡な絵画の才能をもっていたが、第二次世界大戦に従軍して、若くして没した。エニー・ナウマンがシューベルト一族の最後を守ったようである。(53)

日本での訃報

ナウマンは一九二七（昭和二）年に亡くなったが、横山の『文藝春秋』記事に見られるように、昭和三年には、訃報はまだ日本に伝わっていなかった。亡くなってから三年後の昭和五年の『地学雑誌』四九三号にようやく訃報が掲載された。

日本の地質学の鼻祖とも云ふべきエドムンド・ナウマン博士は昭和二年二月一日フランクフルト・アム・マインで逝去された。当時、外紙に博士の訃報を載するものがあつたが虚偽を確《たしか》むるに由なく、照問会合など荏苒《じんぜん》今日に及び、稍《やや》機を逸した感がないでもないが、今改めて独逸から博士の履歴業績の一斑と共に悲報の誤りならざる旨を知らして来たので茲に訃報を掲載する次第である。(54)

このあと略歴、業績目録が記され、

博士は単に地質学や地理学の研究に没頭されたばかりでなく、一かどの美術通として古代日本の美術品、就中《なかんずく》、青銅、象牙彫刻、木版印刷、漆器等を蒐集された。

と続き、最後は、

日本の友として我国の発達を終始大なる興味を以つて眺めておられた。

筆者名はない。なお、『地質学雑誌』や地質調査所の出版物、東京大学の出版物には、ナウマンの訃報記事はない。ミスで忘れたのか無視したのか、あえて掲載しなかったのか、さだかではない。

日本でのナウマン研究

ナウマンは日本地質学界で忘れ去られたのだろうか。明治から大正期を眺めてみると、明治三八(一九〇五)年に、神保小虎(55)が日本の地学史を短くまとめているが、ナウマンに関しては名前だけしか記されていない。ナウマンと原田の論争ののち、日本の地質構造について、小藤文次郎も小川琢治も、またドイツのリヒトホーフェンも議論している。それを大正六(一九一七)年に矢部長克(56)が、要領よくまとめた。これによって、日本の研究者はナウマンに戻らずに、矢部にもとづいて地質構造論の研究を進めることができるようになった。それでも江原眞伍[57]は「四国に行くとナウマンの揮毫がある、ナウマン研究はもっと見返ってしかるべきである」と小論のなかで主張し、ナウマンが四国で揮毫した詩を紹介した。あるいは、昭和一一（一九三六）年の佐川榮次郎の論文[58]もナウマン研究の必要性を述べたものだった。しかし、ナウマンへの注意を呼び起こしたものは少なかった。

戦後になって、昭和二三年に望月勝海が『日本地学史[59]』を上梓した。好著で、ナウマンについても記されているが、あまり読まれなかったようだ。岡田陽一の「明十羇旅」の報告[60]は昭和三〇年に出た。

戦後も少し落ち着いてくると、日本地質学会は昭和四三年に創立七五周年を迎えるにあたって、学会の歴史を編纂した。この編纂作業にもとづいて、今井功の『黎明期の日本地質学[61]』が昭和四一年になって出版された。コワニエ、ライマン、和田維四郎、ナウマン、原田豊吉、巨智部忠承、小藤文次郎の七名の地質学者について要領よくまとめられていた。ようやくナウマンの略伝について多くの人が知ることができるようになった。

プレートテクトニクスの日本での受容史を研究した谷本勉は昭和五三年[62]と五七年にナウマンの業績[63]を丁寧にまとめ、帰独後の生活を「彼は大学の教授になりたかったらしく、（中略）やがてミュンヘン大学で地理学が開講されることになり、彼はその教授のポストを望んだが入れられなかった。そこで彼は大学を去り、（中略）フランクフルトの鉱山会社に就職した。（中略）いささか不遇だった[64]」と書いている。

山下昇はプレートテクトニクスを受容したうえで、フォッサマグナをプレートテクトニクスではどのように解釈されるかを探るうちに、地質学的研究からナウマン研究に進んだ[65]。フォッサマグナミュージアムの設立に尽力し、ナウマンの論文の多くを翻訳して出版した。本書も山下の翻訳に大いに依っている。筆者も山田直利とともにまだ訳されていなかったいくつかのナウマン論文を翻訳した[66]。

## ゾフィーの洗礼コップ

新潟県糸魚川市にあるフォッサマグナミュージアムは、平成六(一九九四)年に開館した。糸魚川は日本で最初のジオパークに指定され、フォッサマグナミュージアムはその拠点となっている。ナウマンに関する展示も多い。開館時にはナウマンの孫のディッター・ナウマン氏とエディット・ライアー夫人がドイツの関係者とともに列席した。

図10-12　若き日のゾフィー

それから二〇年たち、展示内容を全面的にリニューアルして、平成二七(二〇一五)年に再開した。その記念式典には、今度は、ディッター・ナウマン氏の次男でナウマンの曽孫のピーター・ナウマン氏が参加した。曽孫は、最初の妻ゾフィーが洗礼に使ったというコップをフォッサマグナミュージアムに寄贈した。生まれたばかりのゾフィーの使ったコップは、ナウマン家にずっと保管されていたのだ。ナウマンは死ぬまでゾフィーのことを愛していたのだろうか。あるいは、ゾフィーの裏切りを絶対に許せなかったのだろうか。歴史に「もし」はないのだけれど、もし、ゾフィーとの結婚生活がうまくいっていたら、ナウマンはドイツに帰って、大学に職を得ることは簡単だったろう。義父シューベルト教授は生誕二〇〇年記念行事をドレスデン工科大学で行うほど有名であるし、シューベルト教授の住んでいた家（図6－4）も残っていて、その入り口には説明版（図6－5）もある。シューベルト教授の墓（図6－6）も手入れが整っていて立派である。ナウマンの長男ライノルトはドレスデン工科大学に職を得ていた。ナウマンがドイツの大学に職を得られなかったのは、森鷗外との論争のせいではけっしてないだろう。

ナウマンは死の床で思い出していたのは、きっと、日本の地、日本の人、富士山、そして若きゾフィー（図10－12）のことだったに違いない。

# おわりに

エドムント・ナウマンを調べてみようと筆者が思ったのは、平成六（一九九四）年のことである。この年は、フォッサマグナミュージアムが開館してナウマンの二人の孫が来日し、ナウマン年とでもいうべき画期的な年だった。これらはフォッサマグナあるいはプレートテクトニクス理論からナウマンを研究していた故山下昇氏やポツダム地質研究所のアンドレアス・キュッパース氏の尽力によるものだった。ただし、筆者の興味はその動きとは別のものだった。東京大学地質学教室にはナウマンに関する未公開の資料があって、これをもとにすれば、これまでいわれてきた姿とは違うナウマンを描くことができると思ったのだ。

筆者は一九九四年夏にドイツを訪れ、ナウマンに関連する調査の足がかりを作ろうとした。ベルリンで日本の地質学史を研究するキュッパース氏に会ったが、彼はナウマンで学位論文を書きたいといい、いくつかの資料ももっていた。ベルリン自然史博物館の前で、「ここにはウミホタルのタイプ標本があるかもしれないので、それを見たいなあ」と、筆者はふと独り言をいった。筆者は化石カイミジンコの分類学的研究を専門としていたので、カイミジンコの仲間であるウミホタル（学名ヴァルギュラ・ヒルゲンドルフアイ）のタイプ標本を見ることは分類学者としては必須のことだった。筆者はその当時、ベルリン自然史博物館につてがなく入れなかった。その後、ナウマン伝を書きたいという筆者にキュッパース氏は、ベルリン自然博物館で、お雇い外国人教師であるヒルゲンドルフの収集品をたくさん発見したので、その展覧会をやらないかと提案してきた。筆者は、その冬、ベルリン自然史博物館で、ヒルゲンドルフの収集品を見て感激してしまった。キュッパース氏の協力を得て、ヒルゲンドルフの調査を始め、平成九〜一〇（一九九七〜九八）年、日本でヒルゲンドルフ展を開催するに至った。筆者はもっていたナウマンに関する未公開資料を、日本古生物学会和文誌の『化石』で発表すると同時に、フォッサマグナミュージアムに提供した。フォッサマグナミュージアムは収蔵しているナウマンに関するすべての資料をデータブックとして平成一七（二〇〇五）年に公開した。

こうして日本の地質学を拓《ひら》いたナウマンの伝記は書かれないままでいた。朝日選書から執筆の話をいただいたとき、筆者はキュッパース氏がナウマン伝を書こうとしていることを知っていたけれども、自分なりにナウマンについて書こうと決めた。

書き始めると不思議な事柄が多くあり、調査し始めると、まったく知られていない資料も偶然の形で転がりこんできた。その後、キュッパース氏より、もうナウマンの研究はやらないとの知らせも得た。こうして二〇一〇年ごろより本格的に執筆を始め、ナウマン伝をみなさまに贈ることとなった。

本書執筆にはじつに多くの方々の協力をいただいた。ドイツでは、ユラ博物館のマルティナ・ケールベル・エバートさん、ミュンヘンのディッター・ナウマンさん（エドムント・ナウマンの孫）、その息子のペーター・ナウマンさん（エドムントの曽孫）、ミュンヘン大学の故ヘルムート・マイヤーさん、クラウディウス・シュタインさん、地質学者のトーマス・シュタインさん、ドレスデン工科大学の大学史研究者クラウス・マイエルスベルガーさん、ルール大学のエーリッヒ・パウアーさん、レギーネ・マティアスさん。オーストリアでは、ウィーン大学のマリアンヌ・クレムンさん、ウィーンの世界博物館（旧民族学博物館）のベッティナ・ツォルンさん、そして、マイセンに住む一三人のナウマンさん。

国内では、株式会社NAAリテイリングの小澤健志さん、久米美術館の福川知子さん、熊本大学の上村直己さん、高知大学の近藤康生さん、横倉山自然の森博物館の安井敏夫さん、佐川地質館の溝渕富弘さん、フォッサマグナミュージアムの竹之内耕さん、宮島宏さん、生命の星・地球博物館の平田大二さん、九州大学の伊藤泰弘さん、福元圭太さん、東京大学理学部旧地球惑星科学図書室（現東京大学理学図書館）の土居千種さん、陶山和子さん、星理絵子さん、大塚医院のみなさん、地質学者の吉田鎮男さん、杉村新さん、松田時彦さん、藤岡換太郎さん、地質学史家の山田直利さん、山田俊弘さん、八耳俊文さん、谷本勉さん、中川智視さん、浜崎健児さん、市村充章さん、金子篤さん、竹田光三さん、吉川惣司さん、地理学史家の島津俊久さん。そして、企画を相談した朝日選書編集部の山田豊さん。書ききれない多くの方々のご協力もいただいて、本書は生まれた。心よりお礼申し上げる。

二〇一九年九月吉日　　　　　　　　　　　　矢島道子

## 用語解説

### 等層厚線図

アイソパックマップともいう。地層の厚さはけっして一定ではなく、水平方向に変化する。それで、天気図の等圧線や地図の等高線のように地層の厚さの等しい点を結んで示した図。等層厚線図は、石油や石炭の探査の際に、実際に坑井や地表の調査で測定された地層の厚さをもとに作られる。時代別あるいは上下に重なる各地層単位ごとに等層厚線図を作って順に比較すると、ある堆積盆地内の沈降域の移り変わりや地質構造の発達が明らかになる。石油探鉱では岩相図などと組み合わせて、石油や天然ガスの生成、移動・集積過程の推定・検討などに利用される。

### 化石など

産業技術総合研究所地質調査総合センターの地質標本館のホームページ「地質標本鑑賞会」では、鉱物・岩石・植物化石標本の一覧が掲載されている（https://www.gsj.jp/Muse/hyohon/）。

フォッサマグナ

ナウマンの地質学での最大の業績はフォッサマグナの提唱とその解析だ。フォッサマグナとは、ナウマンの考え方では日本列島中央を南北に切り裂くように走る動的な地質構造だ。フォッサマグナの西縁は糸魚川静岡構造線といわれているが、東縁がどこかはいろいろな意見があり、定説がない。糸魚川静岡構造線は大きな逆断層だが、どのくらいの深さまであるのか、深いところはどうなっているのか、まだまだ調査中である。フォッサマグナ地域は諏訪湖を境にその南と北では、地質学的に大きく違い、それぞれ南部フォッサマグナ、北部フォッサマグナとよばれている。それぞれ鋭意研究が進んでいる。

それではいま、フォッサマグナはどう考えられているか。プレートテクトニクス的解釈として、フォッサマグナ地域が、新第三紀までユーラシアプレートのなかにあることは一致している。第四紀は、糸魚川静岡構造線が北米プレートとユーラシアプレートの境界にあたるという主張もあるが、定かではない。ましてや、フォッサマグナの成因という問題が解明されるのは、まだまだ先のことである。

| (累)代 | 代 | 紀 | 年代／百万年前 |
|---|---|---|---|
| 顕生(累)代 | 新生代 | 第四紀 | 現在〜2.58 |
| | | 新第三紀 | 2.58〜23.03 |
| | | 古第三紀 | 23.03〜66.0 |
| | 中生代 | 白亜紀 | 66.0〜145.0 |
| | | ジュラ紀 | 145.0〜201.3±0.2 |
| | | 三畳紀 | 201.3±0.2〜251.902±0.024 |
| | 古生代 | ペルム紀 | 251.902±0.024〜298.9±0.15 |
| | | 石炭紀 | 298.9±0.15〜358.9±0.4 |
| | | デボン紀 | 358.9±0.4〜419.2±3.2 |
| | | シルル紀 | 419.2±3.2〜443.8±1.5 |
| | | オルドビス紀 | 443.8±1.5〜485.4±1.9 |
| | | カンブリア紀 | 485.4±1.9〜541.0±1.0 |
| 先カンブリア時代 | 原生代 | | 541.0±1.0〜2500 |
| | 太古代(始生代) | | 2500〜4000 |
| | 冥王代 | | 4000〜4600 |

**地質年代表**

# エドムント・ナウマン略年譜

| 西暦 | 和暦 | ナウマンに関係する出来事 | 世の中の動き |
| --- | --- | --- | --- |
| 一八五二 | 嘉永五 | 父ハインリッヒ・ナウマンと母ヴィルヘルミーネ＝エルネスティーネ・ボックがマイセンの聖母教会で結婚（五月一〇日）。 | |
| 一八五四 | 嘉永七 | エドムント・ナウマン、マイセンで誕生（九月一一日）。洗礼（一〇月二一日）。 | 米・露・英と和親条約締結。 |
| 一八七〇 | 明治三 | 私立チョッへ研修学校を修了。ドレスデン高等工業学校 Polytechnikum に入学。 | 工部省を置く。 |
| 一八七二 | 明治五 | ミュンヘン高等工業高校 Technicshen Hochschule に転入。 | 学制頒布。／新橋・横浜間鉄道敷設。 |
| 一八七三 | 明治六 | ミュンヘン大学（正式名ルートヴィッヒ・マクシミリアン大学）哲学部Ⅱ部（理学部）に入学。／ギュンベル、ウィーン万国博覧会の日本庭園の庭石にフズリナを発見。 | 岩倉使節団、ミュンヘンのホテル泊（五月五日と六日、フランクフルトから入り、汽車でイタリアへ抜ける）、五月～九月使節団帰国。／ウィーン万国博覧会（五月一日から |

| | | | |
|---|---|---|---|
| | | | 一〇月三一日）。／一〇月、明治六年の政変（征韓派敗北、西郷ら下野）。 |
| 一八七四 | 明治七 | ギュンベル、論文で新種 *Fusulina japonica* を提唱。／博士号取得（一二月二二日）。 | 内務省地理寮に木石課。／函館でドイツ代理領事ハーバーが田崎秀親に惨殺される（八月一一日）。／二月、佐賀の乱。／五月、台湾出兵。 |
| 一八七五 | 明治八 | ミュンヘン大学卒業、王立バイエルン高等鉱山局に就職（三月四日）。／ベルリンで青木周造全権公使に会う（六月一二日）。／ドレスデンを出発（七月一日）。／日本到着（八月一七日）。／金石取調所就職／OAGの横浜例会に初出席（一〇月一六日）。／野外旅行へ出発（一一月四日）。／フォッサマグナを見る（一一月一三日）。 | 樺太・千島交換条約（五月）。／浅間山噴火（六月）。／鉱山学校廃止（七月一五日）。 |
| 一八七六 | 明治九 | 東京開成学校の鉱物学および地質学教師（三月一一日）。／ベルツ、来日（六月）。／東京、中山道、高崎、追分、高野、滝の湯、上諏訪（第二次フォッサマグナ調査）、針ノ木峠、立山温泉、室堂、滑川、新潟調査（七月）。／磐梯山登山（八月一五，一六日）。／ナウマン、埼玉、秩父巡検（一一月二日〜五日）。／コルシェルト歓迎の宴（一一月二九日）。 | ベンジャミン・ライマン、内務省勧業寮と契約（二月二四日）。／日朝修好条規調印（二月二六日）。／東京中心部大火事（一一月二九日）／伊豆大島大噴火（一二月〜翌年二月）。 |

| | | | |
|---|---|---|---|
| 一八七七 | 明治一〇 | 伊豆大島調査（一月一九日～二二日）。／伊豆大島第二回調査（二月九日）。／OAG横浜例会で「大島の爆発、古い角」発表（三月一〇日）。／房総巡検（三月二九日～四月二日）。／、東京大学教授就任（四月一二日）。／OAG東京例会で『江戸湾の地質』講演（四月一七日）。／再契約（八月一七日）。／武蔵上野へ（八月二七日～九月七日）。／大森貝塚で佐々木忠次郎と会う（九月二九日）。／OAG横浜例会で大森貝塚の出土品を示して講演（一〇月二〇日）。／明十長期巡検（一一月一四日～一二月九日）。／和田維四郎とともに、すでに地質調査所の建議をしていた。 | 西南戦争（二月～九月）。／東京大学開学（四月）／モース、来日（六月一八日）。 |
| 一八七八 | 明治一一 | OAG天光院例会で地震について講演（二月一六日）／秩父巡検（四月一七日～三〇日）。／OAG天光院例会にて東部地域の測地学的測量と尾張湾の古地図について講演（七月二二日）。／秩父巡検（七月一六日より六〇日間）、三峯神社訪問（七月二九日～三一日）。／OAG横浜例会にて日本の貝塚について講演（一〇月二〇日）／伊藤博文より日本地質調査所の計画の起草の委託（一〇月）。 | パリ万国博覧会（五月）。／和田維四郎、東大から地理局地質課御用掛へ（同一三日）。／大久保利通暗殺（同一四日）。／「東京日日新聞」河路昇記事（六月四日）。／モース、江木学校で講演（六月三〇日）。 |
| 一八七九 | 明治一二 | 「地質測量意見書」。和田が「ドクトル・ノーマン氏意見書訳」と題し提出（四月）。／横浜のOAG特別例会でハインリッヒ皇子出席のもと、ゾウについて講演（六月二一日）。／ベルツに結婚 | ライマン、OAGに出席（四月一二日）。／地質調査所発足（五月）。／ハインリッヒ |

| | | | |
|---|---|---|---|
| | | を打ち明ける（八月四日）。／東京大学を満期退職。内務省地理局へ（八月一六日）。／横浜からアメリカへ行く（九月二日）。 | 皇子歓迎会（六月六日）、皇子、横浜のOAG特別例会に出席（六月二一日）。／内務省の桜井地理局長は正式に地質調査所発足を宣言（七月）。／東京地学協会創立。 |
| 一八八〇 | 明治一三 | ベルリンの地学協会で「日本の経済状態と国土の地質調査について」講演（一月三日）。／大森貝塚土器をウィーン民俗学博物館に納入（四月）。／横浜に妻ゾフィーとともに到着（六月一四日）。／四年の契約（六月）。／地質調査所の野業始まる。ナウマンは東京近辺を調査。小藤文次郎は釜石を調査（九月から）。／長男ライノルト誕生（一二月一八日）。 | 国会期成同盟結成（三月）。／地質調査所、磁気調査に関する若干の位置測定（八月）。／ライマン、アメリカへ帰国（一二月二二日）。 |
| 一八八一 | 明治一四 | ナウマン夫妻、音楽舞踏会（二月）。／ナウマン夫妻、パーティ（四月二九日）。／日本北部の地形・地質の予察調査（五月以来）。秋田県太良鉱山（一〇月一三日）、青森県尾太鉱山（一〇月一四日）、帰京（一一月）。 | 開拓使官有物払下げ問題発覚（七月）。大隈重信免官（一〇月）。／国会開設の勅諭発布（一〇月一二日）。 |
| 一八八二 | 明治一五 | シュット訴訟事件、シュット解雇（一月）。「日本のゾウ」と題する記事が「ジャパン・ウィークリー・メール」紙に掲載される（一月二八日）。／日本地震学会で講演（五月二日）。／地学協会で講演（六月）。／新潟のレストランに日本人二人連れて行く。磁気 | 地質調査所、正式に発足（二月一三日）。／草津白根山噴火（八月六日）。／日本銀行、開設（一〇月一〇日）。 |

| | | | |
|---|---|---|---|
| | | 調査（八月一八日から）。白根山に二度登頂（九月五日、七日）。西山正吾とともに内陸部調査へ（九月）。 | |
| 一八八三年 | 明治一六 | OAG横浜総会にて「日本の鉱産について」講演（一月三一日）。／OAG東京例会にて「白根山の噴火について」講演（三月七日）。／OAG東京例会で「長崎の隕石について」講演（五月二三日）。／第三次調査、東京出発（七月二二日）、八王子、小仏峠、猿橋、上吉田、富士山、上吉田、御坂峠、甲府、上諏訪、天竜川を経て東京に戻る。富士登山（七月二六日）。大阪調査（九月一二日）。四国砂金調査、吉野川川口の新宮地に西山を残す（一〇月一日）。岡山吉ケ原と山久世の磁鉄鉱床調査ののち四国へ（一〇月一五日）。今治、別子、西条、市ノ川鉱山調査ののち、小川村で西山と再会（一〇月二〇日）。土佐到着（一〇月二五日）。／明治一七年一二月三一日で解雇を宣告される（一二月一五日以前）。／高島炭鉱へ（年末）。 | モース帰国（二月）。／カーナボンセーア号、難破（四月一九日）。／鹿鳴館開館式（一一月）。 |
| 一八八四年 | 明治一七 | 肥後の人吉にて雪に遭う（一月初め）。鹿児島県下加世田村砂止調査。九州炭田調査。東京着（二月）。／地磁気に関する全データを入手（三月）。／日本滞在が明治一八年六月三〇日までの延長が決まる（七月七日）。／今治から神戸へ船に乗り台風に遭う（八月末）。／OAG東京例会で「富士山の高さについて」講演（一二月二三日）。 | 秩父事件（一〇月三一日〜一一月九日）。／人類学会設立（一一月）。 |

| | | | |
|---|---|---|---|
| 一八八五年 | 明治一八 | 和田、ベルリン地学協会で「日本地質調査所の製作した地質図類」について講演（二月七日）。／神戸着（三月）。吉野川にて足をくじく（四月一日）。領石にて揮毫（五月四日）。／満期解雇。勲五等叙勲（六月三〇日）。／横浜出港（七月一二日）。／第三回万国地質学会議、ベルリンにて開催（九月二九日〜一〇月四日）。 | 内閣制度制定（一二月）。 |
| 一八八六 | 明治一九 | ロンドンの王立地理学会で地図類展示（一月）／ウィーン帝室地理学協会にて「日本群島、その地理学的—地質学的概要」講演（二月九日）。フォッサマグナについてはじめてふれる／ドレスデン地学協会で講演（三月六日）。／ベルリン地学協会で講演（四月三日）。／ドレスデンの第六回ドイツ地理学者記念日の大会にて講演（四月二八日）。／ミュンヘン地理学協会で講演（五月二七日）。／勲四等旭日小授章（七月九日）。／ミュンヘン人類学協会で講演（六月二九日）。／森林太郎、Allgemeine Zeitung 誌上で論争（一二月二九日）。翌年一月一〇日、一一日、二月一日と、論争続く。 | 紀州沖でイギリス船ノルマントン号紀州沖で沈没（一〇月）。 |
| 一八八七 | 明治二〇 | ロンドン王立地理学会誌に投稿した論文が称賛される（二月）。名誉通信会員となる（五月二三日）。／大学教員資格試験を受ける（三月）。／ミュンヘン大学の私講師に就任（四月）。／ミュンヘンの水晶宮で日本画の展覧会を開催。 | 首相官邸で大仮装舞踏会開催（四月）。 |
| 一八八八 | 明治二一 | ナウマン、Allgemeine Zeitung 誌付録で地理緊要問題を連載（八 | 磐梯山噴火（七月一五日）。 |

| | | | |
|---|---|---|---|
| | | 月一〇日より一八九〇年まで）。／原田、『日本群島の地質構造区分試論』出版、原田・ナウマン論争始まる。 | ／イギリス人ガウランド帰国（一一月）。 |
| 一八八九 | 明治二二 | ニューカッスルオンタインでの英国科学振興協会の年会で地磁気について講演（九月）。／ミュンヘン建築技術者協会で「日本の建築技術と建築業」講演。 | 大日本帝国憲法公布（二月一一日）。 |
| 一八九〇 | 明治二三 | フランクフルトのメタル社の命でアナトリア（トルコ）鉄道地域の資源調査（夏）。 | 米騒動始まる（一月）。／教育勅語頒布（一〇月）。／帝国ホテル開業（一一月）。 |
| 一八九一 | 明治二四 | ヨハンナ・エルネスティーネ・ハウポルトと結婚。 | 河上音二郎一座旗揚げ（二月）。／度量衡法公布（三月）。／大津事件（五月）。／シベリア鉄道建設着工（五月）。／陸軍省陸地測量部、五万分の一地形図作成のため測量を開始。 |
| 一八九二 | 明治二五 | 冬学期休暇、執筆活動。 | 鉄道敷設法が制定される（六月二一日）。 |
| 一八九三 | 明治二六 | トルコ北部黒海沿岸の石炭資源調査。／『金角からユーフラテス | 東京（日本）地質学会創立 |

| | | | |
|---|---|---|---|
| | | の源流まで』出版。 | （五月）。／ギュンベル教授生誕七〇年記念『日本の地質と地理への新貢献』出版。 |
| 一八九四 | 明治二七 | 『マケドニアとその新しい鉄道、サロニカーモナスティル線』出版。 | 日清戦争（七月二五日から翌年四月一七日）。 |
| 一八九五 | 明治二八 | 夏学期、休暇。／アナトリア鉄道会社勤務。／妻ヨハンナ死去（五月二〇日）。／ロンドンでの国際地理学会（七月二六日〜八月三日）で「アナトリアと中央アジアの構造基本線」について講演／冬学期休暇／ワイト島のミルン邸訪問。 | ジョン・ミルン、トネ夫人とともにイギリスに帰国し、住居を南イングランドのワイト島シャイドに構えて研究を続ける。／下関条約締結、三国干渉（四月）。／閔妃殺害（一〇月）。 |
| 一八九六 | 明治二九 | 休暇。 | 明治三陸地震（六月）。 |
| 一八九七 | 明治三〇 | 休暇。メキシコで調査。 | 官営八幡製鉄所着工。／京都帝国大学設立。従来の帝国大学を東京帝国大学と改称（六月）。 |
| 一八九八 | 明治三一 | 休暇。アルジェ、メキシコ、アメリカ調査ののち、メタル社勤務。 | 米西戦争（四月）。／西太后、 |

| | | | |
|---|---|---|---|
| | | ／ミュンヘン大学から助教授昇進が認められたが、辞退。 | 実権を握る（戊戌の政変、九月）。 |
| 一八九九 | 明治三二 | 私講師辞職（六月）。／ドイツ地質学会例会で講演「鉄鉱床の評価に対する地磁気観測の応用」（九月一六日）。 | 義和団蜂起（三月）。／大森房吉、大森公式提示（六月）。 |
| 一九〇〇 | 明治三三 | パリ万国博覧会の会期中に、同地で第八回万国地質学会議出席（八月一六日から）。／フランクフルトのドイツ地質学会通常総会で歓迎講演（九月一三日、一四日）。 | パリ万国博覧会（四月一四日～一一月三日）。 |
| 一九〇一 | 明治三四 | フランクフルトのゼンケンベルク博物学協会年次記念講演（五月）。／『神の啓示』出版。 | 官営八幡製鉄所火入れ（二月）。 |
| 一九〇九 | 明治四二 | 『アビゲル』出版。 | 伊藤博文暗殺（一〇月二六日）。 |
| 一九一一 | 明治四四 | フランクフルター・ツァイトゥング紙にエドアルト・ジュース生誕八〇年の祝賀原稿掲載される（八月二〇日）。 | ウェーゲナーの「大陸移動説」講演（一月六日）。／辛亥革命（一〇月一一日）。 |
| 一九二七 | 昭和二 | フランクフルト・アム・マインの自宅にて脳梗塞で倒れ、息を引き取った（二月一日）。享年七二。 | 金融恐慌始まる（三月）。 |

## 天皇陵古墳を歩く
今尾文昭
学会による立ち入り観察で何がわかってきたのか

## 花と緑が語るハプスブルク家の意外な歴史
関田淳子
植物を通して見る名門王家の歴史絵巻。カラー図版多数

## ともに悲嘆を生きる　グリーフケアの歴史と文化
島薗進
災害・事故・別離での「ひとり」に耐える力の源とは

## 境界の日本史
地域性の違いはどう生まれたか
森先一貴　近江俊秀
文化の多様性の起源を追究し日本史をみつめなおす

asahi sensho

## 人事の三国志
変革期の人脈・人材登用・立身出世
渡邉義浩
なぜ、魏が勝ち、蜀は敗れ、呉は自滅したのか？

## 失われた近代を求めて　上・下
橋本治
作品群と向き合いながら、捉え直しを試みる近代文学論

## 増補改訂　オリンピック全大会
人と時代と夢の物語
武田薫
スタジアムの内外で繰り広げられた無数のドラマ

## 〔天狗倶楽部〕快傑伝
元気と正義の男たち
横田順彌
こんな痛快な男たちが日本にスポーツを広めた

矢島道子（やじま・みちこ）
1950年生まれ。古生物学者・科学史家。1981年東京大学大学院理学系研究科修了。理学博士（古生物学）。東京成徳大学中・高等学校教諭などを経て、現在、首都大学東京などで非常勤講師（科学史）。主な著書に『地球からの手紙』（国際書院）、『化石の記憶――古生物学の歴史をさかのぼる』（東京大学出版会）、共著に『はじめての地学・天文学史』（ベレ出版）、『メアリー・アニングの冒険――恐竜学をひらいた女化石屋』（朝日選書）など。お雇い外国人科学者「フランツ・ヒルゲンドルフ」展（1997～98年）の企画、日本地質学会の理事として125周年記念事業（2018年）を実施するなど、精力的に科学研究の成果を社会に還元する仕事にかかわっている。

朝日選書 990

地質学者ナウマン伝

フォッサマグナに挑んだお雇い外国人

2019年10月25日　第1刷発行

著者　矢島道子

発行者　三宮博信

発行所　朝日新聞出版
〒104-8011　東京都中央区築地5-3-2
電話　03-5541-8832（編集）
　　　03-5540-7793（販売）

印刷所　大日本印刷株式会社


Published in Japan by Asahi Shimbun Publications Inc.
ISBN978-4-02-263090-2
定価はカバーに表示してあります。

落丁・乱丁の場合は弊社業務部（電話03-5540-7800）へご連絡ください。
送料弊社負担にてお取り替えいたします。

## 索引

［さ］

［た］

［な］

[は]

[や]



[ら]

［わ］

# 注

## はじめに

（1） ナウマン「日本，トルコおよびメキシコにおける地質研究」：文献番号73(以下，番号は「ナウマンの著作目録」「ナウマン著以外の引用文献」)をもとに講演調にした．

## 1章

（1） ナウマンの原綴はHeinrich Edmund Naumannとされることもある．Heinrichは父の名であり，ナウマン自身はハインリッヒをほとんど使わなかった．
（2） マールブルク大学の日本学者エーリッヒ・パウアーさんを通して，聖母教会より2011年11月29日付の洗礼証明書の記載事項について，筆者あてに送ってもらった．
（3） 竹之内『資料集：ナウマン博士データブック』：文献198.
（4） 竹之内『資料集：ナウマン博士データブック』：文献198と，東京大学総合図書館に所蔵されている東京大学庶務部人事課で作製した傭外国人教師・講師履歴書の写を参照した．
（5） チョッへ「学校概要」：文献229.
（6） 竹之内『資料集：ナウマン博士データブック』：文献198.
（7） チョッへ「学校目的」：文献230.
（8） 学校に雇われたのではなく，受講生から授業料を得る．
（9） 『フランツ・ヒルゲンドルフ展』：文献129.
（10） ドイツの大学は基本的に1都市1校で，都市の名前ではなく，その地域の有名人の名前がついている．たとえば，フランクフルトの大学はゲーテ大学，ベルリンの大学はフンボルト大学など．また，ベルリンには，フンボルト大学のほかにベルリン自由大学がある．
（11） https://epub.ub.uni-muenchen.de/view/lmu/vlverz=5F04.html.
（12） ナウマン「シュタルンベルク湖の杭上住居址の動物群について」：文献1.
（13） マイヤー『チッテル生誕150年』：文献157.
（14） 山下「ナウマン博士ゆかりの人と所をたずねて（Ⅱ）」：文献216.
（15） 暗い緑色をした粗粒の玄武岩のような岩石．火成岩の分類では，黒っぽいから鉄やマグネシウム成分が多く，粒子の大きさから火山岩と深成

岩の中間くらいのものとされる．野外で黒っぽい岩石をみつけると，まず輝緑岩ととりあえず命名して，化学組成などを調べ直し，岩石名を決定していくことが多い．

(16) ナウマン「日本，トルコおよびメキシコにおける地質研究」：文献73をもとに講演調にした．
(17) 久米編『米欧回覧実記(四)』：文献149.
(18) ギュンベル「日本の岩石」：文献119.
(19) 小林「Fusulina japonica Gümbel, 1874と日本及び近隣の古生物学的研究の黎明」：文献142.
(20) 白榴石や霞石は，ドイツではよく見られる鉱物だが，日本では珍しい．鉱物の鑑定を間違えたか，日本産ではない岩石だった可能性もある．
(21) 小林「Fusulina japonica Gümbel, 1874と日本及び近隣の古生物学的研究の黎明」：文献142.
(22) ギュンベル「日本の岩石」：文献119.
(23) 『明治前日本鉱業技術発達史』：文献171.
(24) 梅渓『お雇い外国人の研究』：文献206.
(25) 森「大発見」：文献166.
(26) 梅渓『お雇い外国人の研究』：文献206.
(27) 上野『お雇い外国人3』：文献205.
(28) 梅渓『お雇い外国人の研究』：文献206.

## 2章

(1) 「ジャパン・ウィークリー・メール」1875年8月21日.
(2) ナウマン「日本の絵」：文献51(矢島訳).
(3) 同上.
(4) 英語圏のお雇い教師たちは，現在の東京大学安田講堂から工学部寄りのところに住んでいた．
(5) ヘゼキール『シュルツェ夫人の手紙から』：文献128.
(6) 『フランツ・ヒルゲンドルフ展』：文献129.
(7) ブラキストン『日本鳥類目録』：文献103.
(8) 西村『チャレンジャー号探検』：文献174.
(9) 現在は，水深10,920メートルを超えているといわれている．
(10) ナウマン「日本の自然地理および日本人についての短評」：文献32.
(11) 『東京帝国大学五十年史』：文献203.
(12) 藤田『北海道を開拓したアメリカ人』：文献108.
(13) 和田『日本鉱物誌』：文献208.
(14) 田賀井編『和田鉱物標本』：文献197.

(15) 和田『日本鉱物誌』: 文献208.
(16) 梅渓『お雇い外国人の研究』: 文献206.
(17) 同上.
(18) ライン「東京から京都への旅」: 文献221.
(19) これまで，ナウマンは地質学者，ラインは地理学者として，別々に考えられていたので，ラインとナウマンの調査を比較した研究はない.
(20) ナウマン「フォッサマグナ」: 文献57. ナウマンは通訳と従者と記している.
(21) ナウマン「フォッサマグナ」: 文献57.
(22) ライン「東京から京都への旅」: 文献221.
(23) ナウマン「フォッサマグナ」: 文献57.
(24) 同上.
(25) 同上.
(26) 同上.

## 3章

(1) 開成学校の名称は学校制度の変更で，くるくると変わっている．明治元年，開成学校，明治2年，大学南校，明治4年，南校，明治5年，第一大学区第一番中学校，明治6年，開成学校，明治7年，東京開成学校，明治10年，東京大学となる.
(2) 太政官公文録「東京開成学校教授独逸人ドクトル、エドムンド、ナウマン氏増給之儀御届」(国立公文書館，公01768100).
(3) ハーバート＝ガスタ，ノット『地震学者ミルン伝』: 文献127.
(4) 同上.
(5) ナウマン「日本における地震と火山噴火について」: 文献4.
(6) 副見「ライマン雑記」: 文献109.
(7) 藤田『北海道を開拓したアメリカ人』: 文献108.
(8) 副見「ライマン雑記(11)」: 文献114.
(9) 副見「ライマン雑記(10)」: 文献113.
(10) 藤田『北海道を開拓したアメリカ人』: 文献108.
(11) 同上.
(12) 佐川「ライマン氏を憶ふ」: 文献178.
(13) 小松「最古級の油田地下構造図」: 文献144.
(14) ゴッドフリー「日本の地質に関するノート」: 文献118.
(15) ナウマン「日本の地形・地質に関するわが国土調査について」: 文献26.
(16) 副見「ライマン雑記(4)」: 文献111.
(17) 『ベルツの日記』: 文献102.

(18) ナウマン「フォッサマグナ」: 文献57.
(19) ライン「東京から京都への旅」: 文献221.
(20) ナウマン「フォッサマグナ」: 文献57.
(21) ナウマン「日本の自然地理および日本人についての短評」: 文献32.
(22) 同上.
(23) 同上.
(24) ナウマン「日本の火山, 白根と磐梯の蒸気噴火」: 文献56.
(25) 太政類典「東京開成学校并博物館雇独逸人ナウマン地質調査并岩見本採蒐ノ為メ旅行」(国立公文書館, 太00303100) より.
(26) 上野『お雇い外国人3』: 文献205.
(27) 『ベルツの日記』: 文献102.
(28) ナウマン「火山島大島とその最新の噴火」: 文献2.
(29) 同上.
(30) 同上.
(31) 同上.
(32) 同上.
(33) ナウマン「大島火山記」: 文献3.
(34) ハーバート＝ガスタ, ノット『地震学者ミルン伝』: 文献127.
(35) 太政類典「開成学校教授独逸人ドクトルエドムントナウマン外二名地質学研究トシテ大島噴火山へ赴ク附再検・二条」.
(36) 太政官公文録「東京開成学校教授独乙人ナウマン氏外二名旅行届」文部省学第三八八号(国立公文書館, 公02107100).
(37) 太政官公文録「東京大学教授独乙人ナウマン氏へ謝儀贈付届」文部省学第一三八五号(国立公文書館, 公02109100).
(38) ゲーテ『ファウスト第2部』: 文献117.

## 4章

(1) 『東京帝国大学五十年史』: 文献203.
(2) 竹之内『資料集: ナウマン博士データブック』: 文献198. 小藤文次郎の卒業証書は東京大学総合研究博物館に所蔵されている.
(3) 矢島「ナウマンの古生物学講義」: 文献214.
(4) ナウマン「江戸平野について 地理学的－地質学的研究」: 文献5.
(5) ブラウンス「東京の地質」: 文献105, ブラウンス「東京近傍の地質」: 文献106.
(6) 杉原・横山「エドムンド・ナウマン著“江戸平原論”について」: 文献195.
(7) ナウマン「江戸平野について 地理学的－地質学的研究」: 文献5.
(8) 横山『世界の反響』: 文献226.

(9) 太政官公文録「開成学校教授独乙人ナウマン氏旅行届」文部省学第七八一号(国立公文書館，公02108100).
(10) ナウマン「江戸平野について 地理学的－地質学的研究」：文献5.
(11) 同上.
(12) 同上．トシマの村とは杉原・横山によると東下村である.
(13) ウェイマン『エドワード・シルベスター・モース』：文献207.
(14) モース『日本その日その日2』：文献161.
(15) モース『大森貝塚』：文献162.
(16) モールス大森発見の記事，「東京日日新聞」no. 1756　明治10年10月8日.
(17) クライナー「もう一人のシーボルト」：文献150.
(18) Mittheilungen der Deutschen Gesellschaft für Natur-und Völkerkunde Ostasiens, vol.2, no.14, p.152.
(19) クライナー(1980，文献150)に標本番号が明記されているので，2014年に矢島が現地調査した.
(20) シーボルト「土人形」：文献188.
(21) モース『大森貝塚』：文献162.
(22) 同上.
(23) モース『日本その日その日2』：文献161.
(24) 同上.
(25) 上野『お雇い外国人3』：文献205.
(26) 『フランツ・ヒルゲンドルフ展』：文献129.
(27) 岡田「東京大学最初の地質実習旅行と猫精のこと」：文献177.
(28) 太政類典中の5月4日付けの文部省上申「東京大学教授独逸人ナウマン氏旅行届」(国立公文書館，公0234110).
(29) 太政類典「各学校傭外国人旅行届二条」(国立公文書館，公02342100)によれば「右(ナウマン)は地質調査且実地に就き教授の為め生徒を率ひ七月十六日発程、往復六十日間之期限を以中仙道通武州秩父郡に至り夫より同国各郡を巡廻し尋て信濃甲斐相模三ヶ国各郡を経歴し夫より中仙道に出て順路帰京」とある.
(30) 須藤ほか「秩父地方の地質研究史(1)」：文献190.
(31) 外国人旅行免状第四五九七号.
(32) 須藤ほか「秩父地方の地質研究史(1)」：文献190.
(33) 佐川「ナウマン氏小話」：文献179.
(34) ナウマン『日本群島の構造と起源について』：文献21.
(35) 同上.
(36) 佐川「ナウマン氏小話」：文献179.
(37) 同上.

## 5章

(1) 『地質調査所百年史』：文献202.
(2) 明治10年のことを書いたナウマンの論文にはそれらしいことは何も載っていない.
(3) 『白野夏雲』：文献187.
(4) 横山「森鷗外・ドクトル、ナウマンを凹ます」：文献227.
(5) 『法規分類大全』官職門官制　内務省二　659ページ.
(6) 井上編『和田先生追悼会記事』：文献134.
(7) 高石『和田維四郎先生』：文献196.
(8) 『ベルツの日記』：文献102.
(9) 井上編『和田先生追悼会記事』：文献134.
(10) ナウマン「蝦夷島(北海道)における白亜紀層の産出について」：文献6.
(11) 副見「ライマン雑記(14)」：文献115.
(12) 副見「ライマン雑記(18)」：文献116.
(13) 副見「ライマン雑記(14)」：文献115.
(14) 横山「白亜紀からの化石」：文献225.
(15) 矢部「北海道産白亜紀頭足類」：文献211.
(16) 松本「北海道、サハリンのアンモナイト」：文献156.
(17) ブラウンス「日本のジュラ紀形成イベントに関する予察」：文献104.
(18) 佐川「ライマン氏を憶ふ」：文献178.
(19) 同上.
(20) ナウマン『日本群島の構造と起源について』：文献21.
(21) 神保「ライマン説を論す」：文献136.
(22) 坂「神保君に質し併せて其教を乞ふ」：文献101.
(23) 神保「右答」：文献137.
(24) 湊・井尻『日本列島 第2版』：文献159.
(25) ヘゼキール『シュルツェ夫人の手紙から』：文献128.
(26) 同上.
(27) 同上.
(28) 同上.
(29) 同上.
(30) 『ベルツの日記』：文献102.
(31) ヘゼキール『シュルツェ夫人の手紙から』：文献128.
(32) 同上.
(33) 同上.
(34) 同上.
(35) 同上.

(36) 『地質調査所百年史』: 文献202.
(37) 中村「地質調査所を創った一冊の本」: 文献170.
(38) 同上.
(39) 『地質調査所百年史』: 文献202.
(40) 佐川「ライマン氏を憶ふ」: 文献178.
(41) 副見「ライマン雑記(7)」: 文献112.
(42) ヘゼキール『シュルツェ夫人の手紙から』: 文献128.
(43) 『ベルツの日記』: 文献102.
(44) 同上.
(45) ヘゼキール『シュルツェ夫人の手紙から』: 文献128.
(46) 同上.
(47) Mittheilungen der Deutschen Gesellschaft für Natur-und Völkerkunde Ostasiens, vol.2, no.19, p.408.
(48) 『ベルツの日記』: 文献102.
(49) 「ジャパン・ウィークリー・メール」(1879年9月6日)では，出発は9月3日になっている.
(50) 『ベルツの日記』: 文献102.
(51) ヘゼキール『シュルツェ夫人の手紙から』: 文献128.

## 6章

(1) 山下「ナウマン博士ゆかりの人と所をたずねて(4)」: 文献217.
(2) 同上.
(3) バイホルト『ヨハン・アンドレアス・シューベルト』: 文献210.
(4) 竹之内『資料集：ナウマン博士データブック』: 文献198.
(5) 同上.
(6) ナウマン「日本帝国地質調査所と現在までの業績」: 文献17.
(7) シュット「コンゴ南西部盆地の旅」: 文献185.
(8) 2014年に，筆者はウィーン民族学博物館で登録簿を調査し，標本の搬入は1880年4月にナウマン自身が行ったことを確認した.
(9) ヘゼキール『シュルツェ夫人の手紙から』: 文献128.
(10) 泊「寄書日本地震学会の設立は1880年3月11日である」: 文献204.
(11) ヘゼキール『シュルツェ夫人の手紙から』: 文献128.
(12) 「ジャパン・ウィークリー・メール」1880年6月19日.
(13) ヘゼキール『シュルツェ夫人の手紙から』: 文献128.
(14) 『地質調査所百年史』: 文献202.
(15) 同上.
(16) リープシャー『日本農業経営論』: 文献152.

(17)　ナウマン「日本帝国地質調査所と現在までの業績」: 文献17.
(18)　ナウマン「日本群島，その地理学的－地質学的概要」: 文献31.
(19)　ナウマン「日本の地形・地質に関するわが国土調査について」: 文献26.
(20)　井上編『和田先生追悼会記事』: 文献134.
(21)　ナウマン「日本群島，その地理学的－地質学的概要」: 文献31.
(22)　『神足勝記回顧録』より．神足はその生涯を『神足勝記回顧録』と墨して書き遺した．上條(1983，文献139)に多くが再録されている．
(23)　シュット「地球磁気の知識への貢献」: 文献184.
(24)　バイホルト『ヨハン・アンドレアス・シューベルト』: 文献210.
(25)　ヘゼキール『シュルツェ夫人の手紙から』: 文献128.
(26)　同上.
(27)　『ベルツの日記』: 文献102.
(28)　ヘゼキール『シュルツェ夫人の手紙から』: 文献128.
(29)　同上.
(30)　同上.
(31)　同上.
(32)　同上.
(33)　同上.
(34)　同上.
(35)　井上編『和田先生追悼会記事』: 文献134.
(36)　ヘゼキール『シュルツェ夫人の手紙から』: 文献128.
(37)　副見「ライマン雑記(2)」: 文献110.
(38)　副見「ライマン雑記(18)」: 文献116.
(39)　ナウマン「先史時代の日本の象について」: 文献11.
(40)　同上.
(41)　ナウマン「江戸平野について 地理学的－地質学的研究」: 文献5.
(42)　槇山「遠江・佐浜産化石ゾウに関するノート」: 文献154.
(43)　新堀「野尻湖発掘とナウマンゾウ」: 文献186.
(44)　ナウマン『日本群島の構造と起源について』: 文献21.
(45)　ブラウンス「日本の洪積世哺乳類について」: 文献107.
(46)　ナウマン『日本群島の構造と起源について』: 文献21.
(47)　ナウマン「日本の地形・地質に関するわが国土調査について」: 文献26.
(48)　ナウマン「北部日本における三畳紀層の産出について」: 文献10.
(49)　ナウマン「本邦産粘板岩並効用」: 文献29.
(50)　ナウマン「北部日本における三畳紀層の産出について」: 文献10.
(51)　同上.
(52)　同上.
(53)　ナウマン「北部日本の三畳紀層」: 文献12(矢島訳).

(54)　ナウマン『日本群島の構造と起源について』: 文献21.
(55)　ナウマン「日本, トルコおよびメキシコにおける地質研究」: 文献73.
(56)　佐川「ナウマン氏小話」: 文献179.
(57)　同上.
(58)　ナウマン「日本, トルコおよびメキシコにおける地質研究」: 文献73.
(59)　ナウマン「日本の自然地理および日本人についての短評」: 文献32.
(60)　ナウマン「日本群島, その地理学的－地質学的概要」: 文献31.
(61)　ナウマン「日本の自然地理および日本人についての短評」: 文献32.
(62)　ナウマン「日本帝国地質調査所と現在までの業績」: 文献17.
(63)　ナウマン「地磁気現象と地殻構造の関連性」: 文献33.
(64)　森本『女の海溝』: 文献167.
(65)　マルチン『近代世界における日本とドイツ』: 文献155(矢島訳).
(66)　矢島訳.
(67)　『地質調査所百年史』: 文献202.
(68)　佐藤「地質調査所初期の地磁気観測」: 文献180.
(69)　バイホルト『シューベルト』: 文献210(矢島訳).
(70)　矢島訳.
(71)　横山「森鷗外・ドクトル、ナウマンを凹ます」: 文献227.
(72)　佐川「ライマン氏を憶ふ」: 文献178.
(73)　佐川「ナウマン氏小話」: 文献179.
(74)　マルチン『近代世界における日本とドイツ』: 文献155(矢島訳).

## 7章

(1)　『地質調査所百年史』: 文献202.
(2)　石田『東京地学協会報告』: 文献135.
(3)　同上.
(4)　ナウマン・和田「日本地形及地質実査」: 文献13.
(5)　『地質調査所百年史』: 文献202.
(6)　同上.
(7)　ナウマン「日本帝国地質調査所と現在までの業績」: 文献17.
(8)　佐藤「明治26年吾妻山殉難記」: 文献181.
(9)　「西山技手ノ履歴」: 文献231.
(10)　佐藤「明治26年吾妻山殉難記」: 文献181.
(11)　ナウマン「日本における地磁気偏角の永年変化に関する覚書」: 文献14.
(12)　ナウマン「地磁気現象と地殻構造の関連性」: 文献33.
(13)　横山『世界の反響』: 文献226.
(14)　同上.

(15) ナウマン「日本群島，その地理学的－地質学的概要」：文献31.
(16) ナウマン「日本の火山，白根と磐梯の蒸気噴火」：文献56.
(17) 同上.
(18) 同上.
(19) 「西山技手ノ履歴」：文献231.
(20) 同上.
(21) Mittheilungen der Deutschen Gesellschaft für Natur-und Völkerkunde Ostasiens, 1883, vol.3, no.29, p.401-402.
(22) 竹之内『資料集：文献ナウマン博士データブック』：文献198.
(23) ナウマン「フォッサマグナ」：文献57.
(24) 同上.
(25) 同上.
(26) 同上.
(27) 同上.
(28) ナウマン「富士山」：文献38.
(29) ナウマン「日本帝国地質調査所と現在までの業績」：文献17.
(30) 同上.
(31) ナウマン「堺市街井水改良考按」：文献19.
(32) ナウマン「日本の自然地理および日本人についての短評」：文献32.
(33) ナウマン「日本群島，その地理学的－地質学的概要」：文献31.
(34) 「朝日新聞」(大阪)明治16年4月29日には，カナボンシヤール号沈没の記事がある．同年5月8日ではカーナーウオンシヤ号が5月4日に競売にかかったと記される．
(35) ナウマン「日本群島，その地理学的－地質学的概要」：文献31.
(36) ナウマン『日本群島の構造と起源について』：文献21.
(37) ナウマン「堺市街井水改良考按」：文献19.
(38) ナウマン「日本の自然地理および日本人についての短評」：文献32.
(39) ナウマン『日本群島の構造と起源について』：文献21(傍点は筆者).
(40) ナウマン「日本における地震と火山噴火について」：文献4.
(41) 佐川「ナウマン氏小話」：文献179.
(42) ナウマン「四国砂金産地」：文献35.
(43) 同上.
(44) 同上.
(45) 同上.
(46) 同上.
(47) 佐川「ナウマン氏小話」：文献179.
(48) ナウマン「四国山地の地質」：文献50.
(49) 同上.

(50)　ナウマン「日本列島の地と民」：文献27.
(51)　大塚『漢方ひとすじ』：文献175.
(52)　同上.
(53)　ナウマン「本邦所産煤炭及鉄」：文献24.
(54)　佐川「ナウマン氏小話」：文献179.
(55)　大塚『漢方ひとすじ』：文献175.
(56)　ナウマン「日本列島の地と民」：文献27.
(57)　太政官第一類公文録「独逸人ドクトル、エドモンド、ナウマン傭継ノ件」（国立公文書館，公03661100）.
(58)　ナウマン「日本の自然地理および日本人についての短評」：文献32.
(59)　ナウマン『日本群島の構造と起源について』：文献21.
(60)　ナウマン「鹿児島県下加世田村砂止改良按」：文献20.
(61)　ナウマン「本邦所産煤炭及鉄」：文献24.
(62)　同上.
(63)　ナウマン『日本群島の構造と起源について』：文献21.
(64)　ナウマン「日本の自然地理および日本人についての短評」：文献32.
(65)　ナウマン『日本群島の構造と起源について』：文献21.
(66)　ナウマンが明治16年に熊本に上陸して鹿児島の調査をし，明治17年には別府からもう一度上陸したと，2回の九州調査を考えている説もある（山田2012，文献220）.
(67)　ナウマン『日本群島の構造と起源について』：文献21.
(68)　ナウマン「日本の自然地理および日本人についての短評」：文献32.
(69)　ナウマン『日本群島の構造と起源について』：文献21.
(70)　ナウマン「日本群島，その地理学的－地質学的概要」：文献31.

## 8章

(1)　ナウマン『日本群島の構造と起源について』：文献21.
(2)　木村「小藤先生が残されたナウマンの地質学講義ノート」：文献141.
(3)　ナウマン「四国山地の地質」：文献50.
(4)　同上.
(5)　同上.
(6)　同上.
(7)　太政官第一類公文録「独逸人ナウマン傭継ノ件」（国立公文書館，公03886100）.
(8)　ナウマン『日本群島の構造と起源について』：文献21.
(9)　同上.
(10)　ナウマン「本邦所産煤炭及鉄」：文献24.

(11) ナウマン『日本群島の構造と起源について』: 文献21.
(12) 安井「ナウマン博士による高知市のスケッチと“鏡岩”」: 文献222.
(13) ナウマン「四国山地の地質」: 文献50.
(14) 沢村「Naumannの詩」: 文献183.
(15) 同上.
(16) 四国災害アーカイブス(https://www.shikoku-saigai.com/archives/5890)によれば「明治17年8月25日, 沖縄の西方より高速度で北東に進んだ台風は九州北部を通過し, 鳥取県境港付近より日本海に去った. 北条市［現松山市］では, このときの暴風・海嘯(高潮)によって鹿島神社付近の山崩れが起こり, 潮位は辻町［松山市］で6尺(1.8メートル)に達したという」. 沿岸地域で家屋, 田畑が流失し, 溺死者3人が出たことも伝わっている.
(17) ナウマン「日本群島, その地理学的−地質学的概要」: 文献31.
(18) 同上.
(19) ナウマン「日本の地形・地質に関するわが国土調査について」: 文献26.
(20) ナウマン「日本群島, その地理学的−地質学的概要」: 文献31.
(21) 原田「思出づるまゝに」: 文献120.
(22) ヘゼキール『シュルツェ夫人の手紙から』: 文献128.
(23) 講演はそののち, 論文として出版された. 文献22参照.
(24) ナウマン「四国山地の地質」: 文献50.
(25) ナウマン「日本列島の地と民」: 文献27.
(26) 同上.
(27) 同上.
(28) ナウマン「日本の絵」: 文献51(矢島訳).
(29) 江原「日本に於けるナウマン博士」: 文献224.
(30) 竹之内『資料集：ナウマン博士データブック』: 文献198.
(31) 池森「E・ナウマン博士の叙勲」: 文献132.
(32) 森「大発見」: 文献166.
(33) 池森「E・ナウマン博士の叙勲」: 文献132.
(34) 「農商務省元雇独逸人ドクトル, エドモント, ナウマン勲位進級ノ件」(国立公文書館, 任A00116100).
(35) 横山『世界の反響』: 文献226.
(36) 同上.
(37) 同上.
(38) 「ジャパン・ウィークリー・メール」1885年7月18日.
(39) ナウマン「日本の地形・地質に関するわが国土調査について」: 文献26.
(40) 同上.

## 9章

(1) 東京地学協会「西洋地学の導入」: 文献173.
(2) 佐藤正「IGCの歴史と第29回(1992)日本開催」: 文献182.
(3) 井上編『和田先生追悼会記事』: 文献134.
(4) 『日本群島の構造と起源について』はドイツ語本のタイトルの訳で,本書では,山下昇訳を採用する.
(5) ナウマン『日本群島の構造と起源について』: 文献21.
(6) 同上.
(7) ナウマン「四国山地の地質」: 文献50.
(8) ナウマン「フォッサマグナ」: 文献57.
(9) アメリカのタスカロラ号が1874年に発見した千島海溝の中央部にある水深8514メートルの海淵.その後,水深は変更されている.ナウマンが在日していたときには日本に最も近いところにある最深記録.
(10) ナウマン『日本群島の構造と起源について』: 文献21.
(11) ナウマン「日本の自然地理および日本人についての短評」: 文献32.
(12) ナウマン「日本群島,その地理学的－地質学的概要」: 文献31.
(13) 「アルゲマイネ・ツァイトゥング」紙は1798年創刊のドイツを代表する新聞で,1882年にミュンヘンに移転していた.同紙の伝統はアウグスブルク,フランクフルト,マインツのそれぞれで発行されている「アルゲマイネ・ツァイトゥング」紙として,いまもなお継続している.
(14) ナウマン「日本列島の地と民」: 文献27.
(15) ナウマン「日本列島とその住民」: 文献25.
(16) ナウマン「日本の地形・地質に関するわが国土調査について」: 文献26.
(17) ナウマン「日本及び日本人」: 文献28.
(18) ナウマン「日本群島,その地理学的－地質学的概要」: 文献31.
(19) 同上.
(20) ジュース『アルプスの起源』: 文献192.
(21) ジュース『地球の相貌』: 文献194.
(22) ナウマン「日本の地形・地質に関するわが国土調査について」: 文献26.
(23) ナウマン「日本群島,その地理学的－地質学的概要」: 文献31.
(24) 『地学辞典』: 文献209.この項目は加藤武夫・大塚彌之助が執筆している.
(25) ナウマン「フォッサマグナ」: 文献57.
(26) 森『独逸日記』: 文献165.
(27) 森「日本の実情」: 文献163.
(28) ナウマン「森林太郎の『日本の実情』」: 文献30.
(29) 森「日本の実情・再論」: 文献164.
(30) 『鷗外留学始末』: 文献168.

(31)「東京日日新聞」明治20年4月6日.
(32) 森『独逸日記』: 文献165.
(33) 横山「森鷗外・ドクトル、ナウマンを凹ます」: 文献227.
(34) 同上.
(35) 森『独逸日記』: 文献165.
(36) 同上.
(37) 小堀『若き日の森鷗外』: 文献143.
(38) 同上.
(39) 同上.
(40) 横山「森鷗外・ドクトル、ナウマンを凹ます」: 文献227.
(41) 横山『世界の反響』: 文献226.
(42) 森「大発見」: 文献166.
(43) ナウマン「日本の自然地理および日本人についての短評」: 文献32.
(44) マッケンダー「地理学方法論」: 文献153.
(45) 竹之内『資料集：ナウマン博士データブック』: 文献198.
(46) クライル「南東ヨーロッパおよびアジア海岸地域の若干の地点における磁気的ならびに地理的測定」: 文献148.
(47) ナウマン『地磁気現象と地殻構造の関連性』: 文献33.
(48) 小藤「本邦地体構造ト地磁力ニ関スル顕像」: 文献146.
(49) ナウマン「地殻の構造によって影響される地磁気」: 文献48.
(50) ナウマン「地殻構造と地磁気」: 文献69.
(51) ナウマン「鉄鉱床の評価に対する地磁気観測の応用」: 文献71.
(52) カイザー『地質学概論』: 文献140.
(53)『日本科学技術史大系14』: 文献172.
(54) ナウマン「ミンダナオ、スマトラおよびマラッカの化石象」: 文献34.
(55) ナウマン「マストドンから分かれた一新種，ステゴドン・ミナダネンシス」: 文献52.
(56) ナウマン「シュタルンベルク湖の杭上住居址の動物群について」: 文献1.
(57) ナウマン「蝦夷島(北海道)における白亜紀層の産出について」: 文献6.
(58) ナウマン「先史時代の日本の象について」: 文献11.
(59)「水晶宮での日本画展覧会カタログ」: 文献36.
(60) ナウマン「富士山」: 文献38.
(61) 竹之内『資料集：ナウマン博士データブック』: 文献198.
(62) ナウマン「日本の絵」: 文献51.
(63) 山下「ナウマン博士ゆかりの人と所をたずねて(Ⅱ)」: 文献216.
(64) 竹之内『資料集：ナウマン博士データブック』: 文献198.
(65) ナウマン「地理緊要問題 1」: 文献39.
(66) ナウマン「地理緊要問題 2」: 文献40.

(67)　ナウマン「地理緊要問題 3」：文献41.
(68)　ナウマン「地理緊要問題 4」：文献42.
(69)　ナウマン「地理緊要問題 5」：文献43.
(70)　ナウマン「地理緊要問題 6」：文献44.
(71)　ナウマン「地理緊要問題 7」：文献45.
(72)　ナウマン「地理緊要問題 8」：文献46.
(73)　ナウマン「地理緊要問題 9」：文献54.
(74)　ナウマン「地理緊要問題 5」：文献43.

## 10章

(1)　「原田の手紙」：文献121.
(2)　原田『日本群島の地質構造区分試論』：文献122.
(3)　原田「日本地質構造論」：文献123.
(4)　原田「日本地質構造論」：文献124の語句の修正をしている.
(5)　原田「日本地質構造論」：文献123.
(6)　原田「日本地質構造論」：文献124.
(7)　「原田の手紙」：文献121.
(8)　ナウマン「四国山地の地質」：文献50.
(9)　同上.
(10)　同上.
(11)　同上.
(12)　原田『日本群島，地形–地質概観』：文献125.
(13)　原田ほか「日本群島」：文献126.
(14)　ナウマン「フォッサマグナ」：文献57.
(15)　同上.
(16)　ナウマン「日本山岳誌大要」：文献58.
(17)　ナウマン『日本群島の構造と起源について』：文献21.
(18)　中島「日本地質構造論」：文献169.
(19)　ナウマン「四国山地の地質」：文献50.
(20)　佐川「ナウマン氏小話」：文献179.
(21)　小藤「故原田豊吉君を追想す」：文献147.
(22)　小藤『金石学――一名鉱物学』：文献145.
(23)　今井『黎明期の日本地質学』：文献133.
(24)　横山「南アルプス横断の思ひ出」：文献228.
(25)　竹之内『資料集：ナウマン博士データブック』：文献198.
(26)　ナウマン「アナトリアと中央アジアの構造基本線」：文献64.
(27)　ナウマン「金角からユーフラテスの源流まで」：文献59.

(28) ナウマン「マケドニアとその新しい鉄道」: 文献60.
(29) 佐川「ナウマン氏小話」: 文献179.
(30) ナウマン「アナトリアと中央アジアの構造基本線」: 文献64.
(31) 竹之内『資料集：ナウマン博士データブック』: 文献198.
(32) 横山「森鷗外・ドクトル、ナウマンを凹ます」: 文献227.
(33) 佐川「ナウマン氏小話」: 文献179.
(34) ナウマン「日本の建築技術と建築業」: 文献47.
(35) ナウマン「日本の絵」: 文献51(矢島訳).
(36) 同上.
(37) 同上.
(38) ナウマン「日本, トルコおよびメキシコにおける地質研究」: 文献73.
(39) 小川『一地理学者之生涯』: 文献176.
(40) マグマが固結して火成岩ができるとき, マグマの成分の固まり方の違いにより, その火成岩の中に鉱床ができることがある. それで, 鉱床の母岩そのものを運鉱岩とよぶ.
(41) ナウマン「日本, トルコおよびメキシコにおける地質研究」: 文献73をもとに講演調にした.
(42) ナウマン「神の啓示——創作オペラ日本の昔話『竹取物語』をもとにして」: 文献74.
(43) 堀内・秋山『竹取・伊勢物語』: 文献131.
(44) 竹之内『資料集：ナウマン博士データブック』: 文献198.
(45) ランゲ『竹取物語』: 文献151.
(46) ナウマン「アビゲル」: 文献77(矢島訳).
(47) 矢部「日本列島の地質構造の問題」: 文献212.
(48) 横山「森鷗外・ドクトル、ナウマンを凹ます」: 文献227.
(49) 佐川「ナウマン氏小話」: 文献179.
(50) ナウマン「ジュースの80歳の誕生日に寄せて」: 文献78.
(51) 佐川「ナウマン氏小話」: 文献179.
(52) 横山「森鷗外・ドクトル、ナウマンを凹ます」: 文献227.
(53) バイホルト『ヨハン・アンドレアス・シューベルト』: 文献210.
(54) 「エドムンド・ナウマン博士の訃報」: 文献232.
(55) 神保「本邦に於ける 地質学の歴史」: 文献138.
(56) 矢部「日本列島の地質構造の問題」: 文献212.
(57) 江原「『ナウマン氏』の詩」: 文献223.
(58) 佐川「ナウマン氏小話」: 文献179.
(59) 望月『日本地学史』: 文献160.
(60) 岡田「東京大学最初の地質実習旅行と猫精のこと」: 文献177.
(61) 今井『黎明期の日本地質学』: 文献133.

(62)　谷本「ナウマンの日本群島論」：文献199.
(63)　谷本「ナウマンの日本群島論（Ⅱ）」：文献200.
(64)　谷本「第9章　ナウマンの明治日本断章」：文献201.
(65)　山下「ナウマンの地質構造研究 1」：文献215，山下「ナウマンの地質構造研究 2」：文献218.
(66)　ナウマン「日本における地磁気偏角の永年変化に関する覚書」：文献14.

# ナウマンの著作目録

・*MDG-NVO* は *Mittheilungen der Deutschen Gesellschaft für Natur-und Völkerkunde Ostasiens*（ドイツ東亜博物学民俗学協会会報）の略.
・山下（訳）は山下昇（訳）『日本地質の探究――ナウマン論文集』東海大学出版会，1966年の略.
・小堀（訳）は小堀桂一郎『若き日の森鷗外』東京大学出版会，1969年に収録の略.
・研究者の間で慣習的に使われている日本語タイトルを「　」で示した。


1　Naumann, E. (1875) Die Fauna der Pfahlbauten im Starnberger See. *Archiv für Anthropologie*, vol.8, no.1, p.1-51.「シュタルンベルク湖の杭上住居址の動物群について」

2　Naumann, E. (1877a) Ueber die Vulcaninsel Ooshima und ihre jüngste Eruption. *Zeitschrift der Deutschen Geologischen Gesellschaft*, vol.29, p.364-391.「火山島大島とその最新の噴火」山下（訳），p.1-22.

3　ナウマン（和田維四郎訳）（1877b）「大島火山記」『学芸志林』1巻，p.1-40.

4　Naumann, E. (1878) Ueber Erdbeben und Vulkanausbrueche in Japan. *MDG-NVO*, vol.2, no.15, p.163-216.「日本における地震と火山噴火について」山下（訳），p.23-89.

5　Naumann, E. (1879) Über die Ebene von Yedo. Eine geographisch-geologische Studie. *Petermann's Geographische Mitteilungen*, vol.25, no.4, p.121-135.「江戸平野について　地理学的－地質学的研究」山下（訳），p.91-111.

6　Naumann, E. (1880a) Ueber das Vorkommen der Kreideformation auf der Insel Yezo (Hokkaido). *MDG-NVO*, vol.3, no.21, p.28-33.「蝦夷島（北海道）における白亜紀層の産出について」山下（訳），p.113-121.

7　Naumann, E. (1880b) Berichtigungen. Ueber das Vorkommen der Kreideformation auf der Insel Yezo (Hokkaido). *MDG-NVO*, vol.3, no.22, p.89.「正誤表．蝦夷島（北海道）における白亜紀層の産出について」

8　Naumann, E. (1880c) Ueber die wirtschaftlichen Verhältnisse Japans und die geologische Aufnahme des Landes. *Verhandlungen der Gesellschaft für Erdkunde zu Berlin,* vol.7, p.33-44. 山田直利・矢島道子（2016）「E. ナウマン著「日本の経済状態と地質調査所について」邦訳」『地学雑誌』125巻2号，p.257-267.

9　著者名なし（1880）「内国地質調査施行之主意」勧農局地質課，p.1-41.
10　Naumann, E. (1881a) Ueber das Vorkommen von Triasbildungen im nördlichen Japans. *Jahrbuch der kaiserlich königlichen Geologischen Reichesanstalt Wien,* vol.31, no.4, p.519-528.「北部日本における三畳紀層の産出について」山下（訳），p.123-132.
11　Naumann, E. (1881b) Ueber japanische Elephanten der Vorzeit. *Palaeontographica*, N. F. vol.28, no.1, p.1-39.「先史時代の日本の象について」山下（訳），p.133-153.
12　Naumann, E. (1881c) Die Triasformation im noerdlichen Japan. *MDG-NVO*, vol.3, no.25, p.205-209.「北部日本の三畳紀層」
13　ナウマン演述，和田維四郎訳解（1882）「日本地形及地質実査」『東京地学協会報告』4巻3号，p.109-116.
14　Naumann, E. (1883a) Notes on secular changes of magnetic declination in Japan. *Transactions of the Seismological Society of Japan*, vol.5, p.1-18. 山田直利・矢島道子（2014）「E. ナウマン著「日本における地磁気偏角の永年変化に関する覚書」全訳」『GSJ地質ニュース』3巻11号, p.334-345.
15　ナウマン（1883b）「本邦鉱山ノ弊害及改良法」『地質調査所明治十五年報』1巻，p.5-32.
16　ナウマン（1883c）「青森県下尾太銅山」『地質調査所明治十五年報』1巻，p.33-75.
17　Naumann, E. (1884a) Die kaiserlich-japanische geologische Landesanstalt nach ihren bisherigen Arbeiten. *Petermann's Geographische Mitteilungen,* vol.30, no.1, p.23-29.「日本帝国地質調査所と現在までの業績」山下（訳），p.155-166.
18　Naumann, E. (1884b) *A review and supplement of Messers. Satow and Hawes "Handbook for Travelers in Central and Northern Japan"*. Tokio, 34 pp.「サトウとホーズ著『旅行者のための中部日本・北日本旅行案内』の紹介」. https://archive.org/details/ahandbookfortra00hawegoog
19　ナウマン（1884c）「堺市街井水改良考按」『地質調査所明治十六年報』1巻，p.5-22.
20　ナウマン（1884d）「鹿児島県下加世田村砂止改良按」『地質調査所明治十六年報』1巻，p.23-33.
21　Naumann, E. (1885a) *Ueber den Bau und die Entstehung der japanischen Inseln. Begleitworte zu den von der geologischen Aufnahme von Japan für den internationalen Geologen-Congress in Berlin bearbeiteten topographischen und geologischen Karten.* Berlin, R. Friedländer & Sohn, 91pp.『日本群島の構造と起源について――ベルリンにおける万国地質学会議のために日本地質調査所が作成した地形図ならびに地質図へ

の付言』．山下（訳），p.167-221.

22 Naumann, E. (1885b) Notiz ueber die Höhe des Fujinoyama. *MDG-NVO*, vol.4, no.32, p.104. 矢島道子・山田直利（2013）「E. ナウマン著「富士山の高さについての覚書」邦訳」『地学雑誌』122巻3号，p.535-538.

23 Naumann, E. (1885c) Ueber den geologischen Bau der japanischen Inseln. *MDG-NVO*, vol.4, no.33, p.153-159.「日本群島の地質構造について」山下（訳），p.223-231.

24 ナウマン（1885d）「本邦所産煤炭及鉄」『地質調査所明治十七年報』1巻，p.3-137.

25 Naumann, E. (1886a) Die japanischen Inseln und ihre Bewohner. *Verhandlungen der Gesellschaft für Erdkunde zu Berlin,* vol.23, no.4, p.204-221. 小堀（訳）「日本群島とその住民」；山田直利・矢島道子（2016）「E. ナウマン著「日本列島とその住民」邦訳」『GSJ 地質ニュース』5巻6号，p.181-192.

26 Naumann, E. (1886b) Ueber meine topographische und geologische Landesaufnahme Japans. *Verhandlungen des sechsten deutschen Geographentages zu Doresden*, p.14-28.「日本の地形・地質に関するわが国土調査について」山下（訳），p.233-244.

27 Naumann, E. (1886c) Land und Leute Volk der japanischen Inselkette. *Beilage zur Allgemeine Zeitung* 26 Juni 1886, no.175, p.2561-2563; 29 Juni 1886, no.78, p.2603-2604.「日本列島の地と民」小堀（訳），p.199-225.

28 Naumann, E.(1886d) Bayerische Chronik In: Zweite Beilage zur Allgemeine Zeitung 30. Juni no.179, ページ記載なし．『日本及び日本人』小堀（訳），p.226-229.

29 ナウマン（1886e）「本邦産粘板岩並効用」『明治19年地質要報』2巻，p.198-233.

30 Naumann, E. (1887a) Rintaro Mori's "Wahrheit über Nippon". *Beilage zur Allgemeine Zeitung* 10 Januar 1887, no.10, p.130-131;11 Januar 1887, no.11, p.147-148.「森林太郎の『日本の実情』」小堀（訳），p.242-256.

31 Naumann, E. (1887b) Die japanische Inselwelt. Eine geographisch-geologische Skizze. *Mittheilungen der kaiserlich königliche Geographischen Gesellschaft in Wien,* vol.30, p.129-138; 201-212.「日本群島，その地理学的－地質学的概要」山下（訳），p.245-259.

32 Naumann, E. (1887c) The physical geography of Japan, with remarks on the people. *Proceedings of the Royal Geographical Society*, vol.9, no.2, p.86-102.「日本の自然地理および日本人についての短評」山下（訳），p.261-275.

33 Naumann, E. (1887d) *Die Erscheinungen des Erdmagnetismus in ihrer*

*Abhängigkeit vom Bau der Erdrinde*. Ferdinand Enke, Stuttgart, 78p. 山田直利・矢島道子(2015)「E. ナウマン著「地磁気現象と地殻構造の関連性」抄訳」『GSJ 地質ニュース』 4巻2号, p.37-51.

34 Naumann, E. (1887e) Fossile Elephantenreste von Mindanao, Sumatra und Malakka. *Abhandlungen und Berichte des K. Zoologischen und Anthropologisch-Ethnographischen Museums zu Dresden*, 1886 / 87, p.1-11. 「ミンダナオ、スマトラおよびマラッカの化石象」

35 ナウマン(1887f)「四国砂金産地」『地質要報』 明治20年1号, p.25-38.

36 Naumann, E. (1887g) Katalog der japanischen Kunst-Ausstellung im KGL. Glaspalast zu München / Knorr & Hirth 52p. 「水晶宮での日本画展覧会カタログ」

37 Naumann, E. (1888a) Ueber die Geologie Japans. Congrès Géologique International, Compte Rendu de la 3me Session, Berlin, 1885, p.46-54. 「日本の地質について」 山下(訳), p.277-283.

38 Naumann, E. (1888b) Fujisan. *Jahresbericht der geographischen Gesellschaft in München für 1887*, 12, p.109-140. 山田直利・矢島道子(2013b)「E. ナウマン著「富士山」全訳」『GSJ 地質ニュース』 2巻10号, p.293-314.

39 Naumann, E. (1888c) Geographische Tagesfragen I. Die Ueberschwemmungen des Hwangho. *Beilage zur Allgemeine Zeitung,* 1888, vol.221, p.3241-3242. 「地理緊要問題　1黄河の氾濫」

40 Naumann, E. (1888d) Geographische Tagesfragen II. Das Problem der Quellen des Irawadi. *Beilage zur Allgemeine Zeitung,* 1888, no.306, p.4505-4506. 「地理緊要問題　2イラワジ川の源泉の問題」

41 Naumann, E. (1889a) Geographische Tagesfragen III. Das fabelhafte Land Fusan. *Beilage zur Allgemeine Zeitung,* 1889, no.20, p.289-290. 「地理緊要問題　3架空の国フサン」

42 Naumann, E. (1889b) Geographische Tagesfragen IV. Die Erdfigur. *Beilage zur Allgemeine Zeitung,* 1889, no.55, p.818-819. 「地理緊要問題　4地球の形」

43 Naumann, E. (1889c) Geographische Tagesfragen V. Die Pflanzenbarren und Pflanzendecken der Ströme. *Beilage zur Allgemeine Zeitung*, 1889, vol.104, p.1-2. 「地理緊要問題　5流木の堤と水草の浮島」硯山生(訳)(1889)「流木の堤と水草の浮島」『地学雑誌』 1集7号, p.332-335.

44 Naumann, E. (1889d) Geographische Tagesfragen VI. Datumsgrenze und Weltzeit. *Beilage zur Allgemeine Zeitung*, 1889, vol.126, p.1-2. 「地理緊要問題　6世界時間　日付変更線」

45 Naumann, E. (1889e) Geographische Tagesfragen VII. Abessinien. *Beilage zur Allgemeine Zeitung*, 1889, no.178, p.1-2. 「地理緊要問題　7アビシニア」

46 Naumann, E. (1889f) Geographische Tagesfragen VIII. Klima und

Seespiegelschwankungen. *Beilage zur Allgemeine Zeitung*, 1889, no.265, p.1-2.「地理緊要問題　8気候と海水面変動」
47 Naumann, E.(1889g) Die Baukunst und des Bauhandwerk Japans; Ein Vortrag gehalten im Muenchner-Architecten und Ingenieur-Verein. *Deutsch Bauzeitung*, Berlin, vol.10, p.45-46.「日本の建築技術と建築業——ミュンヘン建築技術者協会での講演」
48 Naumann, E. (1889h) Terrestrial magnetism as modified by the structure of the earth's Crust and proposals concerning a magnetic survey of the globe. *Geological Magazine*, new series, Decade. III, vol.6, p.486-490; 535-544. 山田直利・矢島道子(2015)「E. ナウマン著「地殻の構造によって影響される地磁気．付：全地球磁気調査の提案」」『GSJ 地質ニュース』4巻6号，p.161-172.
49 Naumann, E. (1889i) *Terrestrial magnetism as modified by the structure of the earth's Crust and proposals concerning a magnetic survey of the globe.* Rep.55th Meeting British Association Newcastle, 1889, p.565.「「地殻の構造によって変化する地磁気と地磁気調査に関する提言」全訳」
50 Naumann, E. (1890a) Geologische Beschreibung des Berglandes von Shikoku. Zur Geologie und Paläontologie von Japan, von E. Naumann und M. Neumayr, *Denkschriften der Mathematisch-Naturwissenschaftlichen Classe der Kaiserlichen Akademie der Wissenschaften, Wien,* vol.57, p.1-25.「四国山地の地質」山上萬次郎(抄訳)(1890)「四国地質一斑」『地学雑誌』2集18巻，p.265-266; 2集20巻，p.374-376. 山上萬次郎(訳)(1892)「四国山地の地質」『地学雑誌』4集40巻，p.170-175; 4集41巻，p.215-221; 4集42巻，p.259-264; 4集44巻，p.357-362; 4集46巻，p.452-457. 山下(訳)，p.285-312.
51 Naumann, E. (1890b) Bilder aus Japan. *Westermann's illustrierte deutsche Monatshefte*, vol.72, p.484-508.「日本の絵」
52 Naumann, E. (1890c) *Stegodon mindanensis*, eine neue Art von Uebergangs-Mastodonten. *Zeitschrift der Deutschen Geologischen Gesellschaft*, vol.42, no.1, p.166-169.「マストドンから分かれた一新種，ステゴドン・ミナダネンシス」
53 Naumann, E. (1890d) Ueber den Einfluss grosser Erdspalten auf die Bewegungen des terrestrischen Magnetismus nebst Vorschlägen zu einer magnetischen Aufnahme des Erdballs. *Zeitschrift für Wissenschaftliche Geographie,* vol.7, p.493-506.「大きな裂け目の地磁気の運動への影響ならびに地球規模の地磁気調査の提言について」
54 Naumann, E. (1890e) Geographische Tagesfragen IX. Die Geographie als Wissenschaft. *Beilage zur Allgemeine Zeitung*, 1890, no.23, p.1-2.「地理緊

要問題　9学問としての地理学」
55 Naumann, E. (1891) Neuere Arbeiten der kaiserlich japanischen Geologischen Reichsanstalt. *Das Ausland*, Jahrgang 64, vol.18, p.356-360; vol.19, p.372-378. 山田直利・矢島道子(2013)「E. ナウマン著「「大日本帝国地質調査所の最近の業績」邦訳」『地学雑誌』122巻3号，p.521-534.
56 Naumann, E. (1893a) Neue Beiträge zur Geologie und Geographie Japans, Damphausbrüche der japanischen Vulkane Shirane und Bandai. *Petermann's Mitteilungen ans Justus Perthes' Geographischer Anstalt, Ergänzungsheft*, vol.108, p.1-15.「日本の火山，白根と磐梯の蒸気噴火(日本の地質と地理への新貢献第1論文)」山下(訳)，p.313-330.
57 Naumann, E. (1893b) Neue Beiträge zur Geologie und Geographie Japans, Die Fossa magna, *Petermann's Mitteilungen ans Justus Perthes' Geographischer Anstalt, Ergänzungsheft,* vol.108, p.16-36.「フォッサマグナ(日本の地質と地理への新貢献第2論文)」山下(訳)，p.331-354.
58 Naumann, E. (1893c) Neue Beiträge zur Geologie und Geographie Japans, Skizze der Orographie von Japan, *Petermann's Mitteilungen ans Justus Perthes' Geographischer Anstalt, Ergänzungsheft*, vol.108, p.37-45, 2011. 山田直利・矢島道子(2011)「E. ナウマン著「日本山岳誌大要」全訳」『地学雑誌』120巻4号，p.692-704.
59 Naumann, E. (1893d) *Vom Goldenen Horn zu den Quellen des Euphrat. Reisebriefe, Tagebuchblätter und Studien über die Asiatische Türkei und die Anatolische Bahn*. R. Ordenbourg, München und Leipzig, p.494.「金角からユーフラテスの源流まで——旅行記、日誌、アジアのトルコとアナトリア鉄道の研究」
60 Naumann, E. (1894a) *Macedonien und seine neue Eisenbahn Salonik-Monastyr. Ein Reisebericht*. R. Ordenbourg, München und Leipzig, 58pp.「マケドニアとその新しい鉄道，サロニカ—モナスティル線」
61 Naumann, E. (1894b) Gordion. In E. Oberhummer [ed.], *Festschrift der Geographischen Gesellschaft in München zur Feier ihres fünfundzwanzigjährigen Bestehens mit einem Jahresbericht für 1892 und 1893*, p.389-395. München: Theodor Ackermann.「ゴルディオン」
62 Naumann, E. (1895a) Reisen in Anatolien. *Globus*, vol.67, p.277-283.「アナトリア旅行」
63 Naumann, E. (1895b) Geographischer Apparat dem VI. Internationalen Geographen-Kongress zu London in dessen Ausstellung vorgeführt von Dr. Edmund Naumann. München: 8p.R. Oldenbourg.「ロンドンで開催された第6回国際地理学会でのエドムント・ナウマンの展示について」
64 Naumann, E. (1896a) The fundamental lines of Anatolia and Central Asia. In

Report of the Sixth International Geographical Congress, held in London, 1895, p.661-670. London, John Murray.「アナトリアと中央アジアの構造基本線」
65 Naumann, E. (1896b) Die Grundlinien Anatoliens und Centralasiens. *Geographische Zeitschrift*, vol.2, no.1, p.7-25.「アナトリアと中央アジアの構造基本線」
66 Naumann, E. (1896c.) Die Grundlinien Anatoliens und Centralasiens. Auszug eines Vortrags auf dem 6. internationalen Geographen-Kongreß zu London 1985. *Gaea,* vol.32, p.80-81.「アナトリアと中央アジアの構造基本線」
67 Naumann, E. (1897a) Review of Nippon. Archiv zur Beschreibung von Japan und dessen Neben-und Schutzländern Yezo mit den südlichen Kurilen, Sachalin, Korea und den Liukiuinseln. I. Band, 2. Auflage by Ph. Fr. v. Siebold. *Geographische Zeitschrift*, vol.3, p.300-301.「ジーボルトの『日本』、日本と近隣の北海道、南千島、樺太、朝鮮、琉球についての記載の文書集の紹介」
68 Naumann, E. (1897b) Review of Land und Volk der Japaner by Emil Rasche. *Geographische Zeitschrift*, vol.3, p.540.「エミール・ラッシェの『日本の地と民』の紹介」
69 Naumann, E. (1897c) Geotektonik und Erdmagnetismus. In Verhandlungen des zwölften Deutschen Geographentages zu Jena am 21., 22. und 23. April 1897, p.142-166. Berlin: Dietrich Reimer.「地殻構造と地磁気. 第20回ドイツ地理学会での討議」
70 Naumann, E. (1898) Review of Die allgemeinen geologischen Ergebnisse der neueren Forschungen in Zentral-Asien und China by Karl Futterer. *Geographische Zeitschrift*, vol.4, p.477.「カール・フッタラーの『中央アジアおよび中国の新しい研究』の一般地質学的有益性の紹介」
71 Naumann, E. (1899) Die Anwendung erdmagnetischer Beobachtungen auf die Beurtheilung von Eisenerzlagerstätten. *Zeitschrift der Deutschen Geologischen Gesellschaft*, vol.51, p.114.「鉄鉱床の評価に対する地磁気観測の応用」
72 Naumann, E. (1900) Rede zur Begrüssung der allgemeinen Versammlung der deutschen Geologischen Gesellschaft zu Frankfurt am Main. *Zeitschrift der Deutschen Geologischen Gesellschaft*, vol.52, p.49-56.「フランクフルト，ドイツ地質学会通常総会における歓迎講演」
73 Naumann, E. (1901a) Geologische Arbeiten in Japan, in der Türkei und in Mexico. *Bericht Senckenbergische Naturforschend Gesellschaft, Abhandlungen,* Frankfurt am Main, p.79-90. 中村新太郎(訳)(1930)「新訳日本地学論文集(三). ナウマン博士――日本，トルコ及びメキシコに

於ける地質研究」『地球』14巻，p.53-58; 117-122. 山田直利・矢島道子(2014)「E. ナウマン著「日本，トルコおよびメキシコにおける地質研究」新訳」『GSJ 地質ニュース』3巻7号，p.208-218.

74 Naumann, E. (1901b) *Götterfunken. Operndichtung frei nach dem altjapanischen Taketori-Monogatari (Geschichte des Bambussammlers). Adelmann, Frankfurt*, 44pp.「神の啓示――創作オペラ　日本の昔話『竹取物語』をもとにして」山下(訳) p.355-381.

75 Naumann, E. (1902) Über die Entstehung der Erzlagerstätten des Kupfershiefers und Weissliegenden am Kyffhuser. *Zeitschrift der Deutschen Geologischen Gesellschaft,* vol.54, p.122-124. G. Cotta'sche Buchhandlung Nachf.「キフホイザーの含銅粘板岩と銀鉱床の発生について」

76 Naumann, E. (1905) Review of Japan. I. Band, 2. Auflage by J. J. Rein. *Geographische Zeitschrift*, vol.11, p.484.「ラインの『日本』の紹介」

77 Naumann, E. (1909) *Abigel. Drama in einem Akt*. Adelmann, Frankfurt, 15pp.「アビゲル」

78 Naumann, E., (1911) Eduard Sueß. zu seinem 80. Geburtstag, *Sonderabdruck aus der Frankfurter Zeitung*, 20, August 1911, no.230, p.1. 矢島道子・山田直利(2016)「ナウマン著『ジュースの80歳の誕生日に寄せて』記事(1911)――その背景と邦訳」『地質学雑誌』122巻2号，p.75-80.

# ナウマン著以外の引用文献

・*MDG-NVO* は *Mittheilungen der Deutschen Gesellschaft für Natur-und Völkerkunde Ostasiens*（ドイツ東亜博物学民俗学協会会報）の略.


101 坂市太郎（1890）「神保君に質し併せて其教を乞ふ」『地学雑誌』2集15巻, p.147-148.

102 ベルツ（1979）『ベルツの日記』上・下（菅沼竜太郎訳）, 岩波文庫.

103 Blakiston, T. and Pryer, H. (1880) Catalogue of the birds of Japan. *Transactions of the Asiatic Society of Japan*, vol.7, p.172-241.

104 Brauns, D. (1880) Vorläufige Notizen über Vorkommnisse der Juraformation in Japan. *MDG-NVO*, vol.2, no.20, p.441.

105 Brauns, D.(1881) *Geology of the Enviorns of Tokio, Memoirs of the Science Department, Tokio Daigaku*, 82pp.

106 ブラウンス, D. (1882)「東京近傍地質編」（西松二郎訳）『理科会粋』第4帙, p.205

107 Brauns, D. (1883) Ueber japanische diluviale Säugethiere. *Zeitschrift der Deutschen Geologischen Gesellschaft*, vol.35, no.1, p.1-58.

108 藤田文子（1993）『北海道を開拓したアメリカ人』新潮選書.

109 副見恭子（1990a）「ライマン雑記」『地質ニュース』427号, p.54-57.

110 副見恭子（1990b）「ライマン雑記（2）」『地質ニュース』433号, p.40-42.

111 副見恭子（1990c）「ライマン雑記（4）」『地質ニュース』436号, p.60-64.

112 副見恭子（1992）「ライマン雑記（7）」『地質ニュース』453号, p.55-60.

113 副見恭子（1994）「ライマン雑記（10）」『地質ニュース』476号, p.45-53.

114 副見恭子（1995）「ライマン雑記（11）」『地質ニュース』486号, p.56-66.

115 副見恭子（1997）「ライマン雑記（14）」『地質ニュース』520号, p.42-47.

116 副見恭子（2000）「ライマン雑記（18）」『地質ニュース』555号, p.22-28.

117 ゲーテ（1968）『ファウスト第2部』（高橋義孝訳）, 新潮文庫.

118 Godfrey, J. G. H. (1878) Notes on the Geology of Japan, *Quarterly Journal of the Geological Society*, vol.34, p.542-555.

119 Gümbel, W. (1874) Japanische Gesteine. *Ausland*, vol.23, p.479-480.

120 原田熊雄（1953）「思出づるまゝに」『鷗外全集』11巻付録月報22, 岩波書店, p.6-8.

121 Harada, T. (1887) Brief des Herrn Harada Toyokitsi (Tokio, 21. Mai 1887).

*Kaiserliche Akademie der Wissensschaften in Wien*, vol.17, p.183-185.
122 Harada, T. (1888) *Versuch eines geotektonischen Gliederung der japanischen Inseln. Einleitung zur Geologie des Quanto und der angrenzen den Gebiete.* Der kaiserlich japanischen geologischen Reichsanstalt, Tokyo. 『日本群島の地質構造区分試論』
123 原田豊吉(1888)「日本地質構造論」『地質要報』4号, p.309-355.
124 原田豊吉(1889)「日本地質構造論」『地学雑誌』1集2巻, p.46-51; 1集3巻, p.90-98; 1集4巻, p.132-137; 1集5巻, p.190-193.
125 Harada, T. (1890) *Die japanischen Inseln, eine topographisch-geologische Uebersich*t. Der kaiserlich japanischen geologischen Reichsanstalt, Berlin. 『日本群島, 地形――地質概観』
126 原田豊吉述, 脇水鉄五郎・石井八萬次郎訳(1890-1892)「日本群島」『地学雑誌』2集10巻, p.471-477; 2集11巻, p.559-563; 2集12巻, p.615-620; 3集1巻, p.16-19; 3集2巻, p.76-81; 3集4巻, p.191-194; 3集5巻, p.245-259; 3集6巻, p.293-296; 3集7巻, p.347-351; 3集8巻, p.422-427; 3集9巻, p.459-465; 同4集1巻, p.1-6; 4集5巻, p.199-205; 4集7巻, p.299-303; 4集8巻, p.347-352; 4集9巻, p.398-405; 4集10巻, p.443-446; 4集11巻, p.493-495.
127 ハーバート＝ガスタ, レスリー・ノット, パトリック(1982)『明治日本を支えた英国人――地震学者ミルン伝』(宇佐美龍夫監訳), 日本放送出版協会.
128 ヘゼキール, トスカ(1987)『明治初期御雇医師夫妻の生活――シュルツェ夫人の手紙から』(北村智明・小関恒雄訳), 玄同社.
129 ヒルゲンドルフ展企画実行委員会編集(1997)『日本の魚学・水産学事始め――フランツ・ヒルゲンドルフ展』ヒルゲンドルフ展企画実行委員会.
130 久松将四郎(1956)「地質調査のための測量の歴史［その1］」『地学雑誌』65巻2号, p.89-99.
131 堀内秀晃, 秋山虔(1997)『竹取物語・伊勢物語』(新日本古典文学大系17)岩波書店.
132 池森清吉(1993)「E・ナウマン博士の叙勲」『地質ニュース』461号, p.47-52.
133 今井功(1966)『黎明期の日本地質学』ラティス.
134 井上禧之助編(1922)『和田先生追悼会記事』精藝出版.
135 石田龍次郎(1969)『東京地学協会報告』(明治12－30年), 同「明治前半の日本地理学史資料として」『社会学研究』10巻, p.1-84.
136 神保小虎(1890a)「ライマン説を論す」『地学雑誌』2集13巻, p.7-11; 同2集14巻, p.53-54.

137　神保小虎(1890b)「右答」『地学雑誌』 2集15巻，p.148.
138　神保小虎(1905)「本邦に於ける 地質学の歴史」『地質学雑誌』 12巻147号，p.393-405.
139　上條武(1983)『孤高の道しるべ——穂高を初縦走した男と日本アルプス測量登山』 銀河書房.
140　Kayser, E. (1893) *Allgemeine Geologie*, Enke.
141　木村敏雄(1988)「小藤先生が残されたナウマンの地質学講義ノート」『地質学雑誌』 94巻10号，p.797-801.
142　小林貞一(1980)「Fusulina japonica Gümbel, 1874と日本及び近隣の古生物学的研究の黎明」『地学雑誌』 89巻2号，p.124-131.
143　小堀桂一郎(1969)『若き日の森鷗外』 東京大学出版会.
144　小松直幹(2012)「最古級の油田地下構造図——ライマンとその弟子達の偉業」『地質学史懇話会会報』 38号，p.10-16.
145　小藤文次郎(1884)『金石学——一名鉱物学』 小藤文次郎.
146　小藤文次郎(1887)「本邦地体構造ト地磁力ニ関スル顕像」『東洋学芸雑誌』 4巻69号，p.406-408.
147　小藤文次郎(1894)「故原田豊吉君を追想す」『東洋学芸雑誌』 159号，p.671-673.
148　Kreil, K. (1862) Magnetische und geographische Ortsbestimmungen im sudöstlichen Europa und einigen Küstenpunkten Asiens. *Denkschriften der kaiserlichen Akademie der Wissenschaften, Mathematisch-naturwissenschaftliche Klass*e, vol.20, 94pp. クライル「南東ヨーロッパおよびアジア海岸地域の若干の地点における磁気的ならびに地理的測定」『帝国学士院論文集』
149　久米邦武編，田中彰校注(1980)『米欧回覧実記(四)』 岩波文庫.
150　クライナー，ヨーゼフ(1980)「もう一人のシーボルト——日本考古学・民族文化起源論の学史から」『思想』 1980年6月号，p.68-83.
151　Lange, R. (1879) Das Taketori Monogatari, *MDG-NVO*, vol.2, no.17, p.303-318.
152　Liebsher, G. (1882) *Japan's landwirthschaftliche und allgemeinwirthschaftliche Verhältnisse*, Fischer, Jena.
153　Mackinder, H. J. (1887) On the Scope and Methods of Geography, *Proceedings of the Royal Geographical Society and Monthly Record of Geography,* New Monthly Series, vol.9, no.3, p.141-174.
154　Makiyama, J. (1924) Notes on a fossil elephant from Sahamma, Totomi, *Memoirs of the College of Science, Kyoto Imperial University*, Ser. B, no.1, p.225-264.
155　Martin, B. (1995) *Japan and Germany in the modern world*, Bergham Books,.

ベルント・マルチン，矢島訳，『近代世界における日本とドイツ』(未刊).
156 Matsumoto, T. (1954) Family Puzosiidae from Hokkaido and Saghalien. Studies on the Cretaceous Ammonoidea from Hokkaido and Saghalien 5. *Memoirs of the Faculty of Science, Kyushu University*, Series D, vol.5, no.2, p.69 - 118.
157 Mayr, H. (1989) Karl Alfred von Zittel zum 150 jährigen Geburtstag (25. 9. 1839 - 5. 1. 1904), *Mitteilungen der Bayerischen Staatssammlung für Paläontologie und historische Geologie*, vol.29, p.7 - 51.
158 Milne, J. (1877) A Visit to the Volcano of Oshima, *Geological Magazine*, vol.4, Issue 5, p.193 - 199.『大島火山記』
159 湊正雄・井尻正二(1966)『日本列島　第2版』岩波新書.
160 望月勝海(1948)『日本地学史』平凡社全書.
161 モース，E. S.（1970)『日本その日その日 2』(石川欣一訳)，東洋文庫.
162 モース，E. S.（1983)『大森貝塚』(近藤義郎・佐原真編訳)，岩波文庫.
163 Mori, R. (1886) Die Wahrheit über Nippon, *Beilage zur Allgemeine Zeitung,* 29 Dezember , 1886, vol.360, p.5307 - 5309.
164 Mori, R. (1887) Noch einmal, 'Die Wahrheit über Nippon', *Beilage zur Allgemeine Zeitung,* 1 Februar 1886, vol.32, p.458 - 459.
165 森鷗外(1996)『独逸日記　小倉日記――森鷗外全集13』ちくま文庫.
166 森鷗外(1995)「大発見」『舞姫　ヰタ・セクスアリス――森鷗外全集 1』ちくま文庫.
167 森本貞子(1981)『女の海溝――トネ・ミルンの青春』文藝春秋.
168 中井義幸(2010)『鷗外留学始末』岩波人文書セレクション.
169 中島理学士(1889)「日本地質構造論」『地学雑誌』1集3巻，p.111.
170 中村光一(1986)「地質調査所を創った一冊の本――David Page (1874) "Economic Geology"」『地質ニュース』384号，p.55 - 67.
171 日本学士院日本科学史刊行会編(1982)『明治前日本鉱業技術発達史　新訂版』野間科学医学研究資料館.
172 日本科学史学会編纂(1965)『日本科学技術史大系14　地球宇宙科学』第一法規出版.
173 日本地学史編纂委員会　東京地学協会(1992)「西洋地学の導入（明治元年～明治24年)〈その 1〉――「日本地学史」稿抄」『地学雑誌』101巻 2号，p.133 - 150.
174 西村三郎(1992)『チャレンジャー号探検――近代海洋学の幕開け』中公新書.
175 大塚敬節(1976)『漢方ひとすじ――五十年の体験から』日本経済新聞社.
176 小川琢冶(小川芳樹編)(1941)『一地理学者之生涯』.
177 岡田陽一(1955)「東京大学最初の地質実習旅行と猫精のこと」『地学研究』

7巻5号, p.187-194.
178 佐川榮次郎(1921)「ライマン氏を憶ふ」『地質学雑誌』28巻328号, p.40-54.
179 佐川榮次郎(1936)「ナウマン氏小話、フォッサマグナ、贄川風景」『地球』26巻4号, p.277-285.
180 佐藤博之(1985a)「地質調査所初期の地磁気観測——百年史の一こま(1)」『地質ニュース』371号, p.6-15.
181 佐藤博之(1985b)「明治26年吾妻山殉難記——百年史の一こま(4)」『地質ニュース』374号, p.18-24.
182 佐藤正(1989)「IGCの歴史と第29回(1992)日本開催」『地質ニュース』424号, p.7-11.
183 沢村武雄(1959)「Naumannの詩」『地学雑誌』68巻1号, p.26-28.
184 Schutt, O. (1880) Ein Beitrag zur Kenntnis der magnetischen Erdkraft. --Magnetische Ortsbestimmungen in Japan, *MDG-NVO*, vol.3, no.22, p, 71-87. シュット「地球磁気の知識への貢献」
185 Schutt, O. (1881) *Reisen im Südwestlichen Becken des Congo: Nach Den Tagebüchern Und Aufzeichnungen Des Reisenden*, Dietrich Reimer, Berlin.
186 新堀友行(1974)「野尻湖発掘とナウマンゾウ」『季刊科学と思想』12巻, p.99-101.
187 白野仁(1984)『白野夏雲』北海道出版企画センター.
188 Siebold, H. P. von (1875) Etwas über die Tsutschi Ningyo, *MDG-NVO*, vol.1, no.8, p.13-14. シーボルト『土人形』
189 Siebold, H. P. von (1879) Japanische Kjökkenmöddinger, *Verhandlungen der Berliner Gesellschaft für Anthropologie, Ethnologie und Urgeschichte Jg.* 1879, p.231-234. シーボルト「貝塚」
190 須藤和人・伊古田槌恵・枌原義雄・渋谷紘(1983)「秩父地方の地質研究史(1)——E. ナウマンのことなど」『地学教育』36巻2号, p.57-66.
191 Sperling, T. (2001) *Carl Wilhelm von Gümbel (1823-1898). Leben und Werk des bedeutendsten Geologen Bayerns*, Pfeil, Dr. Friedrich, 204 pp.
192 Suess, E. (1875) *Die Entstehung der Alpen*, W. Braumüller, Wien.『アルプスの起源』
193 Suess, E. (1880) Über die vermeintlichen säcularen Schwank ungen einzelner Theile der Erdoberfläche, *Verhandlungen der kaiserlich königlichen Geologischen Reichesanstalt,* p.171.
194 Suess, E. (1885-1909) *Das Antlitz der Erde.* Tempsky, Wien.(『地球の相貌』全3巻)
195 杉原重夫・横山秀司(1981)「エドムンド・ナウマン著"江戸平原論"について」『地学雑誌』90巻1号, p.25-37.
196 高石清治(1938)『和田維四郎先生』小浜町:高石清治.

197　田賀井篤平編(2001)『和田鉱物標本——東京大学コレクションXI』東京大学総合博物館.
198　竹之内耕編(2005)『資料集：「ナウマン博士データブック」』糸魚川市教育委員会 博物館.
199　谷本勉(1978)「ナウマンの日本群島論——『日本群島の構造と生成』(1885)を中心として」『科学史研究』Ⅱ-17，p.23-30.
200　谷本勉(1982)「ナウマンの日本群島論(Ⅱ)——“grosser Graben”から“Fossa magna”へ」『科学史研究』Ⅱ-21，p.153-161
201　谷本勉(1985)「第9章 ナウマンの明治日本断章」石田寛編『外国人による日本地域研究の軌跡』古今書院, p.135-161.
202　地質調査所百年史編集委員会編(1982)『地質調査所百年史』工業技術院地質調査所創立100周年記念協賛会.
203　東京帝国大学編(1932)『東京帝国大学五十年史』上，東京帝国大学.
204　泊次郎(2013)「寄書 日本地震学会の設立は1880年3月11日である」『地震』2輯66巻1号，p.11-14.
205　上野益三(1968)「エドムンド・ナウマン」『お雇い外国人3——自然科学』鹿島研究所出版会，p.137-160.
206　梅渓昇(2010)『お雇い外国人の研究』上，青史出版.
207　ウェイマン，ドロシー・G.(1976)『エドワード・シルベスター・モース』下(蜷川親正訳)，中央公論美術出版.
208　和田維四郎(1904)『日本鉱物誌』(復刻版2001年，東京大学出版会).
209　渡邊貫編纂(1935)『地学辞典』古今書院.
210　Weichold, A. (1968) *Johann Andreas Schubert-Lebensbild eines bedeutenden Hochschullehrers und Ingenieurs aus der Zeit der industriellen Revolution*. Technischen Universitat Dresden.（バイホルト，アーサー『ヨハン・アンドレアス・シューベルト——産業革命期の著名な大学教授にして技術者の伝記』）
211　Yabe, H. (1904) Cretaceous Cephalopoda from the Hokkaido. Part 2. Turrilites, Helicoceras, Heteroceras, Nipponites, Olcostephanus, Desmoceras, Hauericeras, and an undetermined genus. *Journal of the College of Science, Imperial University of Tokyo*, vol.20, part. 2, p.1-45.
212　Yabe, H. (1917) Problems concerning the geotectonics of the Japanese Islands; Critical reviews of various opinions expressed by previous authors on the geotectonics, *Science Reports of the Tohoku Imperial University, 2nd series, Geology*, vol.4, no.2, p.75-104.
213　矢部長克(1953)「明治時代の日本における地質学」『日本地質学会史——日本地質学会60周年記念』p.36-44.
214　矢島道子(1998)「ナウマン(1854－1927)の古生物学講義」『化石』64号，

p.36-42.
215 山下昇(1992a)「ナウマンの地質構造研究1——日本地質像への模索：ナウマンの日本地質への貢献5」『地質学雑誌』98巻12号，p.1153-1165.
216 山下昇(1992b)「ナウマン博士ゆかりの人と所をたずねて——II. ミュンヘン」『地質ニュース』451号，p.48-56.
217 山下昇(1992c)「ナウマン博士ゆかりの人と所をたずねて——IV. フランクフルト」『地質ニュース』455号，p.37-49.
218 山下昇(1993)「ナウマンの地質構造研究2——日本地質像の総合：ナウマンの日本地質への貢献6」『地質学雑誌』99巻1号，p.49-69
219 山下昇(訳)，ナウマン(1996)『日本地質の探究——ナウマン論文集』東海大学出版会.
220 山田直利(2012)「最古の九州——西中国地方地質図—「大日本帝国予察西南部地質図」(巨智部ほか，1895)の紹介」『GSJ 地質ニュース』1巻2号，p.40-57.
221 山田直利・矢島道子(2019)「J. J. ライン著「東京から京都への旅」邦訳——明治初年，ドイツ人地理学者が見た高地山岳地帯「信濃」とその周辺」『伊那谷自然史論集』20巻，p.11-20.
222 安井敏夫(2005)「ナウマン博士による高知市のスケッチと“鏡岩”」『不思議の森から』12巻，p.2-4.
223 江原眞伍(1925)「『ナウマン氏』の詩」『地質学雑誌』32巻，p.39-40.
224 江原眞伍(1960)「日本に於けるナウマン博士」『立命館文学』185号，p.1-12.
225 Yokoyama, M. (1890) Versteinerungen aus der Japanischen Kreide, *Palaeontographica*, vol.36, p.159-202.
226 横山又次郎(1925)『世界の反響』早稲田大学出版部.
227 横山又次郎(1928)「森鷗外・ドクトル、ナウマンを凹ます」『文藝春秋』6巻4号，p.135-139.
228 横山又次郎(1935)「南アルプス横断の思ひ出」『山』2巻10号，p.442-446.
229 Zschoche, A. (1850a) Prospect für das Privat-Institut.
230 Zschoche, A. (1850b) Prospect für das Real-Institut.
231 著者不詳(1893)「雜纂——西山技手ノ履歴」『鉱山雑誌』3号，p.124.
232 無記名(1930)「エドムンド・ナウマン博士の訃報」『地学雑誌』42巻493号，p.176-177.
233 西山正吾(1926)「北島炭業の創始——ライマン氏の功績」『石炭時報』1巻，p.157-160.